설악무산의 방할

雪嶽堂 霧山大宗師

설악무산 스님(1932~2018)은 경남 밀양에서 태어났으며 밀양 성천사로 동진출가, 인월 화상으로부터 사미계를 받았다. 젊은 시절 금오산 토굴에서 6년 동안 고행했으며 설악산 신흥사에서 정호당 성준 화상을 법사로 건당했다. 뒷날 신흥사 조실이 되어 설악산문을 재건했으며, 조계종 기본선원 조실, 조계종 원로의원으로 추대되었다. 만년에는 백담사 무문관에서 4년 동안 폐관정진하다 입적했다.

저술로는 《벽암록 역해》《무문관 역해》《백유경 禪解 – 죽는 법을 모르는데 사는 법을 어찌 알랴》《선문선답》등이 있다. 일찍이 시조시인으로 등단한 스님은 한글 선시조를 개척하여 현대 한국문학에 큰 발자취를 남겼다. 시집으로 《심우도》《萬嶽伽陀集》《절간이야기》《아득한 성자》《적멸을 위하여》등이 있다.

설악무산의 방할(棒喝)

초판1쇄 인쇄 2023년 2월 15일
초판1쇄 발행 2023년 3월 8일

엮은이 | 김병무·홍사성
펴낸이 | 김향숙
펴낸곳 | 인북스
등록 | 1999년 4월 21일(제2011-000162호)
주소 | 경기 고양시 일산서구 성저로 121, 1102동 102호
전화 | 031) 924 7402
팩스 | 031) 924 7408
이메일 | editorman@hanmail.net

ISBN 978-89-89449-88-1 03220

설악무산의 방할

棒喝

김병무 · 홍사성 엮음

인북스

무산 스님이 보여준 방할

부처님이 돌아가신 후 제자들이 가장 먼저 한 일은 스승의 언행을 정리하는 일이었다. 스승이 안 계신 세상에서 문제가 생기면 해결의 원칙이나 기준이 필요했기 때문이다. 흥미로운 것은 이렇게 결집된 경장과 율장에는 부처님의 흉허물조차 가감 없이 기록되었다는 점이다. 부처님도 육신을 가지고 살았던 유한한 인간이다. 당연히 이런저런 약점이 있을 수 있었다. 예를 들어 한때 부처님은 손타리라는 처녀의 가짜 미투 때문에 구설에 오른 적이 있다. 또 위생관리를 잘못해 심한 설사를 앓기도 했다. 언젠가는 말썽꾸러기 비구들이 다툼을 벌여 속을 끓여야 했다. 탁발을 나갔다 음식을 얻지 못해 빈손으로 돌아온 적도 있다. 제자들은 어떻게 보면 허물이 될 이런 일까지 비교적 상세하게 기록했다. 어려운 일이 생겼을 때 스승이 어떻게 대처했는가를 알면 뒷사람이 살아가는 데 기준과 원칙이 될 것이기 때문이다.

5년 전 입적하신 설악당 무산 스님은 현대 한국불교에서 큰 족적을 남긴 고승이다. 스님은 드물게 위로는 국가지도자에서 아래로는 이름 없는 보통 사람과도 교유했다. 마치 부처님이 왕에서부터 불가촉천민에 이르기까지 여러 사람을 만나 설법한 것과 비슷하다. 그런가 하면 스님은 존경받는 고승으로서는 이례적이라 할 만큼 자신의 흠허물을 감추지 않았던 분이다. 자신이 잘한 것은 일부러 감추고 남들은 감추고 싶어 하는 것은 도리어 드러내서 스스로 부끄러워하기를 사양치 않았다.

어떤 사람도 자기의 허물을 만천하에 공개하는 사람은 없다. 얼마나 잘났는가를 자랑하고 싶은 것이 본능이다. 그렇지만 세상은 이를 용납하지 않는다. 감추려 하다가 도리어 망가진다. 부처님은 이런 문제를 근본적으로 없애기 위해 자자(自恣)와 포살(布薩)이라는 자기 허물을 드러내는 방법을 제도화했다. 이를 누구보다 잘 아는 스님은 있는 그대로의 모습을 보임으로써 1년 365일 냉정한 평가를 받고자 했다. 이를 바탕으로 탐진치(貪瞋痴)에 빠지려는 자신을 경계하고 삼독을 극복하기 위한 노력을 일상화했다. 스님에게 수행이란 고매한 무엇이 아니라 일상에서 '더 나누고, 더 낮추고, 더 버리는 일'을 반복적으로 실천하는 것이었다. 스님의 이런 삶은 승속을 막론하고 많은 사람에게 큰 감동을 주었다.

　　　　　　　　　　　　　　　　　엮은이의 말

이 책은 이렇게 살다 이렇게 떠난 스님이 남긴 가르침을 모은 것이다. 1부, 2부는 스님이 설악산문 조실로서 결제, 해제 때 했던 법문을 집록했다. 다행히 영상과 녹음기록이 남아 있어 육성 그대로 정리할 수 있었다. 이 작업은 평소 스님과 가까웠던 이학종 선생이 수고해주었다. 3부, 4부는 스님이 남긴 책의 서문과 편지, 독후감, 그리고 가까운 분들의 요청에 부응한 추천의 말씀 등을 모았다. 여기서는 문장가로도 손색이 없는 스님의 모습을 볼 수 있다. 5부는 주로 언론과의 인터뷰를 모았다. 솔직한 산중대담은 스님의 탁월한 안목과 거침없는 견해가 그대로 나타난다.

엮은이들은 숙세의 인연으로 오랫동안 스님 곁에서 많은 것을 보고 듣고 배울 기회가 있었다. 이 책은 그때마다 모아놓았던 자료들이다. 흔적 남기기를 싫어했던 스님이 알면 '호사불여무(好事不如無)'라며 손사래를 쳤을 일이지만, 후학으로서는 어지러운 세상을 살아가는 데 지남이 될 만하다는 판단에서다. 바라기로는 5주기를 앞두고 펴내는 이 책이 스님의 진면목을 이해하는 좋은 법장(法藏)이 되기를 바란다. 아울러 이것으로 우리가 스님에게 입은 은혜의 만분지 일이라도 갚아지기를 바란다. 나무(南無)설악당무산대종사!

癸卯 新春
김병무·홍사성

파 도

밤늦도록 불경을 보다가

밤하늘을 바라보다가

먼바다 울음소리를

홀로 듣노라면

천경(千經) 그 만론(萬論)이 모두

바람에 이는 파도란다.

1장 / 상당법어(上堂法語)

2장 / 향상일로(向上一路)

3장 / 본지풍광(本地風光)

4장 / 간담상조(肝膽相照)

棒
喝

5장 / 산중문답(山中問答)

상당법어(上堂法語)

염장이 이야기가 팔만대장경

해제법문이라는 것은 세상을 깜짝 놀라게 해야 합니다. 세상을 놀라게 하는 것, 기쁘게 하는 것[法悅]이 해제법문인데, 늙은이 이야기를 듣고 싶은 사람은 없겠지만 그래도 이야기를 합니다. 이 늙은이 이야기 듣고 싶은 사람이 있나요? …… 없네요.

요즘은 부처님 설법도 방송, 신문, 인터넷 등 미디어마다 진리라고 무시로 떠들어대서 진리가 시끄러운 소리가 되었어요. 그래서 명상하는 사람들은 설법을 듣기보다는 자연의 새소리나, 바위 밑을 흐르는 물소리, 동해의 파도 소리, 바다의 울음소리[海潮音]를 듣고 싶어 하는 것 같아요. 내 이야기를 듣고 싶어 하는 사람이 없어요. 누가 80 늙은이 소리를 듣고 싶어 하겠어요?

그래서 10년 전부터는 법상에 올라도 내 이야기를 안 하고 해제

법어는 종정 법어를 읽어왔어요. 오늘도 법어를 갖다 놓았지요. 나는 젊은 사람들과 이야기하고 싶어 하는데, 했던 이야기를 또 한다고 노망기가 있다고 합니다. 왜냐? 매양 불경(佛經) 이야기를 반복해서 그렇답니다. 오늘은 해제 법문으로 듣지 말고 그냥 노망난 늙은이의 이야기로 듣고 종정 스님 법어를 듣기 바랍니다.

노망난 늙은이의 이야기를 하겠어요. 달포 전쯤 한 스님이 인제에 얄궂은 집을 지어 포교당 개원 법회 한다고 불러서 안 간다고 했더니 전화해 신경질을 부려서 억지로 갔어요. 갔더니 누가 또 날 찾는다고 해서 골목길로 들어가니 한 꼬장꼬장한 할망구가 나왔어요. 얼굴이 캉캉한 할망구가 내 손목을 불끈 잡아채어 날 빤히 쳐다보더니 "젊었을 때 시원했던 낯짝, 그 곱던 눈매 어떤 년 주고 이렇게 바싹 늙어버렸나? 중들은 늙지도 죽지도 않는 줄 알았는데 오늘 보니 왜 이렇게 늙었노?" 하는 거라요. 그러면서 "스님, 대체 우리가 사는 의미가 뭐요? 어떻게 하면 잘 사는 거요?" 하고 묻는 거예요. 그 질문에 나는 바로 말문이 막혀버렸지요. 꼼짝을 못한 거야. 한번 물어봅시다. 나는 80을 넘게 살아도 그것을 몰라요. 여기 이것을 아는 사람 있으면 손들어 봐요. (잠시 둘러보고) 천만다행이로구나. 나만 모르는 줄 알았더니 여러분도 모르네요. 나만 모르면 내가 여기서 쫓겨날 뻔했는데, 쫓겨날 일은 없겠구나.

이것을 알기 위해서 참선이라는 이름의 안거가 있는 거 아닌가요? 백담사 무금선원의 콧구멍만 한 방 무문관에 들어앉아서 개구멍 같은 구멍으로 밥 한술 얻어먹고, 3개월 동안 징역살이를 하는 이유가 거기에 있는 것이에요. 한 방에서 두 사람이 이틀만 함께 자도 징그러운데, 40~50명이 무금선원 큰 방에서 함께 생활하니 얼마나 힘들겠어요? 그것도 만날 먹던 밥, 만날 먹던 그 반찬에, 코 고는 사람도 있고 감기든 사람도 있고 기침하는 사람도 있지요. 잠자다가 방귀 뀌는 사람도 있어요. 한 방에 들어앉아 구하는 것이 뭐요? 돈도 명예도 아니잖아요. 내가 뭔가, 나란 놈이 무엇인가, 오직 그것을 구하기 위해 앉아 있는 거 아닌가 이 말이오.

그건 그렇고, 오늘이 해제날인데, 해제라고 해서 해방되는 것이 아니에요. 3개월 동안 더 큰 어려움이 기다리고 있어요. 그것을 발초참학(撥草參學)이라고 해요. 마치 선재 동자가 53 선지식을 친견하기 위해서 북으로부터 남으로 일백일십 생을 밟았듯이, 오늘 이 법회가 끝나면 여러분은 모두 산문 밖으로 나갑니다. 여기를 나서는 것은 해방이 아니라 또 다른 구속이에요. 선지식이라는 스승을 찾아가야 해요, 각자의 스승을. 내가 3개월 동안 공부하며 얻은 그것이 바로 되었나 안 되었나, 내 눈이 바른지 틀어졌는지 눈 밝은 선지식에게 점검을 받아야 해요. 방안에 들어앉아 있을 땐 그래도 밥 주고 불 때 주니 편했지만, 이제부터는 또 다른 고행의 길이 시작된다 이 말입니다.

그런데 선지식이 어디 있는가? 나도 젊을 땐 선지식이 명산대찰이나 천년 고찰이나 또는 산진수회처(山盡水廻處)나 해안고절처(海岸孤絶處), 백운유수가(白雲流水家)에 있는 줄 알았어요. 고담(高談) 속에 있는 줄 알았지요. 공자는 쉰 살이면 다 안다[知天命]고 했는데 나는 50까지도 다 몰랐어요. 그런데 내가 나이가 조금 들고, 한 60이 되니까 세상이 다르게 보여요. 그러나 이건 내가 보는 세상일 뿐, 여러분이 보는 세상과는 달라요. 내 이야기를 여러분이 공감하라는 것도 아니오. 다만 이 늙은이가 80이 되면서 보이는 세상을 이야기하는 것뿐이오. 나이 먹으니까 조금 보이는 것이지, 내가 여러분보다 나은 게 하나도 없어요. 어떤 면에서는 여러분이 나보다 더 나아요. 나는 운전도 할 줄 모르고 대학도 안 나오고, 여러분보다 많이 못해요. 나는 할 줄 모르는 게 많지만, 이 세상에는 내가 모르는 것이 많다는 것만은 분명히 알아요. 여러분도 자신이 경험한 세계가 무진장(無盡藏)하면, 모르는 세계도 무진장하다는 것을 알아야 합니다.

그런데 한 60쯤 되니까, 선지식이 누군지 보이기 시작했어요. 그것도 우연한 기회에. 아, 삶의 스승, 인생의 스승이 내 근처에 있구나. 내게 밥해주는 공양주가 선지식이로구나. 내 방에 군불 때주고 청소해주는 부목이 선지식이로구나. 나아가 어촌 주막에 있는 주모가 선지식이고, 어부가 선지식이구나. 더 나아가 대장장이, 시장바닥의 노점상이 선지식이요, 염장이가 선지식이로구나. 거리를 지나는 사람들, 서울 시청 앞 광장에 누워 있는 노숙자가 하, 내 삶의 선지식이로구나. 내가 만나는 사람마다 다 나의 스승이요, 선지식이로구나. 그들의 삶이 경전이고, 팔만대장경이로구나, 그런 생각이 들었어요. 어째서 그런가. 내가 이야기하겠어요.

내가 예순 살쯤 되었을 때, 어떤 신도가 전화를 했어요. 신랑이 죽었으니 염불을 해달라는 것이었지요. 문상을 가니까 어떤 늙수그레한 염장이가 염을 하고 있어요. 그런데 아주 정성스럽게 염을 해요. 화장을 다 해놓고는 자기 마누라 화장하는 것처럼 마지막 시취(屍臭)를 맡아보고 관 뚜껑을 딱 덮더라고요. 사실 시신이라고 하면 자식이 됐든 부부 사이가 됐든 섬뜩하잖아요. 무섭잖아요. 부부도 같이 자다가 신랑이 죽으면 곁에 잘 안 갑니다, 무서워서. 자식도 그렇고. 그런데 그 염장이는 시취를 맡고 관 뚜껑을 딱 덮고 나더니, 상주와 하직 인사를 하고 밖으로 나가더라고요. 그래 내가 염장이를 불렀어요.

"염한 지가 얼마나 되었소?"

그러자 나를 바라보더니 "한 30, 40년, 한 40년 되는 것 같습니다."라고 그래요.

"다른 사람도 그렇게 정성스레 염을 합니까?" 물으니까 "스님도 별말씀을 다 하십니다. 살아 있는 사람은 남녀 구별이 있지만 죽은 사람은 남녀노소 지위 고하 구별이 없습니다. 시비가 끊어졌지요. 사람들은 죽은 시체를 무섭다고 하지만 나는 살아 있는 사람이 무섭지, 시신은 무섭지 않습니다. 시신을 보면 마치 나 자신의 시신을 보는 것 같습니다."라고 해요. 대화는 한 시간가량 했는데 다 잊어버

1장 / 상당법어

렸네요.

  그러던 중에 염장이 영감이 "스님 한번 물어봅시다. 염장이 노릇
도 한 40년 하다 보니 신부, 목사, 스님들도 많이 만나는데, 신부 목
사 이야기는 그만두고, 스님들 중에는 사람 몸뚱어리를 가죽부대라
고 그러고 오물 덩어리라 그러고 허깨비라고도 그럽니다. 그래서 영
가는 물에 뜬 달그림자처럼 고요하고 좋다고, 오물 덩어리 다 버려

좋다는 스님네도 있고, 여기서 10만억 불국토를 건너가면 극락이 있으니, 극락 가라고 기도를 열심히 하는 스님도 있던데요, 그것은 그만두시고요, 참으로 지옥 극락이 있습니까?"라고 묻는다 이 말이에요.

그 순간 내가 동서가 캄캄해요. 동서불명(東西不明), 눈앞이 안 보여요. 은산철벽에서 떨어지는 기분이 딱 들어요. 물론 그 전에 신도들에게 설법을 했지요. 10만억 불국토 가면 극락이 있다고 하고, 때로는 자성정토라 마음이 극락이라 하기도 했는데, 이 무구한 염장이 영감의 질문을 받으니 천년만년 낭떠러지로 떨어지는 기분이에요.

그래, 내가 멍하니 있으니까 영감이 "이 짓거리도 좀 하다가 보니까 시신을 보면 시신하고 대화를 합니다."라고 해요. 시신을 보면 이 시신은 아마도 세상을 참 청정하게 살았겠다, 이 시신은 좀 후덕하게 살았겠다, 이 시신은 남 못할 짓만 하고, 도둑질만 하고 거짓말만 하고 살았겠다, 이 시신은 누명을 쓰고 억울하게 죽었겠다, 이런 느낌이 든다는 거예요. 어쨌든 죄를 많이 지고 죽은 시신은 그 언저리에 그가 살았던 삶의 때라고나 할까, 삶의 흔적이 남아 있는 것이 그 염장이의 눈에는 보인다는 거지요. 그래서 좀 잘 산, 후덕하고 잘 산 사람 시신의 염은 적당히 대강대강 해도 좋은데, 좀 잘못 산 사람의 시신은 내 자식 같고 내 마누라 같고 내 엄마 같고, 내 동생 같고 내 누이 같고 내 친구 같아서 그런 느낌이 든다는 거예요. 그래서 염을 하면서 시신하고 대화를 한다는 거요. 네가 이렇게 죽을 것을 왜 이렇게 살았느냐고 묻는다는 거지요. 그러면 그 시신이 이렇게 대답한다고 해요. '영감님, 억천만 년이나 살고 싶어서 우리 마누라, 우리 자식 좀 즐겁게 해주고 싶어서, 나도 남처럼 삐까뻔쩍한 기와집에 삐까뻔쩍한 차를 타고 한번 으스대고 싶어서 그랬습니다. 사람 자꾸 울리면 내 울화통 터져서, 영감님 극락 못 갑니다.' 그런다는 거예요.

"그런 소리를 들으니 내 어찌 정이 안 가겠습니까. 사람은 죽을 때 그 목소리가 선해지고, 새도 죽을 때는 그 목소리가 애처롭다고 그러는데, 하물며 오늘 아침까지 같이 살다가 간 사람과 영원한 이별을 하는데 어떻게 정이 없고 어떻게 섭섭하지 않겠습니까. 어떻게 이 세상을 만족하게만 살겠습니까. 조금은 섭섭하게 사는 것이 아니겠습니까?" 그러면서 영감이 말하기를 "나도 젊을 때 뒷절 노스님이 중 팔자라고 그랬는데, 업이란 것이 스님 될 날도 있었어요. 나도 이제는 죽을 일만 남은 시신입니다." 그러고는 나를 가만히 바라보더니, "저는 내 마음 편하자고 시신을 이렇게 하는데, 남의 눈에는 시신을 위해 최선을 다해 정성을 기울이는 것처럼 보였으니 제가 부끄럽습니다. 나를 위해 하는데 시신을 위하는 것처럼 보이니 나는 아직 멀었습니다, 부끄럽습니다." 이렇게 말해요.

그 말을 듣는 순간 내가 참 부끄러웠어요. 내가 뭐냐? 나를 다시 한번 돌아보았어요. 아, 그래서 이 염장이 이야기가 팔만대장경이라고 알았지요. 이 염장이 말 속에 팔만대장경이 다 들어 있거든요. 생로병사가 있지, 제행무상이 있지, 《화엄경》이 있지, 《법화경》이 있지, 조사어록, 조사 선문답이 다 들어 있어요. 그러니 염장이 이야기, 대장장이 이야기, 주모 이야기가 바로 팔만대장경이야! 해인사에 있는 팔만대장경은 살아 있는 대장경이 아니에요. 골동품이에요, 골동품. 좋게 이야기하면 문화재고. 그 팔만대장경 속에 억만 창생이 다 빠져 죽었어요. 한 사람도 구하지도 못하고. 경전 속에 뭐가 있나요? 글이 있고 말이 있는데, 글과 말 그게 진리인가요? 만날 부처님이 어떻고, 어떻고, 어떻고…… 부처님이 뭐 어떻단 말이오?

그래서 그걸 버리는 날이 해제날이에요. 여러분은 오늘 이 법회가 끝나고 선지식을 찾아서 산문 밖으로 나가면, 선지식이 명산대찰에만 있는 것이 아니고 거리의 노숙자도, 길 가는 사람도 선지식인 줄 알고, 그 사람들의 삶, 그 사람들의 슬픔, 그 사람들의 살아온 이야기, 그 사람들이 앞으로 살아갈 이야기에도 경청해야 합니다.

선재 동자가 53 선지식을 만나기 위해서 일백일십 생을 바쳐 떠났듯이, 초기에는 비구, 비구니 등 더듬한 사람, 못난 사람들을 쭉 만났어요. 못난 사람을 만나야 잘난 사람을 만나거든. 마지막으로 문수를 만나고 보현을 만났지요. 그래서 문수의 지혜 속에 보현의 행원이 있고, 보현의 행원 속에 문수의 지혜가 나타나 스스로 완성하는 거예요. 못난 사람이 스승인 줄 알아야 하는 거지요. 그것이 〈보현행원품〉 아닌가요? 선재 동자가 얻은 것이 지혜와 행원이오. 그러니까 뭐, 행원이 천년 경전 속에 있는 것은 아니지요!

전강 스님은 30대에 통도사 보광선원 조실을 했어요. 그때 통도사에는 구하 스님 같은 선지식, 한국 최고의 대강사가 있었어요. 그런데 구하 스님이 30대 전강 스님을 법상에 모셨어요. 전강이 서른 살에 화두를 깨뜨려버리고, 경허는 한 철 만에 깨뜨려버리고, 만해는 들어가지도 않고도 깨뜨려버렸잖아요.

자기 자신에게 분노를 좀 하라 이 말입니다. 분노를 하려면 어떻게 해야 하나요? 첫째, 신심이 있어야 해요. 믿음이 있어야 하는 거지요. 석가모니 부처님을 확실히 믿어. 그다음에는 의심을 해요. 조사나 석가모니 부처님을 믿되 대신심이, 우주와 같은 큰 신심이 필요해요. 그러려면 의심이 있어야 하는 거지요. 조주가 왜 차나 한 잔 들라고 했나, 왜 무(無)라고 했나, 탁 물어야 하는 거예요. 의심을 하라는 거지. 그게 사자예요. 흙을 개에게 던지면, 개는 흙을 물어요. 그게 어리석은 중생들이지. 그런데 사자는 지혜가 있어서, 흙을 던지면 던지는 사람을 물어요. 그게 대의정(大疑情)이라는 것이지요. 그다음은 대분노(大憤怒)예요. 2000년 전에 석가모니는 6년 동안 앉았다가 대도사가 되었는데, 6년 고행을 해서 삼계의 대도사가 되었는데, 나는 이게 무엇이냐? 남한테 분노하면 중이 아니에요. 자기 자신에게 분노해야 해요. 자기 의심을 벗어나려고 하면 자기 자신한테 분노해야 하는 거지요. 전강 스님은 나이 30에 그물과 고삐를 다 벗었는데, 난 이게 뭐냐? 10년, 20년 선방 다녀도 나는 이게 뭐냐고 분노해야지요.

그러니까 한 철 3개월은 앉아서 명상이 필요하고, 명상을 해서 자기 충전이 되면 그것을 발초참학이라 하는데, 선지식을 찾아서 끝없는 여행을 해야 해요. 선재 동자가 일백일십 생을 찾았듯이. 누구를 위해서가 아니고 자기 자신을 위해서. 잘 살기 위해서, 나아가 실상을 알기 위해서. 지금까지는 이 노망 난 늙은이 이야기였어요.

다음은 《금강경오가해》에 나오는 야보도천(冶父道川) 선사의 게송입니다.

정인설사법(正人說邪法) 사법실귀정(邪法悉歸正)
사인설정법(邪人說正法) 정법실귀사(正法悉歸邪)

생각이 바른 사람, 정법을 갖고 있는 사람은 삿된 법, 비록 거짓말을 해도, 그 거짓말 삿된 법이 바른말로 돌아온다. 그러나 삿된 사람은 바른 법, 정법, 좋은 말을 해도 그 정법, 바른말이 거짓말로 돌아온다, 그런 뜻입니다.

2011년 동안거 해제법어(신흥사, 2012년 2월 5일)

1장 / 상당법어

교황의 화두와 선승의 화두

지난 2013년 3월 미국의 경제 잡지 《포천(FORTUNE)》은 세계에서 가장 영향력 있는 리더 50인을 선정했는데, 그중 1위에 프란치스코 교황 이분을 올려놓았답니다. 이분은 공적으로나 사적으로 항상 겸손함을 잃지 않고 사회적 소수자들, 특히 가난한 사람들에 대한 관심이 많고, 관용을 추구하며 여러 가지 다양한 배경과 신념, 신앙을 가진 사람들 사이에서 소통이 오갈 수 있도록 대화를 강조하는 데 헌신적인 노력을 하는 것으로 널리 알려져 있습니다.

내가 오늘 이 자리에서 느닷없이 프란치스코 교황에 대해서 말하는 것은 이분의 화두 이야기를 하고 싶어서입니다. 종교인의 생명은 화두입니다. 우리 스님(선사)들은 서로 안부를 물을 때 '화두가 성성합니까?' '화두가 깨어 있습니까?' 이렇게 묻습니다. 화두에는 활구

(活句)가 있고 사구(死句)가 있습니다. 프란치스코 이분이 세계를 움직이는 힘이 어디서 나옵니까? 이분의 살아 있는 화두, 즉 활구에서 나옵니다.

그분은 한국 방문 시에 **빡빡한** 일정 속에서 세월호 추모 리본을 달고 네 차례나 세월호 유족을 만나 그들의 이야기를 들어주고 공감했고, 희망을 잃지 말라며 사랑한다는 편지를 남겼습니다. 지난 3월 로마 교황청을 찾은 염수정 추기경, 김희중 대주교 등 한국 천주교 주교단 일행 13명을 면담한 자리에서 교황의 첫 물음이 세월호 문제와 유족들의 안부였다고 합니다. 사실상 세월호가 방한 내내 프란치스코 교황의 화두였던 것입니다. 이처럼 프란치스코 교황 이분의 화두는 살아 있는 오늘의 문제들입니다.

그런데 지난 결제 때 우리 스님들의 화두는 무엇입니까? 알 필요도 없고 말할 필요도 없습니다. 모두 다 천 년 전 중국 선사들의 산중문답이니까 말입니다. 프란치스코 교황의 화두와 우리 선승들의 화두는 시간상으로 천 년의 차이가 있습니다. 프란치스코 교황은 오늘의 문제가 화두인데 우리 선승들의 화두는 천 년 전, 중국 선승들의 도담(道談)입니다. 불자들에게 존경받는 어느 노스님은 내가 어릴 때 저에게 '화두 들고 참선공부 하다가 죽어라.'라고 당부했습니다. 빨리 깨달아 깨달음의 삶을 살고자 참선하는 것이지 참선하다 죽으려고 참선하는 것은 아니지 않습니까? 프란치스코 이분이 말한 바와 같이, 나는 지금 영적 치매에 걸리지 않았는지 자기 자신을 돌아보고 자기 자신을 점검해야 합니다.

한국에는 깨달은 선승들이 많은데 깨달음의 삶을 사는 선승은 만나기 어렵다고 사람들은 말합니다. 화두를 타파하면 부처가 된다고 합니다. 부처가 왜 존재합니까? 중생이 있기 때문입니다. 불심의 근원은 중생입니다. 중생이 없으면 부처가 필요 없습니다. 중생이 없는데 부처가 왜 필요합니까? 프란치스코 교황 이분이 세월호 유족들과 고통을 같이하듯이 중생과 함께해야 합니다. 그러므로 우리 선승들의 화두도 오늘의 문제가 되어야 한다고 나는 생각합니다. 오늘을 살아가며 경험하는 우리 시대의 아픔들 그 우비고뇌(憂悲苦惱)가 화두가 되어야 한다는 말이 되겠습니다. 그런데 우리 선승들은 아직도 천 년 전 중국 선사들의 도담에 머물러 있습니다.

불교는 깨달음을 추구하는 종교가 아니라 깨달음을 실천하는 종교입니다. 화두는 그 사람의 생각입니다. 그 사람이 오늘 무엇을 생각하느냐에 따라서 그 사람의 삶이 결정됩니다. 지금 여러분들은 무슨 생각을 하고 계십니까?

오늘은 하안거 해제일입니다. 여러분들이 산문 밖으로 나가는 것을 육도만행이라고 합니다. 육도는 잘 아시는 것처럼 보시바라밀, 지계바라밀, 인욕바라밀, 정진바라밀, 선정바라밀, 지혜바라밀을 말합니다. 만행(萬行)이란 이 육도바라밀을 실천, 봉행하는 만선(萬善)을 뜻합니다. 그러니까 육도만행, 육바라밀은 모두 실천하는 만선의 거름이 되어야 합니다. 해제라고 하면 방학했다는 기분이 드는데 오히려 그 반대입니다. 지난 3개월 동안 금족수행(禁足修行)을 했다면 이제는 금족수행에서 얻은 깨달음을 만행을 통해 다 보여줘야 해요. 만행의 길에서 육바라밀을 다 실천해야 합니다. 육바라밀이 만행이 되고 만행이 육바라밀이 되어야 한다는 이야기입니다. 그야말로 선승들의 깨달음의 삶은 이 육도만행 속에 다 있어요. 이 육도만행이 선승들의 깨달음의 화두가 되어야 합니다.

부처의 삶을 사는 사람이 부처입니다. 부처의 삶을 살지 않고 그냥 부처가 되겠다고 죽을 때까지 화두를 붙들고 참선만 해서는 부처가 되지 않아요. 그렇게 해서 부처가 된들 무슨 소용이 있습니까. 육도만행을 잘하시기 바랍니다. 육도만행이 깨달음의 삶이고 장부가 살아가는 수칙이고, 활로입니다.

나는 공부 잘하는 스님들이 참으로 좋습니다. 그러면 어떤 스님들이 공부 잘하는 스님인가, 부처의 삶은 어떻게 살아야 하겠는가, 이것을 한번 돌아보시라고 내가 오늘 교황님 이야기를 좀 했습니다.

하늘에는 손바닥 하나 손가락은 다 문들어지고
이목구비도 없는 얼굴을 가리고서
흘리는 웃음기마저 걷어지르고 있는거다.

― 〈뱃사람의 말〉

2015년 하안거 해제법어(백담사, 2015년 8월 28일)

깨달은 사람답게 살라

　오늘 결제법문은, 종정 스님의 법문이 너무 좋아요. 그런데 나는 성대가 나빠서 대독이 어려우니, 이따가 선원에 가서 종정 스님의 법어를 유나 스님으로부터 전해 듣는 것으로 대체하겠습니다.

　이것으로 사실상 결제법문은 끝났습니다. 다만 내가 이 법상에 올라온 김에, 설악산에 처음 오신 기본선원 스님들도 계시니, 그분들께 유가에 가풍이 있듯이 우리 불가에도 가풍이 있으니, 설악산의 선풍이 무엇인지를 말하고자 합니다. 결제법어라기보다는 그저 몇 마디 하고 마치겠습니다.

　중국의 선종사를 보면 선종5가(禪宗五家)마다 각각의 독특한 종풍(宗風)이 있어요. 위앙(潙仰), 임제(臨濟), 조동(曹洞), 운문(雲門), 법안

(法眼) 등 5가의 종풍을 말합니다.

《선가귀감》에 따르면 임제 가풍은 "푸른 하늘에 벼락 치고 평지에 파도가 일어나도다(青川轟霹靂 平地起波濤)."이고, 조동 가풍은 "부처와 조사가 태어나지 않은 시간과 공간 이전에 바른 것이나 치우친 것, 있는 것이나 없는 것 등의 기틀(그물)에 떨어지지 않도다(佛祖未生 空劫外 正偏不落有無機)."이며, 운문 가풍은 "주장자가 날아 하늘로 올라가고 잔 속에서 부처님들이 설법하신다(拄杖子足字跳上天 盞子裏諸佛說法)."입니다. 위앙 가풍은 "부서진 비석은 옛길 위에 쓰러져 있고, 무쇠 소는 작은 집에서 잠을 자도다(斷碑橫古路 鐵牛眠少室)."이며, 법안 가풍은 "맑은 바람은 구름 몰아 고갯마루를 돌아 넘어가고, 밝은 달은 물에 떠서 다리 밑으로 흘러가더라(風送斷雲歸嶺去 月和流水過橋來)."입니다. 이것은 내가 보고 외워서 오늘 말씀드리는 것입니다.

우리나라 선문에도 선풍과 가풍이 있습니다. 아시다시피 수덕사에는 경허, 만공의 선풍이 있고, 송광사에는 효봉, 구산의 선풍이 있으며, 해인사에는 용성, 성철의 선풍이 있고, 통도사에는 경봉, 구하, 월하의 선풍이 있으며, 가까운 월정사에는 한암, 탄허의 선풍이 다 있습니다. 그리고 백양사에는 만암, 서옹의 선풍이 살아 있습니다. 내가 다 기억은 못 해도 제방에 선풍이 살아 있어서 한국불교의 선풍을 알아주는 것입니다. 그러면 설악산의 선풍은 누구의 선풍인가? 신흥사 쪽은 용성 선풍이 조금 남아 있고 그것을 고암, 성준 스님이 이었고, 백담사에는 만해 스님의 선풍이 살아 있는 곳입니다.

만해 스님은 선풍에 대해서 법문을 많이 하셨어요. 그 법문을 다 여기서 할 수는 없고, 그 많은 선 법문 가운데 중요하다고 생각되는 것을 오늘 내가 몇 자 기록해왔습니다. 읽어볼 테니 들어보세요.

"요즘 참선하는 사람들은 참 이상하다. 옛사람들은 그 마음을 고요하게 가졌는데 요즘 사람들은 그 처소를 고요하게 가지고 있다. 옛사람들은 그 마음을 움직이지 않았는데 요즘 사람들은 그 몸을 움직이지 않고 있다. 그 처소를 고요하게 가지려 하면 염세가 되는 것뿐이며, 그 몸을 움직이지 않으면 독선이 안 되려야 안 될 수가 없을 것이다. 선의 본말을 모른 채 세월만 끌고 다만 옛 선사들의 영롱한 구두선, 즉 선리를 제대로 체득하지 못하고 청춘을 보내고 있으니 과연 무엇이라 하는 짓들이냐."

이 법문이 만해의 선 법문 가운데, 후학들에게 가장 중요한 대목입니다. 만해는 39세 때인 1917년 12월 3일에 오세암에서 참선하던 중 문풍지 바람 소리를 듣고 깨달으셔서 다음과 같이 오도송을 읊었습니다.

南兒到處是故鄕　남아가 가는 곳은 어디나 고향인 것을
幾人長在客愁中　그 몇 사람 객수 속에 길이 갇혀 있었는가.
一聲喝破三千界　큰 소리 한 번 질러 온 세계를 뒤흔드니

雪裡桃花片片紅   눈 속에 복사꽃 붉게 붉게 피더라.

그런데 이 게송을 보면 임제 스님의 수처작주(隨處作主)와 맥이 똑같습니다. 만해 스님 오도송을 다시 새겨 보면, 이런 뜻입니다. 남아가 가는 곳이 어디나 고향이라는 것은 수처작주, 어디에 가나 주인이 되라는 것과 같습니다. 깨달았으면 깨달음의 삶을 살지 왜 그 깨달음에 취해, 깨달음에 중독이 되어 있는가. 중독이 되어 있다는 것은 깨달음에, 화두에 취해 있는 것입니다. 혼자 깨달아 산속에 고요히 앉아 있겠다면 그게 뭐하자는 것인가 이런 말씀입니다.

만해 스님은 이 말씀과 함께 고착화된 선풍에 불만을 털어놓았습니다. 소위 선사들의 상당법어, 설법, 화두 등이 천편일률적이라는 것입니다. 암두도자(岩頭渡子)니, 보수개당(寶壽開堂)이니, 조주세발(趙州洗鉢)이니 백장야호(百丈野狐)니, 세존양구(世尊良久)니 하는 조사들의 설법을 보면 그렇다는 것입니다.

어느 때 부처님 앞에 한 외도가 와서는 절을 하고 물었어요. "유무(有無) 말고, 즉 있는 것도 없는 것도 말고 한 말씀 해주십시오." 하니까, 부처님은 양구[世尊良久], 아무 말씀도 하지 않으셨어요. 양구, 즉 침묵한 것인데, 그러자 외도가 "잘 알았습니다." 하고는 절을 하고 갔어요. 제자 아난이 곁에 있다가 부처님께 "저 외도가 무엇을 알았다고, 감사하다며 미혹이 다 없어졌다고 하며 인사하고 가는 것입니까?"라고 물었지요. 그러자 부처님께서 "양마는 채찍의 그림자만 보고도 달리느니라."라고 답하셨습니다.

　뭐 이런 식의 상당법문이 고대 중국에서부터 한국 만해 스님 시대에 오기까지 늘 그 자리에 있어 왔다 이 말입니다. 그렇게 하며 선에 안주했지요. 이에 대해 만해 스님은 '수좌들이나 불자들은 부처님의 생애를 다시 한번 생각해봐야 한다.'라고 하신 것입니다. 부처님이 성불하신 이후로 녹야원에서부터 열반에 이를 때까지 평생을 그 인도의 그 험준하고 계급 차별이 심한 곳에서, 불가촉천민들을 스승으로 받들고 설법하고, 고관대작들도 만나고 하면서 법을 전하며 살았는데, 중국 선사들은 깨달아서 맨날 법상에서만 설법하고, 자기 혼자 깨달아서 산속에만 있고, 그래서 무엇 하느냐 이 말이지요.

　내가 오늘 만해 스님의 이 법문을 소개하는 것은 다 이런 의미가 있습니다. 그러나 이 법문을 받아들이고 안 받아들이는 것은 여러분이 알아서 할 일입니다. 설악무산이 말했으니 이것이 옳다, 그르다 하는 것이 아니라, 다만 내가, 이 설악무산이 접대 삼아 하는 것일 뿐입니다.

　우리 여기, 신흥사와 백담사 무금선원에도 희생적으로 사시는 스님들이 몇 분 있습니다. 유나 영진 스님, 선원장 신룡 스님 등처럼 이미 다 깨달은 분들이 계시는데, 이분들이 오늘 기본선원에 새로 오신 분들을 위해 희생하고 있잖아요. 그러니 오늘 여기에 오신 스님들은 복이 많은 분들입니다. 스승 잘 만나서 잘 배우고 바르게 인도하고, 깨닫는 것이 어렵거든요. 그러니까 유나 스님과 신룡 스님의 가르침 잘 받으세요. 무문관에 들어가는 스님들은 공부가 다 잘 된 분들이시니 그렇고, 오늘 말한 만해 스님 선풍 이야기는, 처음에도 이야기했지만, 결제법문은 아닙니다. 결제법문은 종정 스님의 법어로 대체했으니, 여러분들은 유나 스님께 종정 스님 법문을 잘 듣고, 한 철 공부 잘하시기 바랍니다. 끝으로 내가 이전에 한번 써 본 것을 게송으로 들려 드리겠습니다.

입을 열면 다 죽는 것 열지 않아도 다 죽는 것
언제 어디로 가나 따라다니는 의단(疑團) 덩어리
이제는 깨뜨려 버려라 말할 때가 되었다
　　　　　　　　　　　—〈보수개당(寶壽開堂)〉(만인고칙 1)

끝입니다.

_____

부처 될 생각 말고, 화두에 속지 말고

내가 여기 법상에 오르기 전에는 할 이야기가 좀 있어서 대중들한테 내가 80년 살아오면서 할 이야기를 해주려고 했는데, 저기 신문사, 방송국 기자들이 와 있어서 할 말이 다 없어져 버렸어요. 내 이야기는 여러분이 듣든지 안 듣든지 (주장자 들어 보이고) 오늘 법문 끝났다. 알겠지요? 법문 끝났어요.

기자들을 와 있는 게 싫어서 법문을 끝내고 싶지만, 마지막으로 한마디만 하겠습니다.

여기 대중 중에는 나보다 더 훌륭한 스님들이 더 많아요. 해인사 주지, 조계사 주지를 하신 원로의원 세민 스님도 와 계시고, 조계종 유나 영진 스님, 포교원장 지원 사제를 비롯해 나보다 덕이 더 많고 수행도 더 잘하는 스님이 많이 와 계세요. 그런데 내가 이 산중에 오래 살았다고 해서 법상에 올라왔지요.

아, 대종사이신 세민 스님도 와 계신데, 대종사도 아닌 내가 법문하는 것은 가당치 않은 일인 데다가, 내가 여기서 뭐 말하는 게 법이 아니에요. 그러나 내가 산지기를 하다 보니까 세민 스님, 영진 스님, 대전, 신룡 이런 큰스님들과 함께 한 철 같이 지냈는데, 그게 큰 법이요. 그것만으로도 여러분에게는 큰 가르침이 될 것입니다. 여러분들하고 나하고 생각이 다르지만, 내가 한마디 하는 말을 80 늙은 이 노망이라고 들어도 좋고, 어떤 형태로 들어도 좋아요.

미당 서정주 선생이 〈자화상〉[1] 이라는 시를 썼어요. 여러분도 읽어보았으면 잘 알겠지만, 내가 시를 외우지는 않는데 내용은 이런 거에요.

여러 사람이 자기를 보고 가는 거야. 어떤 사람은 자기를 친일분자로 보고 가고, 시인으로 보고 가는 사람도 있고, 교수로 보고 가는

---

1) 미당 시 〈자화상〉 전문. "애비는 종이었다. 밤이 깊어도 오지 않았다. / 파뿌리같이 늙은 할머니와 대추꽃이 한 주 서 있을 뿐이었다. / 어매는 달을 두고 풋살구가 꼭 하나만 먹고 싶다 하였으나… / 흙으로 바람벽 한 호롱불 밑에 / 손톱이 까만 에미의 아들 / 갑오년이라든가 바다에 나가서는 돌아오지 않는다 하는 외할아버지의 숱 많은 머리털과 그 커다란 눈이 나는 닮았다 한다. // 스물세 해 동안 나를 키운 건 팔 할이 바람이다. / 세상은 가도 가도 부끄럽기만 하드라 / 어떤 이는 내 눈에서 죄인을 읽고 가고 / 어떤 이는 내 입에서 천치를 읽고 가나 / 나는 아무것도 뉘우치진 않을란다 // 찬란히 틔워 오는 어느 아침에도 / 이마 위에 얹힌 시(詩)의 이슬에는 / 몇 방울의 피가 언제나 섞여 있어 / 볕이거나 그늘이거나 혓바닥 늘어뜨린 / 병든 숫캐마냥 헐떡거리며 나는 왔다."

놈도 있고, 도둑놈으로 보고 가기도 한다는 거예요. '나는 상관을 안하겠다. 자기 그릇대로, 자기 보고 느낀 대로 자기 깜냥대로 보고 가겠다는데 내가 왜 따라다니겠느냐.' 그게 서정주 선생의 시 〈자화상〉이에요.

나도 그런 거예요. 여러분과 내가 생각을 같이할 수가 없어요. 세대 차이가 있고, 먹는 것 보는 것, 가는 곳이 서로 다르잖아요. 내가 암만 잘났다고 해도 신흥사 주지 스님보다 잘난 것이 없어요. 주지 스님은 차 운전도 잘하는데 난 차 운전을 못 해요. 주지 스님이 가서 보고 느끼고 생각하는 걸, 나는 못 해 봤어요. 그런 반면에 또 내가 생각하고 느끼는 것을 주지 스님이 하지 못한 것도 있잖아요? 내가 아는 것이 무진장하면 내가 모르는 세계도 무진장한 거니까요. 내가 한마디 하겠다면서 사족을 좀 깔았어요. 내 말이 절대적 진리도 아니고 법도 아니니, 받아들이고 말고는 여러분 그릇대로입니다.

설악산은 춥습니다. 더구나 백담사는 하루에 해 뜨는 시간이 서너 시간밖에 안 됩니다. 이렇게 추운 곳에 한 철 살겠다고 오셨는데, 방금 말한 대로 법은 세민 스님, 영진 스님, 신룡 스님, 대전 스님에게 물으세요. 산중에 사는 사람으로서 내가 가르쳐줄 것은 없는데, 딱 한 마디 하자면 부처 될 생각 하지 말라는 것입니다. 선방에 앉아서 부처 되겠다? 부처를 버려버리시오. 절대 부처 될 생각은 하지 마세요. 성철 스님이 늘 이야기하셨듯이 자기를 늘 돌아볼지언정 화두에 속지 마세요. 내 사숙 중에 선방 50년, 60년 돌아다닌, 친한 도반이라고 하기는 뭐해도 가까운 스님이 있는데 화두가 무자(無字)라. 조주 늙은이가 개에 불성이 있느냐 물으면 어떤 사람은 있다, 어떤 사람은 없다 하는 게 그게 무자 화두거든. 여러분 생각해봐요. 천 년전 할 일 없는 중국 늙은이들의 화두인데, 아 개에 불성이 있으면 뭐하고, 없으면 뭐 하나? 그걸 짊어지고 칠팔십 평생을 허비했어! 조계종의 최고 수좌인데, 열반할 때도 내가 물어보니 "무, 무, 무…". 그게 뭔가요? 화두에 집착하지 말아요. 개에 불성이 있고 없는 게 무슨 의미가 있는가, 나한테 불성이 있느냐 없느냐가 중요하지. 내가 오랫동안 법문을 하지 않았어요. 내가 법문하면 파장이 일어나거든. 총무원도 스님들도 싫어해요. 그래서 내가 법문 안 하려고 했는데, 같이 온 사람이 오늘은 종정 법어 대독하지 말고, 스님이 법문해야한다고 그래요. 출입 기자단이 왔다는 거야. 그래 내가 할 이야기가 없어져 버렸어요.

절간에 진리 없고, 명산대찰에 선지식 없다. 왜 그러냐? 만암 스님 어록을 읽어보면 불심이 곧 중생심이에요. 또 태고종이기는 하지만 대륜 스님이 대승 경전 연구한 것을 보면 불심의 근원은 중생심이거든. 아, 중생이 없는 곳에 부처님이 있을 이유가 없지 않아요. 명산 대찰에 중생이 없는데 부처님이 있을 리가 있겠어요? 절간은 스님들 숙소 아닌가. 돌이켜 생각해보면, 2,500년 전 석가모니가 제일 섬겼던 사람이 누구인가요. 불가촉천민들 아닌가. 그들을 부처로 생각하고 찾아다니며 팔정도, 육바라밀 설명한 것 아닌가. 오늘날 스님들은 좋은 곳에 앉아서 덕담만 하는데, 그곳에 어찌 부처님이 있겠어요? 거리에, 시장바닥에 가서 부처님을 하라고 내가 그랬지요. 그것도 내가 여러분들 비위를 맞춰서. 이 세상 살아가는 것은 비위 맞추는 것입니다. 비위 맞춘다고 하면 비겁하다고 생각하지만, 비겁한 게 아니야. 이 세상에서 제일 비위 잘 맞춘 사람이 누구인가요? 아는 사람 손들어 보세요.

(대중 가운데, 한 수좌가 답하기를)
"석가모니 부처님이 일체중생의 비위를 제일 잘 맞춘 어른이십니다."

와, 대단한 스님이 여기 계시네. 그래요, 석가모니만큼 중생 비위를 잘 맞춘 사람이 없어요. 다시 말하자면 속인들이 아들 나면 아들 비위를 잘 맞추거든. 잘 데리고 놀아요. 석가모니 부처님 사시던 2,500년 전에는 천민 같은 중생들이 얼마나 많이 살았겠어요? 지금도 인도에 가면 불가촉천민들이 있다는데, 그들을 앞앞이 찾아다니며 자기 아들처럼 딸처럼 찾아다니며 비위를 맞춘 거예요. 나는 오래전부터 비위를 맞추라고 했어요. 선방에 살면서 옆에 도반들 비위를 맞춰야 해요. 자기 허물은 드러내놓고, 남의 허물은 보지도 듣지도 말하지도 마라. 그게 선방, 대중 생활 아니요? 말은 좋은데 그게 굉장히 어려워요.

다시 말하지만 부처 될 생각은 하지 마세요. 여러분, 부처 되어 가지고 뭐 하겠어. 성불합시다? 부처 돼 가지고 뭐하겠다는 건데. 여러분들 화두에 속지 말아요. 1,700 공안이라고 하는 게 있지. 옛날에 중국의 늙은이들이 산중에서 할 일이 없어서 이렇게 저렇게 한 얘기이지. 뜰 앞에 잣나무? 뜰 앞에 있는 나무가 잣나무면 어떻고 아니면 어떻다는 거요. 요즘은 스마트폰 시대 아닌가? 칠십, 팔십 평생 무(無) 무 무…. 깨달았으면 깨달음의 삶을 살아야 할 게 아닌가.

깨달았다고 신도들에게 절 받고 돈 받고 하는 것이, 그게 무슨 의미가 있어요? 깨달았으면 깨달은 삶을 실천을 해야지. 부처님 행을 하면 그게 바로 부처님이고, 보살행을 하면 그게 보살이지, 불보살이 허공에 따로 있겠어요? 달나라까지 오가는 세상에 극락이 따로 존재하는가?

이 법문이라고 하는 것은 원래 법이 없는데, 그러니까 내 이야기는 여든 살 늙은이의 노망기로 들어서 아까 말했듯이 여러분이 자기 그릇대로 받아들이든 받아들이지 않든 좋은데, 절대 부처 될 생각하지 말아요.

나는 30년 전쯤에 오늘 여기에 오신 윤지원 원장하고 설악산 주지 할 때 내가 착한 일을 많이 하면, 그러다가 혹시 부처 되면 얼마나 외로울까, 부처 될까 봐 되게 겁을 냈어요. 나는 부처는 되기 싫다, 이게 내 생각이오. 그런데 만날 사홍서원 하면서 성불합시다, 부처 되겠다고 하는데, 부처 되면 뭐 하겠다는 거야? 성불해서 부처 되면 절 받고 돈 받고 하는 거 아닌가? 그게 뭐 재미가 있겠노. 안 그래요? 그래서 내가 부처 될까 싶어서 곡차도 좀 많이 하고 그러니까 저 스님이 가짜 중이라 부처 되기는 어렵겠고, 신도들도 안 오고 그러니까 내가 천하 태평한 사람이 된 거요.

여러분들이 참 고맙습니다. 이 춥고 어려운 절에 공부하려고 이렇게 모여들어서. 종단에서 선덕들까지 다 여기 와 계시니, 내가 법문다운 법문을 해야 하는데…. 법문을 하라고, 주지가 여기에 뭐 읽으라고 갖다 놓았는데, 이것은 유나 스님이 스님들에게 대신으로 읽어주고, 아이고 그만해야겠습니다. 같은 말을 자꾸 하게 되어서.

(주장자를 들고)

나는 이거(주장자) 들고 싶지도 않은데 옛날부터 내려오는 법이 이거 들어서 법문 끝났다고 보여줘야 한다니까. 옛 중국 산중 늙은이들 설두(雪竇), 조주(趙州), 장사(長沙)라든지 하는 분들의 어록들을 보면 부처를 원수로 생각하라고 그랬어요. 부처 있는 곳에 머물지 말고, 부처 없는 곳에도 머물지 마라. 중국 선종사의 어록에 그렇게 나와 있어요. 그렇다고 내가 그것을 모방하는 것은 아니고.

오늘날 스마트폰 시대에 화두는 천 년 전에 늙은이들이 씨불인 거요. 화두를 깨버려야 해요. 화두에 집착하면, 알코올 중독자가 중독되는지 모르고 중독되듯이 화두 중독자가 되어버리면 일생을 만날 무, 무, 무… 하다 말아요. 표현이 지나치지만, 마약중독자는 자기가 마약중독자인 줄 몰라요. 마약만이 자기 살길이라고 믿고 마누라도 팔아먹고 집도 팔아먹으면서…. 지금 선방 스님들도 화두에 중독돼 있는 거야. 어느 큰절에 가 보면 '공부하다 죽으라.'고 그러는데, 그래 자기가 평생 공부하다가 절 받고 돈 받고 존경받고 저 혼자 산중에 앉아서 잘살면, 그게 무슨 의미가 있어요? 그렇게 깨달아 부처가 되어서 뭐 하겠어요? 삼사십 년 동안을 산문밖에 안 나가고 참선했다고 하면 신도들이 큰스님이라고 하며 절하고 돈 주고 그래요. 깨달았으면 깨달음의 삶을 살아야 할 게 아닌가? 여러분과 내가 생각이 다를 수 있는데, 나는 이렇게 생각해요.

이제 그만하고 내려갈게요.

> 백담사 무금당 뜰에
> 뿌리 없는 개살구나무들
>
> 개살구나무들에는
> 신물이 들 대로 다 들어
>
> 그 한번 내립떠보는
> 내 눈의 좀다래끼
>
> ―〈뱃사람의 뗏말〉

2012년 동안거 결제법어(백담사, 2012년 11월 28일)

과분한 법어

　내가 눈이 침침하니까 대중들이 이해해주기를 바래요. 내가 법상에 오를 자격도 없는 데다, 해인사 주지도 하시고 조계사 주지도 하신 세민 대종사를 비롯해서, 여기 많은 스님들 앞에서 법어를 한다고 하는 것은 과분해요. 그러나 설악산에 내가 오래 살았다고 그래서 대중이 나보고 조실이니 법문을 하라고 해요. 그래서 부득이하게 한 말씀 드려야 하는데, 드릴 말은 없고 해서 종정 큰스님의 법어를 내가 대독할 테니까 여러분이 그걸 마음에 깊이 잘 새겨서 자기를 돌이켜보시기 바랍니다.

　(종정 스님 법어 대독을 마치시다.)

　지금까지 종정 스님 법어를 내가 대독했습니다. 내가 하고 싶은 이야기는 아무것도 없고, 사설(私說)입니다.

　아무튼 3개월 동안 백담사, 신흥사 이 추운 곳에서 정진하신 대중 스님들께 고맙다고 생각합니다.

　끝났습니다.

　　우리 절 밭두렁에
　　벼락 맞은 대추나무

　　무슨 죄가 많았을까
　　벼락 맞을 놈은 난데

　　오늘도 이런 생각에
　　하루 해를 보냅니다

―〈죄와 벌〉

2012년 동안거 해제법어(백담사, 2013년 2월 24일)

마음이 불안하다면

(법상에 올라 주장자를 들어 보이고 법상을 세 번 치시다.)

달마 대사가 면벽하고 있을 때였습니다. 눈 속에서 자신의 팔을 자르고 달마 대사의 제자가 된 혜가 스님이 어느 날 이렇게 말했습니다.

"제 마음이 편안하지 않습니다. 스님께서 제 마음을 편안하게 해주십시오."

달마 대사가 대답했습니다.

"그래, 그러지! 괴로운 그 마음을 가지고 오면 내가 고통에서 벗어나게 해주리라!"

혜가가 다시 말했습니다.

"제 마음을 아무리 찾으려 해도 찾을 수 없습니다."

이에 달마 대사는 "내가 벌써 너의 마음을 편안하게 해주었다."
라고 말했습니다.

> 울고 가는 거냐 웃고 가는 거냐
>
> 갈대 숲 기러기들 떼지어 날고 있다
>
> 하늘도 가을 하늘은 강물에 목이 잠겨 있다
>
> ─〈저물어가는 풍경〉

오늘 법문은 이것으로 마치겠습니다.

2013년 동안거 해제법어(백담사, 2018년 3월 1일)

1장 / 상당법어

늘 배고파라, 늘 어리석어라

摧殘枯木依寒林　베고 버려진 고목이 또한 찬 나무를 의지하니
幾度逢春不變心　몇 번이나 봄을 만나도 마음 변치 않았던고.
樵客遇之猶不顧　나무꾼도 오히려 돌아보지 않거늘
郢人那得苦追尋　목수가 이를 어찌 간절히 찾을까 보냐.

一池荷葉衣無盡　연잎으로 옷 지어도 다 입지 못하고
數樹松花食有餘　소나무 송홧가루만으로도 먹고 살 만하네.
剛被世人知住處　세상 사람들이 나 있는 곳 알아버렸으니
又移茅屋入深居　더 깊은 곳으로 옮겨가 살아야겠네.

이 선게(禪偈)는 대매법상(大梅法常) 스님의 게송입니다. 당나라 시

대 대매 스님이라는 큰스님이 있었는데, 어릴 때 동진출가를 했어요. 아주 부잣집 아들인데, 스무 살 때 비구계를 받고, 강서(江西)에 마조라는 큰스님이 계신다는 말을 듣고 마조 스님을 찾아가서 법을 물어 '마음이 부처다(卽心卽佛)'라는 한 말씀을 들었어요. 그런데 '마음이 부처다'라는 말씀을 그냥 건성으로 듣는 게 아니라 사무치고 사무치게, 또 사무치게 들었어요.

대매 스님은 그길로 대매산(大梅山) 아주 깊은 산속에 들어가 30년 동안 산을 떠나지 않고 그곳에 살며 수행을 하셨어요. 그 무렵에 염관제안(鹽官齊安) 국사의 제자가 자기 스님께 드리기 위해 지팡이[주장자]를 구하려 그 산에 갔는데, 헤매다가 길을 잃었어요. 그러다 우연히 어느 띠집[토굴] 앞에 이르러 대매법상 스님을 만났지요. 그런데 30년을 산중에만 살았으니 대매법상 스님 형색이 어떠했겠습니까. 눈은 부리부리하고 형체는 무척 초라했겠지요.

대매 스님에게 그가 "스님, 여기 오신지 얼마나 되셨소?"라고 물었더니, 대매 스님이 "(사방의 산이) 푸르렀다가 변하여 누런색으로 돼가는 것만을 보았을 뿐이다."라고 답했어요. 푸른색이 변해 누런색이 된다, 아주 시적이지요. 그래서 "마을로 가는 길이 어디 있소?"라고 물으니까 "저 골짜기 흐르는 물 따라가시오."라고 답했어요. 그래 물을 따라 내려오니까 마을이 있어서, 그 스님은 절로 돌아왔어요.

그 스님은 산에서 있었던 일을 염관제안 국사에게 그대로 이야기했어요. 그러니까 염관제안 스님이 말하기를 "내가 젊었을 때 어디서 한번 본 스님인 것 같기도 하다. 그 뒤로는 소식을 몰랐는데 그 스님이 아닐까? 그 스님을 데리고 오라."고 했지요. 그래서 염관제안 국사의 제자들이 다시 대매 스님의 토굴로 찾아가서 나오라고 하니 대매 선사가 게송으로 대답을 했어요. 내가 앞에서 읊은 선게가 그때 대매법상 스님이 지은 게송입니다. 풀이를 하면 이렇습니다.

'최잔고목'이라, 부러지고 쓸모없는 나무를 최잔고목이라고 해요. 그리고 '의한림'이라고 그랬거든. 내가 꺾어지고 부러진 차가운 나무에 의지해 산다는 말이지요. 여기서는 대매 스님이 자신을 고목에 비유했기 때문에 한림은 '시다림'으로 읽어야 합니다. 시다림이란 스님들이 염불하고, 인도에서는 송장을 모아두는 숲을 시다림이라고 해요. 그래 이 말은 시다림 속에 의지해 있다는 뜻이 되는 거요.

그다음은 기도봉춘불변심이야. 봄이 여러 번 오가도 한결같아요. 전혀 변함이 없다는 뜻이지. 봄이 오면 잎도 나고 꽃도 피어야 하는데, 변하지 않아요. 그래서 불변심이라, 마음이 변하지 않는다는 거예요. 왜 변하지 않았나? 한 그루 나무가 시다림 속에서 적멸의 법에 의지해 있기 때문이지요. 다음은 '초객우지유불고'라고 했어요. 지나가는 나무꾼도 흘긋 한번 돌아보고는 두 번 돌아보지를 않아요. 그래서 '영인나득고추심'이라. 영인은 시인이나 노래하는 사람이라고 하는데, 여기서는 자기를 데리러 온 사람들을 칭한다고 봐야 돼요. 추심이라. 자기를 찾고 살피러 왔다, 우리 절집 이야기로는 점검하러 온 거지요. 그래서 '이 추운 나무에 의지해 사는 사람을 점검하는 이유가 뭐냐? 나는 안 간다.'라고 한 거지. 대신에 '일지하엽의무진'이라. 그러니까 한 연못에 입을 옷이 무진장하고, '수수송화식유여' 거기 서 있는 몇 그루 소나무의 송홧가루만 해도 먹을거리가 남는다는 거지요.

그런데 이거 야단났어요. 왜 야단났나? '강피세인지주처'라. 세상 사람들이 내가 있는 곳을 알게 되었다는 거지요. 여기서 주처는 법으로 보면 오처(悟處)라고 보아야 해요. 내가 깨달은 것을 어떤 사람이, 즉 제안국사가 봤다, 내 깨달음이 들켰다는 뜻이오. 깨달음을 들키면 안 되는 거거든. 아무도 몰라야지. 각즉빙생(覺卽氷生)[1]이라. 깨달음을 내가 알고 남이 알면 얼어버려요. 그래서 '우이모옥입심거'야. 더 깊은 곳으로 가야겠다는 것인데, 한 번 더 깨달아 더 공부를 깊이 해야겠다는 뜻이지요. 이것을 《십현담(十玄談)》에서 이야기를 하자면 일색과후(一色過後)[2]지요. 더 못 보는 것으로 더 깊이 공부

---

1) 《벽암록》제31칙 마곡진석요상의 수시(垂示)에 나오는 선어. 動卽影現 覺卽氷生 其或不動不覺 不免入野狐窟裏(움직이면 그림자가 나타나고, 깨달으면 얼음이 생긴다. 그렇다고 움직이지도 않고 깨닫지도 않는다면 여우굴 속으로 들어가게 된다)로 파주방행의 자유자재한 선의 경지를 의미한다.
2) 枯木岩前差路多(고목나무 바위 앞엔 갈림길이 많나니)/ 行人到此盡蹉跎(길가는 이 여기서 잘못 들기 일쑤더라.)/ 鷺鷥立雪非同色(백로가 눈밭에 서니 같은 색이 아니지만)/ 明月蘆花不似他(갈대꽃 위에 달이 밝으니 다른 빛이라 하겠는가?)/ 了了了時無所了(깨닫고, 깨닫고, 깨달아도 깨달은 것 없고)/ 玄玄玄處亦須呵(현묘하고 현묘해 현묘한 곳 또한 현묘한 것 없으니)/ 慇懃爲唱玄中曲(은근히 그대 위해 현묘한 노래를 부르건만)/ 空裏閃光撮得麽(허공 속의 달빛을 어떻게 잡으

하러 가야겠다며 데리러 온 사람들을 돌려보냅니다.

그런데 이 소문이 장안까지 나자, 당연히 마조 스님의 귀에 들어갔어요. 그래 마조 스님이 시험을 한다고 자기 제자를 보냈지. 그 제자가 찾아가서 대매법상 스님에게 "마조 스님을 처음 찾아갔을 때 무엇을 배웠소?" 하고 물으니까, "마음이 부처라고[心卽是佛] 그랬습니다."라고 대답했어요. 그러니까 제자들이 말하기를 "그런데 요즘 우리 스님은 마음도 아니고 부처도 아니[非心非佛]라고 말씀하십니다."라고 한 거예요. 그러니까 대매 스님이 말하기를 "그 늙은이가 세상을 자꾸 어지럽게 해도 나는 변함이 없다. 마음이 부처다." 이것이 첫 게송의 뜻입니다.

내가 이 게송을 처음 들은 거는 정확하게 1967년도에 산에 있으면서 뭘 모르고 시를 하나 썼어요. 소설가 조정래 선생의 아버지가 철운 조종현 선생인데, 시를 써서 조종현 선생에게 보냈더니, 그분이 《시조문학》이라는 잡지에다 나를 추천했어요. 그래 내가 추천된 시인이 되었다는 편지가 왔어요.

그렇게 인연이 되어 가지고 1970년 초 서울에 갔을 때 얄궂은 식당에 가서 인사를 드렸는데, 이 분이 대단한 분입니다. 선암사 스님인데 선암사 강사도 하셨고, 동국대 역경원에서 역경도 하셨고, 교육자로서 중고등학교 교장도 하셨지요. 그분과 식당에서 식사를 하

랴.) 출처: 김시습의 《십현담요해》.

는데, 한참 있다가 그 선생이 방금 소개한 대매법상 스님의 게송을 써서 보여주면서 나에게 "이것을 아는가?"라고 물어요. 그래서 "모릅니다."라고 했지요. 그랬더니 '적어도 시인이 되려면 이 정도는 돼야 한다. 이것은 산진수회처(山盡水廻處)에서 나온 시다. 이것이 궁극의 이치이면서도 이것이 궁극의 이치라는 그 자취마저 끊어버린 언전불급(言詮不及)의 몰종적(沒蹤迹), 다른 말로 하면 심행처멸(心行處滅)한 자리에서 쓴 시다. 좀 더 나아가면 심행처멸한 자리에서《벽암록》에 보면, 시방좌단(十方坐斷),[3] 앉아서 시방 사람을 꼼짝 못 하게 혀를 빼버린, 말을 못하게 하는 그런 시다. 시인이 되려면 이 정도로 시를 써야 한다.'고 하셨어요. 그래서 "그러면 선생님은 이 경지에서 그렇게 시를 쓸 수 있습니까? 내가 선생님 시집을 보니 이런 시는 없는 것 같습니다." 그랬더니, 그렇기는 한데, 당신이 내 스승이라는 뜻으로 남의 부모가 되면 부모는 노름도 하고 거짓말도 하고 더러 나쁜 짓도 하고 하지만, 자기 자식에게는 나쁜 짓 못 하게 하는 경우와 똑같다고 철운 선생이 그래요.

오늘 내가 왜 이 이야기를 길게 하는가 하면, 내가 집을 지어서 검인당(劍刃堂)이라고 현판을 붙여놓았어요. 검인은 칼날 아닙니까. 칼날 위에 우리가 앉아 있는 것처럼 공부가 급하다는 뜻이요. 그래, 검인당과 맞는 주련을 뭐라 써야겠는가, 혼자서 늘 생각을 했지. 그런

---

3)《벽암록》제32칙, 정상좌저립(定上座佇立) 수시(垂示)에 등장하는 선어.

데 한 보름 전에, 옛날 철운 선생에게 들은 게송이 생각이 나서 이것을 갖다 쓰면 어떻겠나 생각하다가, 이를 유나 스님에게 물어보고 결정해야겠다고 혼자만 생각하고 있던 거지요.

그래 유나 스님에게 전화를 했어요. 오늘 법문은 유나가 쓰고, 나는 읽기만 하고 하겠다고 부탁했어요. 그랬더니 유나 스님이 알겠다 하고 법문을 써왔는데, 내 마음을 어떻게 간파하고 이 게송을 써왔어요. 내가 말을 안 했는데도 내 마음을 알아버린 거지. 거일명삼(擧一明三)이라고 하는데, 하나를 말하면 서너 가지를 아는 것이지요. 이심전심이라더니 어찌 그렇게 잘 알아서…. 주련을 이것으로 달아야겠다고 생각했어요.

이 게송은 성철 스님이 젊은 날 김용사에 계셨을 때 거처의 주련이에요. '최잔고목의한림…' 이겁니다. 아마 자주 안 봐서 그렇지 앞으로 만행 중에 제방에 가면 이런 내용의 주련을 볼 수가 있을 거요, 선승들이 무척 좋아하는 주련이니까. 내 잡담이 너무 길어졌네요.

오늘은 해제일입니다. 수선납자에게 화두란 의단 뭉치를 타파하여 일체 생사고해를 해결하는 때가 해제입니다. 오늘이 해제가 아니고, 깨달음을 확실히 얻어서 생사고해를 벗어나서 해탈하는 날이 해제입니다. 그러므로 각자 본분사(本分事)를 해결하지 못했으면 해제를 한다 해도 계속 화두를 마치 어린아이처럼 다뤄야 합니다. 언제 어디서나 꼭 쥐면 깨질세라, 느슨하면 놓칠세라, 정성껏 그리고 간절하게 화두와 함께 잠을 자고 화두와 함께 잠을 깨며 성사돼야 '이것이 무슨 남의 집 말뚝이냐?'고 당당하게 외칠 날이 머지않은 것입니다.

수선납자 여러분, 공부에 가장 긴요한 방법이 하나 있으니 그것은 다만 한마디 '간절함'입니다. 그렇습니다. 이것을 간절하게 들어야 합니다. 정말로 스님들의 법문을 예사로 들어버리면 안 됩니다. 만날 우리 마음이 부처다, 그냥 그렇게 건성으로 들으면 안 됩니다. 단 한 마디를 듣고 거기서 사무쳐버린 법상 스님처럼 들어야 해요. 그래서 옛날에 공자가 순임금이 만든 무악을 듣고 세상에 이렇게 아름다운 노래가 있었던가 하고, 3개월 동안 밥맛을 잊어버렸다고 해요. 3개월 동안 사무쳤다가 그치면서 하는 말이 그 음악은 진미우진선악(盡美又盡善惡), 아름다움이 다하고 또한 선악이 다했다고 했어요. 화두를 들면 이렇게 사무쳐야 해요. 그냥 예사로, 일상적으로 들어서는 안 돼요. 마음이 부처인 줄 알면 부처 다 된 거요. 그건 그렇고 이제 마칠 때가 되었습다.

우리 유나 스님이 지은 게송입니다.

昨夜雪嶽石鳥鳴　어젯밤 설악산에 돌새 울음소리 들리더니
今朝百潭水無聲　오늘 아침 백담의 물 소리 없이 흐르네.

나무아미타불.

(주장자 한 번 치시다.)

이것으로 오늘 불조(佛祖)가 하는 법문은 끝난 겁니다. 지금까지 한 이야기는 내 이야기가 아니고 조사들이 하는 이야기를 내가 대행한 것입니다. 그렇게 들어야 합니다.

그리고 오늘 내가 재미있는 내 이야기를 하려고 돈 200만 원을 갖고 왔어요. 공부를 제일 잘한 사람이 받아 갈 수 있어요. 내가 물으면 여기 계신 총장님이든 누구든, 제일 먼저 손을 들고 정답을 말한 사람에게 주겠어요. 거짓말 아니에요.

(문제를 적은 종이를 펼치며)

그러니까 지금부터 10년 전인 2005년, 어느 대학에서 졸업식 할 때 세계 젊은이들을 흥분시킨 연설문 두 마디, 아는 사람?

(좌중을 살피자, 오명철 전 동아일보 국장이 손을 들고 일어나 말했다.)

"Stay foolish, stay hungry."

우리말로는?

"영원히 배고파라. 영원히 어리석어라. 항상 갈구하라는 뜻입니다."

가까이 왔는데, 맞긴 맞는데…… 그러면 누구 작품인가? 누가 한 말이지요?

"아이폰 만든 스티브 잡스가 스탠퍼드대학 졸업식에서 한 말입니다."

맞아요. 이리 와 100만 원 받아요. 애플 창업자 스티브 잡스의 말입니다. 이분은 오명철 선생이라고, 동아일보 편집국 국장 출신입니다. 스티브 잡스가 스탠퍼드대 졸업식에서 한 연설문인데 '언제나 갈망하고, 언제나 우직하게, 항시 자기가 부족하다고 생각하라.' 이게 지난 10년 동안 세계 젊은이들을 흥분시킨 거예요. 우리 스님들 화두처럼 간절하게 했는데, 그런데 금년도에 이것을 뛰어넘는 것이 나타났어요. 죽었던 잡스가 깨어날 이야기예요. 두 번째 100만 원은 누가 받아갈는지. 힌트를 준다면, 이 말을 한 사람은 시나리오 작가입니다. 몰라요? 그럼 상금이 80만 원으로 내려왔어. 영국 수학자 엘린 투링을 다룬 영화 〈이미테이션 게임〉의 각색자로, 그레이엄 무어. 나이는 서른네 살. 아카데미상 각색상 수상 연설문. 그래도 몰라요? 아, 저기 뒤에 기자들도 모르나요? 이런.

(그러자 다시 오명철 국장이 일어나 답했다.)

"Stay weird, Stay different. '괴팍하다고 해도 괜찮아. 이상하다
고, 남과 다르다고 해도 괜찮아.'입니다."

그래, 맞아요. 이상해도 괜찮아, 남과 달라도 괜찮아, 그런 내용입니다. 내가 산중에 앉아서 이것을 어떻게 알았겠어요? 어떻게 내가 알았는지 아는 사람 있으면 100만 원을 주겠습니다.

(대중들 웃음)

내가 어느 날 백담사 무문관에서 글씨를 깨알같이 쓴 편지를 한 통 받았어요. 내 방 문구멍에 편지가 하나 넣어져 있었는데, 그 편지를 쓴 사람은 인제의 한 여학생이에요. 자기 소개로는 올해 중학교

졸업하고 고등학교에 들어간대요. 그런데 내 자랑하고 싶은 이야기는 아니지만, 만해마을을 동국대에서 운영하기로 되는 바람에 만해마을 정리하는데, 만해마을의 법인 통장에 남은 돈이 있었어요. 그것을 인제 마을에 학자금으로 사용하라고 주었는데, 그 학생이 그것을 받았대요. 그런데 그 학생이 인터넷 검색을 하다가 '오현 스님이 노망이 들어서 백담사에 와 있다는 것'을 알게 되었대요. 그래 '스님이 노망이 들면 안 되는데, 스님이 노망이 들면 학자금도 못 받고 대학도 못 가는 데.' 하고 걱정하다가 여기 백담사로 나를 찾아왔대요. 하지만 스님들이 방도 알려주지도 않고 퉁명스럽게 저리 가라고 했대요. '뭐 이런 애가 있나?' 하면서 쫓아냈다는 거예요. 그래도 어떻게 어떻게 내 방을 알았대요. 그래 내 방에 이 편지를 놓고 간 거야. 그 여학생이 검색을 하다가 '이상해도 괜찮아.'라는 말을 알았대요. 그래서 '스님이 노망 들어도 괜찮다. 내가 스님 못 만나고 쫓겨나도 괜찮다. 내 대학 못 가도 괜찮다.' 하고 생각하게 되었대요. 허허. 괜찮다는 말은 나도 일상적으로 자주 쓰는데, 그런데 편지를 보고 찡하게 깨달았어요. 아, 스승은 여기에도 있구나 하고. 괜찮아. 잘해도 괜찮고 못 해도 괜찮아. 괜찮다. 혼자서 늘 괜찮다, 괜찮다, 그래요.

내가 왜 이 이야기를 하느냐 하면 그 전에 내가 늘 생각했어요. 이거 해제·결제 법문, 천 년 전 고승들의 이야기를 지금 해도 과연 괜찮은가? 뭐 삐까번쩍한 이야기가 없나? 잡스 같은 사람이 한마디 하면 세계가 열광하는데, 스님들이 한마디 해도 세계가 열광하고 이래야 하는데 하고 생각했는데, 이 여학생의 편지를 받고 보니 '괜찮아. 그래도 괜찮아.' 그런 생각을 하게 되었어요. 그건 그렇고. 그런데 상금은 왜 안 받아 가나? 그래, 뭐 괜찮아. 안 받아 가도 괜찮아.

그러고, 나는 장사를 좋아하니까 오늘 집 두 채를 팔 거야. 집을…. 두 분 이리로 와요. 두 분 다 총장이라면서. 이리 와요.

(사회자: 오늘 큰스님에게 당호를 받는 두 사람은 정창근 동국대 총장대행, 원병관 강원도립대 총장입니다.)

동국대학교 총장대행 및 경영부총장 정창근, 법명 동문. 내설악의 동문을 동국대학교 총장직무대행 겸 경영부총장 정창근 박사 장실로 들이니, 대중은 묵인하시오. 조계일적수 설악무산.

강원도립대학교 원병관 법명 남문. 외설악 남문을 강원도립대학교 원병관 장실로 들이니, 대중은 묵인하시오. 조계일적수 설악무산.

법을 물으니 조주 스님은 동서남북 문 네 개를 말했는데, 나는 동문, 남문 하나씩만 주니, 하나를 찾아가면 시방세계를 다 얻은 것이오. 이 당호를 받았으니, 시방세계를 다 얻은 거지.

(법상에서 내려오시다.)

2014년 동안거 해제법어(백담사, 2015년 3월 4일)

1장 / 상당법어

마음속 찰간(刹竿)을 꺾으라

(법상에 올라 주장자를 들어 세 번 치시다.)

　도(道)가 있는 사람 같으면 이거(주장자) 세 번만 하면 법문 다 끝난 건데, 여러분 알다시피 나는 도가 없어요. 그래서 평소 내가 한 말을 누구 보고 좀 정리해오라 했더니 잘 적어서 가져왔어요. 그것을 내가 읽을 테니까 한번 들어보시오.

　오늘은 해제날이니, 지난 한 철 동안 공부가 잘되었나 점검해보자는 뜻에서《무문관》22칙에 나오는 가섭찰간, 가섭 존자가 아난에게 찰간을 꺾으라고 한 그 유명한 법문을 다 같이 되새겨 보는 자리가 되었으면 합니다.

가섭 존자에게 아난이 이렇게 물었다.

"세존께서 금란가사를 전한 것 외에 따로 전한 것이 있는지요?"

가섭존자는 대답 대신에 "아난아."

아난이 "예" 하고 대답하자 가섭 존자는 "아난아 저 문 앞의 깃
대를 꺾어 버려라." 그 깃대를 찰간이라고 한다.

이 말을 듣고 《무문관(無門關)》을 지은 무문혜개 화상은 다음과 같
이 평창(評唱)을 남겼습니다.

"만약 이 문제에 대해 속 시원한 대답을 한마디 한다면 영산회상
의 법회가 아직 끝나지 않았음을 볼 것이다. 그렇지 않다면 비바시
불이 일찍 성불할 마음을 냈더라도 지금까지 도를 이루지 못했을
것이다."

또 여기에 덧붙여서 시를 하나 지은 거예요. 어떻게 게송을 지었
는가.

"질문이 어떠했든 대답이 매우 친절했으니 몇 사람이 여기서 제
대로 눈을 부릅떴을까. 형 아우가 묻고 대답하면 집안 망신시키니
이는 음양과 관계없는 별도의 봄소식이다."

이렇게 평창으로 시를 해석한 것입니다.

오늘 해제를 맞아 이 법문을 다시 읽으니 수행의 핵심이 무엇인지 다시 생각하게 됩니다.

여러분도 다 알다시피 부처님 제자 가운데 아난 존자는 다문제일로 유명한 사람입니다. 아난 존자는 부처님께서 열반할 때까지 25년간이나 부처님 시봉을 했습니다. 부처님이 80세에 열반하셨으니 부처님 나이 55세 때부터 계속 모시고 다닌 셈입니다. 부처님이 55세 이후면 가장 원숙했던 때입니다. 그 시기에 항상 지근거리에서 부처님을 시봉하면서 법문을 들었다면 아난 존자는 성문제자(聲聞弟子) 가운데 가장 복 받은 사람이라 할 수 있습니다. 그러나 방금 읽은 본칙을 보면 그런 아난 존자도 부처님의 정법안장을 전해 받지 못했던 것 같습니다.

선종의 전통적인 법맥설에 의하면 부처님의 골수법문은 상수제자인 가섭 존자에게 전해졌다고 합니다. 부처님은 당신이 깨달은 열반묘심을 세 차례에 걸쳐 전했다 하는데 이를 삼처전심이라 합니다.

영산회상거염화(靈山會上擧拈花), 영산회상에서 법문하다가 꽃을 들어 보인 것, 다자탑전분반좌(多子塔前分半座), 다자탑 앞에서 설법하다가 자리를 내어 함께 앉은 일, 쌍수하곽시쌍부(雙樹下槨示雙趺), 열반 후에 가섭이 늦게 도착하자 관 밖으로 두 발을 내보인 것이 그것입니다.

학자들은 이 이야기가 선종의 정통성을 확보하기 위해서 후대에 만들어진 것이라고 주장하기도 합니다. 그러나 한 가지 분명한 것은 부처님 돌아가신 후 경전을 편찬할 때 주석을 맡은 분은 가섭 존자라는 사실입니다.

가섭 존자는 부처님 돌아가신 후 100일 만에 정법이 인멸될 것을 우려하여 왕사성의 칠엽굴에서 500명의 제자들을 불러 모아 경전편찬회의를 주도하였습니다.

이때 율장은 우바리 존자에게 책임을 맡겼고, 교리에 관한 경장은 아난 존자에게 맡겼다고 합니다. 그런데 여기에는 한 가지 문제가 있었습니다. 가섭 존자가 살펴보니 경전을 송출할 아난 존자가 아직까지 부처님의 정법안장(正法眼藏)과 열반묘심(涅槃妙心)을 깨닫지 못한 것이었습니다. 그래서 가섭 존자는 아난 존자의 칠엽굴 입장을 불허했고, 자존심이 상한 아난 존자는 가섭을 찾아가 이 일을 따졌던 것입니다.

이 공안의 주제는 바로 그때의 문답을 내용으로 하고 있습니다. 아난 존자 입장에서는 부처님의 가르침이라면 당연히 25년을 시봉한 자신이 맡아야 하는데 들어오지 못하게 한 이유가 궁금했던 것입니다. 그래서 '세존께서 금란가사 외에 별도로 어떤 법이라도 전한 것이 있느냐?'고 따졌던 것입니다. 아난의 이 말은 '내가 당신보다 부처님 말씀을 더 많이 아는데 왜 나를 들어가지 못하게 하느냐?'는 도전적 질문이었던 것입니다.

그러자 가섭 존자는 도리어 나지막하게 "아난아."라고 불렀고,

아난이 "예." 하고 대답하자 "문 앞의 찰간(刹竿)을 꺾어버려라."라고 한 것입니다. 찰간이란 법회를 할 때 깃발을 다는 큰 기둥을 말합니다. 이를 당간지주라고 하는데 옛날 큰 절에서는 이 기둥을 세워 정법이 펼쳐짐을 사방에 알렸습니다. 그런데 그 찰간을 꺾어버리라니, 도대체 이게 무슨 뜻인가? 아난 존자는 천지가 아득해지고 현기증이 일어났습니다. 그래서 7일 동안 굴 밖에서 용맹정진 했습니다. 그런 뒤에 드디어 경전편찬회의에 들어갈 수 있었다는 것입니다.

이 이야기도 예로부터 역사적 사실이냐, 아니냐를 놓고 이설이 많습니다. 어떤 사람은 이 설화를 아난과 가섭의 의견충돌이라고 보기도 하고, 실제로 다른 자료를 보면 아난 존자가 보수적인 장로들에게 야단을 맞은 장면도 있습니다. 여인 출가를 허락하게 한 점, 부처님이 식중독을 일으키는 원인이 된 상한 음식을 드시게 한 점 등을 들어 시봉으로서 책무를 다하지 못했다는 것입니다. 아난은 이에 대해 장로 대중에게 사과를 했다고 합니다. 아난이 7일 동안 밖에서 용맹정진했다는 것은 이런 사정을 반영한 것으로 보입니다.

그러나 이런저런 시비곡절보다 여기서 우리가 관심을 가져야 할 부분은 아난 존자의 태도입니다. 아난 존자는 여러 사람의 질책을 받자 굴 밖에서 7일 동안 용맹정진을 한 뒤 드디어 열반묘심을 얻었다는 것입니다. 열반묘심이란 중생의 아상과 교만심이 사라질 때 드러나는 불심을 말합니다. 만약 내가 최고라는 아상이 가득하다면 그는 설사 팔만대장경을 거꾸로 외우는 재주가 있다고 해도 부처님의 정법을 제대로 계승했다고 보기 어렵습니다. 어쩌면 아난 존자는 부처님을 25년간 시봉했다는 자부심으로 아상과 교만심이 가득했을지도 모릅니다. 가섭 존자가 아난 존자에게 찰간을 꺾으라고 한 것은 내가 제일 잘났다고 생각하는 교만한 마음을 꺾으라는 이야기였습니다.

아난 존자는 이 충고를 가슴 깊이 받아들였습니다. 그리하여 찰간처럼 우뚝 솟은 자신의 아만심을 그 7일 동안에 꺾어버렸습니다. 불교 공부의 제일 과제는 스스로 자기 마음을 다스릴 줄 아는 것입니다. 자기 마음을 다스리고자 하면 내가 잘났다고 하는 교만심을 버려야 합니다. 《금강경》에도 이르기를 아상, 인상, 중생상, 수자상을 버리지 못하면 아무리 수행을 잘해도 아뇩다라삼먁삼보리 즉 무상정등정각(無上正等正覺)을 이루지 못한다고 했습니다. 설사 부처님을 그림자처럼 따라다녔다고 해도 자기 마음을 다스리지 못했다면 그것은 헛공부를 한 것이나 다름없다는 경고입니다. 그래서 고려 때의 고승 야운 스님은 《자경문》에서 이런 송을 보여주었습니다.

憍慢塵中藏般若　교만의 먼지 속에 지혜가 묻히고
我人山上長無明　아만의 산을 높여 무명이 자란다.
輕他不學躘踵老　잘난 체하고 배우지 않고 늙게 되면
病臥辛吟恨不窮　병들어 신음하고 한탄만 하게 된다.

수행자의 공부란 이런 것입니다. 듣고 많이 아는 것이 불교 공부라면 우리는 굳이 참선하고 독방에 갇혀서 고행을 할 필요가 없습니다. 많이 아는 것으로 수행이 완성된다면 아난 존자처럼 교리를 많이 아는 세속의 학자들에게 부처님의 정법이 계승되어야 할 것입니다. 그런데 정법안장은 그리로 가지 않고 자기를 낮추는 두타행을 닦은 가섭 존자에게 전해졌습니다.

아난은 가섭의 충고를 받아들여 마음속의 아만심, 찰간을 꺾고서야 정법안장을 얻었습니다. 그 법맥은 다시 대대로 상승되어 오늘까지 오늘 여기 백담사까지 전승되고 있습니다.

수행자들은 모두 아상을 끊는 사람들이며, 그 공덕으로 열반묘심을 얻는 사람들입니다. 불교 공부를 제대로 하려면 마음속의 찰간, 아만을 꺾는 것이 가장 중요합니다. 거기에 정법안장과 열반묘심이 있습니다.

한마디 더 하고 마치겠습니다.

> 그곳에 가면 할아버지 손주 사랑이 탱자로 읽고 있다
> 할머니 손주 사랑이 고추장으로 맛들고 있다
> 내 오늘 나들잇길에서 아침뜸을 보고 있다
>
> ─〈어스름이 내릴 때〉

2014년 하안거 해제법어(백담사, 2014년 8월 9일)

눈밭에서 화두를 들라

(주장자를 들어 보이고 내려놓으시다.)

이 주장자를 들면 법문이 다 끝난 거요. (다시 주장자 들며) 이것을 들고 놓고 하는 것만 보면, 법문을 내가 이 자리에 앉아서 죽을 때까지 한다손 치더라도 하고 싶은 말을 다 할 수는 없는 거예요. 그러나 이건 하나의 형식이에요, 형식. 결혼식을 할 때 남자, 여자 잘 살라는 주례사를 꼭 하는 것처럼 형식이 있음으로써 우리가 살아가는 것입니다. 내가 하는 법문도 하나의 형식으로 생각하시고 들어주시기 바랍니다.

오늘 시회 대중은 무슨 인연으로 여기에 모였습니까? 이 추운 날씨에, 여기 왜 모였나요? 동안거 결제일이기 때문입니다. 결제란 내가 본래 부처임을 확인하고자 발심하는 순간이라 생각합니다. 대중은 이 순간부터 모든 시비와 분별 망상을 비워버린 그 자리에 오롯이 화두 하나 올려놓고, 선이 시작된, 다시 말하자면 한국불교 선종사가 시작된 이곳 설악산에서 눈이 오면 눈 속에, 바람 불면 바람에, 달이 뜨면 달빛에 간절하게 화두를 지어 각자의 본분사(本分事)를 해결하기 위해서 모였으니, 꼭 해결하시기 바랍니다.

온 산 가득 붉은 단풍
그 자리에
한가득 진여실상 들어오는데
어찌하여 알지 못한다 말했는가?
다만 너무 분명하기 때문이네.

(주장자를 들어 세 번 내리치시고 법상에서 내려오시다.)

2014년 동안거 결제법어(신흥사, 2014년 12월 6일)

본 대로 행하고 들은 대로 행하라

　부처님께서는 성도 직후에 "기재, 기재라, 중생의 마음속에 여래의 원만덕상이 다 구족되어 있구나!" 하셨고, 야보도천 선사는 "당당대도여, 밝고 분명하도다. 사람마다 본래 갖추고 있고 저마다 다 이루어져 있네." 하셨습니다. 중생심이 본래심이고 부처님과 아무런 차이가 없다는 것입니다. 그런데 우리는 오늘 왜 이 자리에 모여서 결제 법요식을 행하고 있습니까?

　만산이 그대로 촉목시도(觸目是道)인데 어째서 우리는 진여실상을 바로 보지 못하고 있는 것입니까. 바로 분별심 때문입니다. 나다, 너다, 좋다, 나쁘다, 옳다, 그르다, 길다, 짧다 등등의 분별이 없는 마음으로, 있는 그대로 바라보지 않는 이유는 무엇입니까.

　대중 가운데 무념의 마음으로 만물을 수용한다면 결제라는 틀에 얽매일 필요가 없을 터이고, 만약 그러지 못한 대중은 알지 못하는 그 자리에 모든 것을 내려놓고 화두와 함께 자고 일어나면, 화두와 함께 동고동락하다 보면 일념만년(一念萬年)이라, 일념이 만년이 되어 천근만근이나 되는 짐을 문득 내려놓을 호시절이 올 것입니다. 성스러운 깨달음은 고통받는 이웃들에게 회향될 때 비로소 시은에, 신도들의 은혜에 보답하는 일이 될 것입니다. 안거 기간 대중들은 다 함께 가일층 분노하고 분발하고 의심하고 노력하기를 바랍니다.

내가 방금 읽은 법어는 무금선원 유나 영진 스님이 한 것이니, 대중들은 결제 기간에 유나 스님을 스승으로 모시고 정진 잘하기를 바랍니다.

이것으로 오늘 대중들한테 결제 법문은 끝났는데, 오늘 아침에 늦게 늦잠을 자고 오니까 시자가 내 스마트폰에 문자가 두 개 들어왔다고 그래요. 하나는 여기 영동지역에 눈바람 온다고 하는 그런 문자고, 또 하나 문자의 내용은 이런 겁니다.

"스님에게 단도직입적으로 묻겠습니다. 오늘 낙산사 오시면 누구나 다 들을 수 있는 말씀을 해주시고, 스님들이나 불교에서는 깨달음, 깨달음이라고 하는데 과연 그 깨달음은 무엇입니까? 답을 해주십시오. 불자 두 손 모음."

그 문자를 보낸 불자님이 여기 오셨는지 안 오셨는지 모르겠어요. 그에 대한 답을 나도 한마디 할 수밖에 없습니다.

방금 법문, 법어 속에도 있지만, 우리가 이 세상을 살아가는 데는 항시 보고 듣고 아는 것이 중요합니다. 보고 들어야 깨달음이 있는데, 조사 스님들은 견문각지(見聞覺知)라고 했어요. 볼 견(見) 자, 들을 문(聞) 자, 깨달을 각(覺) 자, 알 지(知) 자거든. 대중들은 이 이야기 안 들어도 돼요. 바깥에 신도님들 들으라고 하는 거니까. 신도님들은 깨달음은 아주 먼 곳에 있다고 믿고 있습니다. 깨달음이 뭔지 내가 아주 쉽게 한마디로 말하겠어요. 예를 들면, 우리가 살아가면서 제일 많이 듣고 보는 것이 무엇입니까? 교통사고 아닌가요? 음주운전으로 교통사고가 나는 것을 매일 보고 듣지 않습니까? 그런데도 보고 듣기만 하고 그냥 지나치고 말아요. 남의 일로 보는 거지요. 그러지 말고 사무치게 깨달아야 합니다. 음주운전을 하면 교통사고로 죽는구나, 하고 자신이 사무치게 깨달아야 하는 겁니다. 보고 들었으면 확실하게 알아야 하는 거예요. 확실하게 알면 음주운전을 안 하는 거지요. 그냥 보고 듣기만 하니까 그런 일이 자꾸 반복되는 겁니다. 음주운전 안 하는 사람은 이미 깨달은 사람이에요.

여기 삼동 결제를 하기 위해 와 있는 분들은 이미 깨달은 분들입니다. 여기 온 분들은 미남들에다 청춘이 구만리 같은 분들인데, 삼동에 온 것은 깨달았기 때문이에요. 깨닫지 않으면 어떻게 산중에 와서 공부를 하겠어요. 여기 영진 스님이 말한 것처럼, 부처님이 깨닫고 보니 야보 스님이 깨닫고 보니 역시 그렇더라. 그런 것을 보고 듣는 것으로 끝나지 않고 사무치게 돌아보고 깨달아서 알아야 해요.

그래서 참선을 하면 깨닫는구나, 그렇게 사무치게 아는 것이 깨달음이에요. 깨달음은 허공에 있는 게 아니고, 일상 속에 있어요. 부모에게 잘하면 복 받는다는 말만 듣고 행하지 않는 것은 그 근본 도리를 깨닫지 못해서, 알지 못해서 그러는 거예요. 깨달음은 멀리 있는 게 아니고 우리 생활 속에 있어요. 그런데 불교 신자들은 깨달음을 어렵게 들어요. 말은 쉽게 해도 듣는 귀가 어렵게 만드는데, 있는 그대로 받아들여야 합니다.

그건 그렇고 날씨도 춥고 이런데, 신도들 바깥에서 떨고 있으니, 하고 싶은 말은 많지만 여기서 끝냅니다. 그래도 법문이라고 하는 것은 착어가 있어야 하니까, 내가 20년 전에 이 낙산사에 있으면서 보타전(普陀殿)을 지을 때 내 심경을 읊은 게송 〈파도〉가 있어요.

밤늦도록 불경을 보다가
밤하늘을 바라보다가

먼바다 울음소리를
홀로 듣노라면

천경(千經) 그 만론(萬論)이 모두
바람 이는 파도란다.

이것을 어렵게 들으면 안 됩니다. 다시 말하자면 잠이 안 오니까 불경을 읽다가, 잠이 오니까 바깥에 나가서 밤하늘을 바라보다가, 해조음을 듣습니다. 바닷소리를 해조음이라고 합니다. 해조음은 두 울음을 울지 않습니다. 늘 일음(一音)으로 울어요. 부처님 말씀도 옳다, 그르다 하는 차별심 분별심이 없어요.

비유하자면 이런 겁니다. 여기 부처님이 계시지만도, 어떤 신도님이 시주금을 갖다 놓고 절을 하면 부처님은 어떤 생각을 하시겠습니까? 부처님은 아 저 중생은 복혜가, 복덕이 저렇게 구족했으면 좋겠다 생각하실 것입니다. 그 반대로 돈이 없어서 시주도 하지 않은 사람이 절을 하면 또 부처님은 어떻게 생각하시겠습니까. 저 불자는 때 묻지 않고 청정무구하여 그 마음이 허공과 같이 텅 비어 있구나. 늘 그렇게 비어 있기를 바란다. 부처님은 이렇게 항시 찬탄하십니다. 찬탄한다는 법문을 들어도 그냥 보고 듣기만 하지, 찬탄의 원리를 깨달으려고 사무치게 자기를 안 돌아보는 데 문제가 있어요. 그래서 조사 스님들이 깨달음이란 콧잔등 만지는 것보다 더 쉽다고 그러신 거지요.

아이고, 내가 이거 추위에 떠는 신도님들에게 헛소리를 너무 많이 한 것 같은데, 마지막으로 게송 하나 읊고 마치겠습니다.

서천 하늘 다 줘도 처다보지도 않고

---

1) 이 게송은 설악무산의 은사이신 '성준 선사'에게 드리는 시다.

그 오랜 화적질로 독살림을 하던 자가

이 세상 파장머리에 한 물건을 내놓았네.

—〈달마〉[1]

여기 대중들은 한 물건이 무엇인가? 그걸 사무치게 참구하기를
당부합니다.

(차 한 잔 드시고 박수 세 번 치시다. 기본선원장 대전 스님 임명장 수여하

시고 법상에서 내려오시다.)

2015년 동안거 결제법어(낙산사 보타전, 2015년 11월 26일)

본 대로 행하고 들은 대로 행하라

매화는 향기를 팔지 않는다

(해제법회는 신흥사 향성선원, 백담사 무금선원 정진 대중과 인제군수, 김
희옥 전 동국대 총장 등 내외 인사 500여 명이 참석한 가운데 열렸다. 이날 설
악무산 조실스님은 법어에 앞서 무문관 수행을 마친 소회를 "삶이란 만나는
지금이다. 어느새 인제에서 가장 나이가 많다는 소리를 듣는 때가 됐다. 그래
도 사람들과 이렇게 만나고 있으니 삶이 있는 것이다."라고 밝혔다.)

나는 세 살에 절에서 자라야 오래 산다고 해, 한 절에 맡겨져 살았
습니다. 이제는 내가 어느 해인지 모를 나이가 됐어요. 그와 같고 이
와 같은 것, 여러분이 보는 것과 같은 것이지, 더도 덜도 없는 것입
니다.

무문관에 있으니 오고 가는 사람이 없어, 생각도 없어집니다. 해

제를 앞두고 무엇을 법문할까 하는데 마침 진제 종정 예하의 해제 법문이 좋아 전합니다.

진제 선사가 28살에 향곡 스님을 모시고 정진하다가 깨달음을 얻어 용이 되겠노라고 게송을 읊으니 향곡 스님이 "용 잡아 먹는 금시조를 만나면 어찌하겠는가?"라고 묻습니다. 그러자 진제 스님이 몸을 낮춰 세 걸음 뒤로 물러납니다. 이에 향곡 스님이 "옳다, 옳다." 하자 모든 의심이 끊어졌다고 합니다.

중국 마조 선사도 한 날 대중에게 물었습니다. "금시조를 만나면 어떻게 하겠는가?"

(대중을 돌아보면서)

오늘 해제를 마친 대중은 어떡하시겠습니까? 오늘 보니 해제 때 무슨 기삿거리를 기다리며 온 기자들이 있는데, 오늘은 진제 종정의 법문을 전하고 마쳐 실망하셨으리라 생각합니다. 미안합니다. 법문은 이걸로 끝이라.

(이어 무산 스님은 권성훈 고려대 강사에게 당호를 전달했다. 당호는 안동. "오동나무는 천 년을 묵어도 모양을 잃지 않으며, 매화는 일생 동안 추위 속에서도 향기를 팔지 않고, 달은 천 년이 지나도 지조를 잃지 않으며, 버들가지는 백 번을 꺾여도 새 가지가 올라온다.(桐千年老恒藏曲 梅一生寒不賣香 月到千虧餘本質 柳經百別又新枝)"는 조선시대 상촌 선생의 시를 소개한 스님은 "안동에서 출생한 권 교수에게 안동 땅 전부를 줄 테니 주인 노릇 잘하시라." 라고 법문했다. 자신이 서 있는 자리에서 주인 노릇 하라는 뜻으로, 대중에게 주는 법문이기도 했다.)

어느 곳에서나 정진하시기 바랍니다.

(주장자를 들어 탁탁탁! 치시다.)

2015년 동안거 해제법어(백담사 검인당, 2016년 2월 21일)

누가 한국불교를 만만하다 하는가

(무산 스님께서 주장자를 들어 보이고 내려놓으신 후 진제 종정의 병신년 하안거 해제 법어를 대독하시다.)

병신년 하안거 해제 법어(大韓佛教曹溪宗 宗正 眞際)

識得拄杖子하면

今日解制어니와

不識拄杖子하면

今日不解制이로다.

방금 들어 보인 이 주장자 진리를 알 것 같으면 금일이 해제이지만

주장자 진리를 알지 못할 것 같으면 금일이 해제가 아니로다.

(…이하 중략…)

그러면 금일 모든 대중은 아시겠습니까?

(무산 스님께서 한참을 계시다 대중이 말이 없음에 스스로 이르시기를)

마구답살천하인(馬駒踏殺天下人)하니

임제미시백염적(臨濟未是白拈賊)이로다.

한 망아지가 천하 사람을 밟아 죽이니,

그 위대한 임제 선사도 백염적이 되지 못함이로다.

(무산 스님께서 진제 종정의 법어 낭독을 마친 후, 대중을 돌아보며)

종정 예하께서는 법문을 이렇게 하시고 하좌하셨는데, 법문을 너무 못 알아듣겠지요? 이 자리에 와 있는 서울대 총장께서는 알아듣겠는가요? 무슨 말인지 모르겠지요? 이 법문을 알아듣는 사람들은 여기 스님들뿐이에요. 일반인들이라든지, 여기 교수님이라든지, 사천(沙泉) 이근배 선생이라든지 신달자 선생이라든지 이런 분들이 알아들으면 야단납니다. 다 때려치우고 서울대 총장도 내다 버리고 다 중 된다고 그럽니다. 이걸 모르니까 서울대 총장이 좋고, 교수가 좋다고 그러지, 이것을 알아들으면 총장도 싫다고 그럽니다. 이 이야기를 알아들으면 전부 다 세속 살림 안 살고 처자권속 데리고 절간으로 들어옵니다.

사람들이 말하기를 스님들은 좀 알아듣게 법문을 해야지 왜 못 알아듣게 귀신 씻나락 까먹는 소리를 하느냐고 합니다. 사실은 아주 쉽게 이야기하는데 듣는 사람이 어렵게 알아듣습니다. 종사는 쉽게 이야기하는데 듣는 사람이 그걸 어렵게 받아들이는 것입니다. 그렇지만 이 이야기를 못 알아듣는 것이 정상입니다. 알면 잘못되는 겁니다.

옛날 중국에 방거사(龐居士)[1] 라는 분이 지혜가 있어서 이 도리를 알았어요. 그는 중국에서도 아주 큰 부자였는데, 이 소식을 알자 전답을 다 어디다 버리고 절로 들어왔어요. 자기 재산 다 내다 버리고 마누라와 애들 데리고 비산비야에 가서 짚신을 삼다가 거기서 죽었어요. 그래 이 도리를 사천 이근배 선생은 몰라야 하지요. 그거 알면 아들하고 딸하고 다 버리고 절로 온다고 할 거라. 여기 앉아 있는 스님들은 이걸 귀띔으로 조금 알아들어요. 얼굴 한번 보시오. 다 잘생겼잖아요. 그러니까 부모도 버리고 여기 와서 있는 거지. 여기에 와서 호강하는 거 아니에요. 여기 오신 일반인들은 하루도 못 있을 거요.

이 사람들이 어떻게 사는지, 신도들도 알아야 해요. 내가 조금 이야기할게요. 새벽 3시에 일어나요. 예불하고 참선하고, 6시에 흰죽한 사발 먹어요. 그러고 앉아서 참선 공부하고, 11시 되면 점심 공양

---

1) 중국, 당(唐) 대의 사람. 명은 온(蘊), 자는 도현(道玄). 석두희천(石頭希遷), 단하천연(丹霞天然), 마조도일(馬祖道一) 등에 참선(參禪)한 거사로 중국의 유마(維摩) 거사로 불린다.

을 해요. 그러면 먹는 것은 끝이에요. 저녁은 오후불식이니까. 간혹 먹고 싶은 사람은 후원에 가서 다섯 시 되면 먹고요. 잠은 어디서 자냐. 이 사람들은 다 한방에서 자요, 밥도 한방에서 먹고. 아마 여러분은 천금을 준다고 해도 한방에서 자라고 하면 못 살 거요. 이 스님들의 일과가 그렇습니다. 아주 고행을 합니다.

내가 왜 이런 이야기를 하는가. 어떤 사람이 한국불교를 탐욕심에 물들었고 돈에 물들었다고 이야기한 것 같아요. 한국불교가 그렇게 만만하게 물든 것이 아니라는 것을 말하고자 해서입니다. 백담사 스님들만 그렇게 하는 것이 아니라, 이렇게 삼동을 지낸 스님들이 방함록을 보니까 정확하게 2,160여 명인데, 등록 안 된 스님들까지 하면 그 숫자가 3,000명도 넘습니다. 여러분은 이상한 사람이 한국불교가 어떻다고 한마디 하면, 서울대 교수니 어느 대학 교수니 이런 식자들이 신문에 글을 한번 올리면 그냥 믿고 마는데…… 그런데 그 사람들은 불교 신자가 아니에요. 오계를 받았으면 삼보를 신봉해야지, 삼보를 욕해서 되겠어요?

우리 사회에서 좀 안다는 사람들, 특히 대학교수들이 뭐 한다, 사회에서 무슨 운동을 한다는데, 그중에는 한심한 사람들이 많아요. 그런 사람들이 어떤 사람들인가 하면, 유원지에 놀러 가면 자기가 먹고 남은 것을 도로 가져가지 않고 그냥 내버리고 가는 사람들이오. 유원지 같은 곳에 음식 찌꺼기 따위를 물에 함부로 버리면 거품이 부글부글 끓는데, 그 거품을 보고 한국불교를 매도하고 그러는 거예요. 내가 중 옷 입고 이런 이야기를 하는 게 처음인데 한국불교에 대해 너무 황당하게 말하는 일이 많아요. 여기 내일모레 80이 되시는 세민 스님도 계시는데, 조계사 주지도, 해인사 주지도 하시고, 일본에 가서 박사도 하시고 그런 분이에요. 그런데 이런 분이 다 버리고 무문관에 와서 하루 한 끼만 들고 공부를 하시는 거예요.

주지라고 다 그렇게 하는 게 아니에요. 어느 누가 그렇게 할 수 있겠어요, 예? 우리나라 사람들, 서울대 들어갔다면 알아주고, 서울대 교수라면 더 알아주고, 하버드대 졸업했다고 하면 절을 하고 다녀요. 여기 서울대학교 총장 와 계시지만 여기 와서 청소할 수 있나요? 못 하잖아요! 여기 와서 수행하는 사람들 얼마나 잘생겼어요. 여러분들은 돈 준다고 해도 여러 명과 한방에서 못 잘 겁니다.

그러니까 아지랑이나 거품을 보지 말고 실상을 봐라 이 말입니다. 산에 물이 흐르면 물 위의 흙탕물을 보지 말고, 바위 밑으로나 돌 밑으로 고요히 흐르는 물을 보라는 거지요. 불법은 그렇게 사자전승(師資傳承) 되는 거예요.

그건 그렇고 더운 날씨인데, 내가 이야기를 하다 보니 헛소리가 좀 많아졌어요. 그래, 이제 일어나야 되겠지요. 허허허.

법문 끝!

2016년 하안거 해제법어(신흥사, 2016년 8월 17일)

아파하지 않으면 불교가 아니다

오늘 법어는 일장마라(一場懡㦬).
"부끄러운 한 장면"입니다.

이 법회가 끝나면 안거대중들은 산문 밖으로 나가야 합니다. 여러분들의 금족(禁足), 하심(下心), 면벽묵언(面壁黙言), 오후불식(午後不食), 정진 고행했던 지난 3개월 그 사이 바깥세상은 많이 변했습니다. 여러분들은 휴대전화기까지 반납했기 때문에 아무것도 모를 것입니다.

대통령은 직무를 정지당했고 헌법재판소는 그 탄핵을 심판하고 있습니다. 이런 와중에 실업자가 1백만 명, 백수(白手)가 450만 명이 넘는다고 합니다. 나랏빚과 함께 가게 빚은 늘어만 가고, 소득은 줄어들고, 물가는 오르기만 하니, 서민들의 살림이 비절참절(悲絶慘絶),

말을 다 할 수 없다고 합니다.

우리 국민은 화가 많이 나 있습니다. 이럴 때 대중들은 몸가짐을 소종멸적(掃蹤滅跡) 조심해야 합니다. 고행 정진했다는 생각, 깨달음을 얻었다면 깨달음을 얻었다는 집착과 함께 그 흔적까지 다 지우고 몸에 힘까지 다 빼고 떠나야 합니다. 자기로부터 무한정 떠나고 떠나야 합니다.

우리는 새벽마다 불전에서 행선축원(行禪祝願)을 합니다. 축원문 끄트머리에 "내 이름을 듣는 이는 삼악도를 벗어나고(聞我名者免三途), 내 모습을 보는 이는 모두 해탈할 지어다(見我形者得解脫)." 이렇게 되어 있습니다.

과연 내 이름을 듣는 이는 삼악도를 벗어나고 내 모습을 보는 이는 해탈할 수 있을까? 이렇게 자문자답 자신을 돌아보고 한 걸음 한 걸음 조심조심 걸어야 합니다.

가다가 사람도 짐승도 만날 것입니다. 사람과 짐승을 차별하지 마십시오.

언론보도에 의하면 가까운 시일 내에 대통령을 뽑는 선거가 있을 것이라 합니다. 대통령이 되겠다고 떠들어대는 정치인들의 추태가 점입가경(漸入佳景)이라 합니다. 자기의 허물은 감추고 남의 허물은 들춰내는 것이 마치 선거 때마다 남발하는 공약 같다고 합니다. 사실 자고 나면 남을 헐뜯으며 깎아내리는 종잡을 수 없는 유언비어가 나라를 어지럽게 하고 있습니다.

사람들은, 스님들을 보면 뭘 좀 많이 알 거라고 지레짐작하고 이번에는 누가 대통령이 되냐고 물을 것입니다. "삼독(三毒)의 불길을 잡는 사람이 민심도 잡고 대권도 잡는다"고 정중하게 전하십시오.

어느 때 부처님께서 상두산(象頭山)에 올라 "비구들이여, 세계가 불타고 있다. 눈이, 눈에 비치는 현상이, 그 현상을 받아들이는 그 마음이 불타고 있다. 탐욕의 불, 저주의 불, 어리석음의 불길이 맹렬히 타오르고 있다."고 설파하셨습니다.

중생들은 탐욕이 많을수록 탐욕이 많은 줄 모르고, 남을 저주하는 중생은 저주하는 줄 모르고, 잘못을 저지르는 중생은 자기 잘못을 모릅니다. 이것이 모든 중생들의 허물입니다. 중생들은 남의 삶, 남의 죽음, 남의 허물을 다 보면서 정작 자기의 삶, 자기의 죽음, 자기의 허물은 못 봅니다.

그래서 국민적 존경을 받던 인물도 청문회에 나가면 생매장을 당하는 꼴을 우리는 많이 봐 왔습니다. 자기 허물을 보았더라면 아무리 높은 자리를 줘도 무서워서 사양했을 것입니다. 자기 허물을 못 보는 이유는 다 삼독심, 삼독의 불길 그 집착 때문입니다.

이 세상 그 누구나 부처님까지도 그 사람의 삶의, 행위의 그림자는 그 사람을 따라다닌다는 것을 알아야 합니다. 누가 어디 가서 좋은 일을 하면 좋은 소문이, 나쁜 일을 하면 나쁜 소문이 따라다닙니다. 그 나쁜 소문을 없애기 위해 도망가면 더 가까이 따라와 사람을 아주 못살게 합니다.

사람이 죽을 때 아무것도 갖고 가지 못하지만, 그 사람의 삶의, 행위의 그림자는 저승까지 따라갑니다.

자기의 허물을 보는 사람은 남의 허물을 보지도, 듣지도, 말하지도 않습니다. 자기 허물을 보면 남의 허물은 보이지 않습니다. 삼독의 불길을 잡으면 자기의 허물이 보입니다. 자기 허물을 보는 사람은 행위의 그림자가 부끄럽지 않습니다. 세상에서 제일로 무서운 사람입니다. 청검하고, 사사로움이 없고, 공명정대(公明正大)하기 때문입니다.

다시 말하자면 삼독의 불길을 잡은 사람은 자기 허물을 보는 사람이고, 자기 허물을 보는 사람은 공명정대한 사람이고, 이번에 공명정대한 사람이 대통령이 된다는 뜻입니다.

우리는 매일같이 각종 매체에 크고 작은 사건들이 보도되고 있는 것을 보는데 그것이 다 무진법문(無盡法門)입니다. 고위공직자, 대통령, 국회의원, 대기업 회장 그리고 온갖 잡범들을 형무소에 보내는 것은 검사, 판사가 아닙니다. 그들 행위의 그림자가 붙들어 쇠고랑을 채우는 것입니다. 이 모두가 다 자승자박(自繩自縛)입니다. 이것이 다 살아 있는 법문입니다.

선(禪)에서는 이것을 생동하는 말, 활구(活句) 또는 다함 없는 무진구(無盡句)라 합니다. 고대(古代) 중국의 화두 이 뭣고?, 시시마(是甚麼), 무자화(無字話), 뜰 앞의 잣나무, 조주사문(趙州四門), 마조백흑(馬祖白黑) 등 천칠백공안(千七百公安)에는 시비인(是非人)만 있고 무사인(無事人)은 없습니다. 오늘의 고통 중생의 삶, 아픔이 없습니다. 1,700 공안 이 흙덩어리는 다 깨트려봐야 흙먼지만 일 뿐입니다. 불심(佛心)의 근원은 중생심(衆生心)입니다. 중생의 아픔이 없는 화두는 사구(死句) 흙덩어리입니다.

한로축괴(韓獹逐塊) 사자교인(獅子咬人)이라 했습니다. 흙덩이를 던지면 개는 흙덩이를 쫓고 사자는 던지는 놈을 물어뜯고 울부짖습니다. 그 울음소리는 진천(振天), 진천입니다.

여러분들은 지금 흙덩이를 던지는 이 노골(老骨), 이 늙은이의 말을 물어뜯고 자신의 울음소리를 내야 합니다. 지금 누가 노골의 말을 쫓고 지금 누가 노골의 말을 씹어 뱉어 버리는가를 지금 노골은 보고 있습니다.

여러분들이 생명을 걸고 찾고 있는 본래면목(本來面目)도 그 흙덩이 화두 속에는 없습니다. 오늘의 고통 중생의 아픔을 화두로 삼아야 합니다. 중생이 없으면 부처도 깨달음도 없습니다. 그러므로 중생의 아픔을 내 아픔으로 받아들이면, 몸에 힘을 다 빼고 중생을 바라보면, 손발톱이 흐물흐물 다 물러 빠지면 중생의 아픔이 내 아픔이 됩니다. 중생의 아픔이 내 아픔이 돼야 중생과 한 몸이 되고, 한 몸이 되어 사무치고 사무쳐야, 사무침이 다 해야 "내 이름을 듣는 이는 삼악도를 벗어나고 내 모습을 보는 이는 해탈"을 하는 것입니다.

사실상 지금 세계는 삼독의 불바다입니다. 모름지기 수행승은 삼독의 불길을 잡는 소방관이 되어야 그림자가 부끄럽지 않습니다. 우리 모두는 그림자가 부끄럽지 않게 살아야 합니다.

오래전에 쓴 〈오늘〉을 말후구(末後句)로 읊고 끝내겠습니다.

가재도 잉어도 다 살았던 봇도랑

맑은 물 흘러들지 않고 더러운 물만 흘러들어

진흙탕 좋아하는 미꾸라지놈들

용트림할 만한 오늘

(주장자를 탁탁탁 치시며)

끝났습니다!

2016년 동안거 해제법어(백담사, 2017년 2월 10일)

서로 한 번 마주 봅시다

(이날 봉행된 신흥사 하안거 해제 법회에서 설악무산 스님은 촌철살인 같은 '30초 법문'을 통해 날카로운 선지를 대중에게 보였다. 주장자도 치지 않았다. 손뼉으로 법문을 마쳤다. 일절 설명도 사족도 없이 곧장 법상에서 내려왔다. 짧고 깊은 법문에 잠시 침묵했던 대중들은 '석가모니 정근'으로 노선사의 법문에 화답했다. 설악무산 대종사가 내린 법어의 전문은 다음과 같다.)

나는 대중 여러분 한 번 바라보고 대중 여러분은 나 한 번 바라보면, 나는 내가 할 말을 다 했고, 여러분은 오늘 들을 말을 다 들은 겁니다. 날씨도 덥고 하니 서로 한 번 마주 보고 그랬으면, 할 말 다 하고 들을 말은 다 들은 겁니다. 오늘 법문은 이게 끝입니다.

2017년 하안거 해제법어(신흥사, 2017년 8월 5일)

1장 / 상당법어

인생을 허비하지 말라

오늘 법어는 종정 예하의 결제법어를 대독하는 것으로 하겠습니다.

대한불교조계종 정유년 동안거 종정예하 결제법어

全機大用不思議라

三世佛祖倒三千이로다.

有意氣時添意氣하고

不風流處也風流로다.

온전한 기틀과 큰 용(用)은 생각하고 의논하지 못하는지라,

과거·현재·미래의 모든 부처님과 조사들도 삼천 리 밖에 거꾸러짐이로다.

(…이하 하략…)

(대독을 마친 무산 스님께서 대중을 향해)

　모든 시비는 다 놓아 버리고 오직 자기의 본분사(本分事)를 밝히는 이 일을 해야 한 생(生)을 허비하지 않고 값지게 사는 것입니다. 인생 백 년이 길다고 해도 참선수행의 한나절 한가로움에 미치지 못한 것입니다.

　　삶의 즐거움을 모르는 놈이
　　죽음의 즐거움을 알겠느냐

　　어차피 한 마리
　　기는 벌레가 아니더냐

　　이다음 숲에서 사는
　　새의 먹이로 가야　다

　　　　　　　　　　　　　　　　　　　―〈적멸을 위하여〉

2017년 동안거 결제법어(신흥사, 2017년 12월 2일)

해골이 나의 본래 면목

올해는 눈도 많이 오고 춥기도 많이 추웠습니다. 대중들께서는 지난 삼동 안거 동안 건강하게 잘 지내셨습니까? 노골은 최근 몇 년간 여름과 겨울을 무문관에서 지내는데 아주 편하고 좋습니다.

왜 이렇게 편하고 좋은가, 큰 도인이 돼서 그런가 했더니, 그건 아니고, 나이가 들어 이빨도 빠지고 별로 구할 바가 없으니 조금씩 편해지는 것 같습니다. 구할 바가 없으면 이렇게 좋다는 걸 진즉에 알았으면 젊어서부터 그렇게 할 걸, 다 늙어서 뒤늦게 알았으니 좀 부끄럽기도 하고 후회도 되고 그럽니다.

여러분도 중이고 나도 중이니 오늘 한 가지 물어보고자 합니다.

여러분은 무엇을 깨닫고자 중이 되었습니까? 지난 석 달 동안 깨달은 것은 무엇입니까? 누가 좋은 대답이 있으면 손들고 한 말씀 해

보기 바랍니다.

노납은 언젠가 이런저런 생각을 하다가 문득 〈이 내 몸〉이란 게송을 쓴 적이 있습니다. 내용은 이렇습니다.

남산 위에 올라가 지는 해 바라보았더니
서울은 검붉은 물거품이 부걱부걱거리는 늪
이 내 몸 그 늪의 개구리밥 한 잎에 붙은 좀거머리더라

무슨 말인가 하면, 이 세상 모든 것은 다 허망하고 무상하지 않은 것이 없다는 것입니다. 태어난 모든 것은 잘난 척해 봐야 누구나 늙고 병들어 죽어갑니다. 개구리밥에 붙은 좀거머리보다 나을 게 하나 없습니다. 나는 평생 중노릇을 하고도 이것 이상은 깨달은 바가 없습니다.

뭐 대단한 한 소식을 기대한 분은 실망했을지 모르겠습니다. 하지만 아무리 궁구해 봐도 이것 이상 무슨 진실이 있겠습니까.

뒤돌아보면 나도 한때는 푸른 청춘이 있었고 건강했습니다. 하고 싶고 먹고 싶은 것도 참 많았습니다. 그런데 지금 어떻습니까. 얼굴은 쭈그러졌고, 이빨도 다 빠지고 오갈 데 없는 노인입니다. 이게 인생이고, 이런 걸 가르쳐주는 것이 불법입니다.

모든 부처님과 역대 조사(歷代 祖師)가 깨달은 것도 이것밖에 없습니다. 가끔 심심해서 경전이나 어록을 펴보아도 한결같이 하시는 말

씀이 '모든 것이 무상하니 헛되게 살지 말라'는 것입니다.

부처님도 열반에 들면서 이렇게 말씀했습니다.

'제행이 무상하니 헛된 일에 빠지지 말고 부지런히 공부하라'

그런데 사람들은 이 말을 믿지 않습니다. 다른 무엇이 있는 더 줄 알고 욕심부리고 화내고 망상 피우고 삽니다.

그러다가 노골처럼 나이 들어 죽을 날만 기다릴 때가 돼서야 '아, 내가 헛발질하고 살았구나' 하고 뒤늦게 깨닫습니다. 이렇게 뒤늦게 깨닫는 것을 뭐라고 합니까. 후회라고 합니다. 이런 걸 미리 아는 것을 뭐라고 합니까. 선견지명(先見之明)이라 합니다.

부처님이나 역대 조사는 성정각(成正覺), 즉 정각을 이루었다고 하는데, 이 말은 무상의 이치를 선견지명, 즉 미리 알았다는 뜻입니다.

그런데 노골은 어리석은 사람이라 미리 아는 선견지명이 없었습니다. 알아도 좀 늦게 알았습니다. 그러나 늦게라도 안 뒤에는 그걸 잠시라도 잊지 않으려고 방에다가 해골 모형을 갖다 놓고 눈만 뜨면 그걸 바라봅니다. 누구는 볼썽사납다고 치우라고 하지만, 그 해골이 나의 본래면목입니다.

내가 오늘 여러분에게 당부하고 싶은 것은 노골처럼 뒤늦게 깨닫고 후회하지 말고 부처님이나 역대 조사처럼 미리 알고 후회 없이 살아가라는 것입니다. 진실로 내가 늙고 병들어 죽는다는 것을 뼛속

깊이 미리 깨닫는다면 이렇게 욕심 부리고, 잘난 척하고, 허망한 일에 집착할 일이 없습니다.

삼독을 멀리하면 마음의 평화, 마음의 자유를 얻게 됩니다. 이것이 대반야이고, 대열반이고, 대해탈입니다. 이렇게만 된다면 이 중노릇이 얼마나 보람된 일이겠습니까. 우리가 이런 마음으로 산문을 나선다면 얼마나 유쾌한 해제이겠습니까.

여러분은 올겨울에 수행을 잘했으니 어떤 깨달음을 얻었을 줄 믿습니다. 그 깨달음이 어느 정도 깊으냐, 그걸 아는 척도가 있습니다. 앞으로 닥쳐올 일을 미리 아는 선견지명(先見之明)이 있느냐 없느냐를 보면 깨달음이 깊은지 얕은지 단박에 알 수 있습니다.

늙고 병들어 죽을 것을 미리 아는 사람, 깊이 깨달은 사람은 더 이상 헛짓을 하지 않을 것입니다. 해도 조금만 합니다. 해봐야 허망하다는 것을 미리 알면 욕심을 부려도 덜 부리고, 잘난 척하다가도 고개를 숙이고, 허망한 것에 집착하다가도 웃습니다. 이렇게 하지 않으니 어리석다 하는 것입니다.

선견지명 얘기가 나왔으니 세상 얘기 한마디 하겠습니다. 듣자 하니 지난겨울 바깥세상에서는 적폐청산이니 정치보복이니 하며 이런저런 갈등이 많았다고 합니다. 적폐라 주장하는 사람도, 보복이라 주장하는 사람도 이유는 있을 것입니다. 그러나 산중 늙은이가 보기에는 모두 나중에 닥쳐올 일을 미리 생각하지 않고 나만 옳고 너는 그르다 하며 싸움하는 것입니다. 이렇게 하다 보면 나중에 우리 앞에 어떤 일이 생기겠습니까. 또 적폐니 보복이니 하는 일이 반복될 것입니다. 그러므로 지혜로운 사람은 앞일을 미리 생각하는 선견지명으로 남의 처지를 먼저 생각하는 역지사지(易地思之)로 오늘을 살아야 합니다. 어떻게 하는 것이 그렇게 사는 것입니까?

얼마 전 오대산 밑에서 열린 평창올림픽이 끝났습니다. 1등을 하고 메달을 딴 선수들은 많은 축하를 받았습니다. 그런데 등수에 못 들어 예선에서 탈락한 선수들은 어떻게 됐는지 궁금합니다. 우리는 대체로 1등을 한 사람만 기억하고 못 한 사람은 기억하지 않습니다. 취업한 청춘만 잘났다 하고, 미취업자는 못났다고 생각합니다.

그러나 이것은 바른 견해도 아니고 지혜로운 삶도 아닙니다. 1등을 못 한 사람, 실패한 사람도 최선을 다한 사람입니다. 최선을 다한 사람은 자기 나름으로는 1등을 한 사람입니다. 최선을 다했다면 비록 남과 견주어 1등을 못 했다 해도 훌륭한 사람입니다. 그렇다면 우리는 1등 한 사람 못지않게, 도리어 실패한 사람, 각광받지 못한 사람을 안아주고 위로해주어야 합니다. 이렇게 하는 것이 선견지명으로 역지사지하며 사는 방법입니다.

우리는 반야지혜를 얻기 위해 수행을 합니다. 그리하여 바르게 보고, 미리 알아챈 사람은 나를 먼저 내세우지 않고, 허망한 일에 욕심 부리지 않으며, 잘난 사람보다는 못난 사람을 안아주려고 합니다. 우리는 이렇게 마음 쓰는 법을 익히려고 지난 석 달간 문 닫고 공부했습니다. 이제 세상에 나가시면 그 공부를 보여주어야 합니다.

곧 길 떠나는 여러분에게 옛날에 노납이 지은 게송 하나 들려드리고 마치겠습니다. 혹 힘들거나 망상이 생기거든 가끔 떠올려 보기 바랍니다. 제목은 〈내가 죽어보는 날〉입니다.

부음을 받는 날은
내가 죽어보는 날이다
널 하나 짜서 그 속에 들어가
눈을 감고 죽은 이를
잠시 생각하다가
이날 평생 걸어왔던 그 길을
돌아보고 그 길에서 만났던 그 많은 사람
그 길에서 헤어졌던 그 많은 사람
나에게 돌을 던지는 사람
아직도 나를 따라다니는 사람
아직도 내 마음을 붙잡고 있는 사람
그 많은 얼굴들을 바라보다가
화장장 아궁이와 푸른 연기,
뼛가루도 뿌려본다.

2017년 동안거 해제법어(백담사, 2018년 3월 1일)

향상일로 (向上一路)

설악산은 한국 선종의 성지

1. 백담사 기본선원은 귀원정종의 실현

근대불교의 큰 스승인 백용성 스님이 쓴 《귀원정종(歸源正宗)》이라는 책이 있습니다. 귀원정종이란 '근원은 바른 곳으로 돌아간다'는 뜻입니다. 이 책은 성리학과 기독교의 불교 비판을 다시 비판하고 진리의 근원으로 돌아가는 길을 밝힌 명저입니다.

오늘 우리는 종단의 결정에 따라 설악산 백담사를 기본선원 근본도량으로 정하고 개원법회를 하고 있습니다. 나는 그 의미를 한마디로 요약해 '귀원정종'이라고 생각합니다. 설악산이야말로 도의국사가 선법을 전한 우리나라 선종의 남상지이자 울흥지인데, 이 산중에 기본선원 근본도량을 설치한 것은 마땅히 근원으로 돌아온 것이라 할 수 있기 때문입니다. 여기서 비롯된 도의국사의 선풍이 무엇인지에 대해서는 뒷날 교수사 스님들께 배우시기 바랍니다. 그 대신 나는 오늘 설악산이 우리나라 선종사에서 어떤 의미를 갖는지에 대해 몇 마디 하고자 합니다.[1]

2. 종조 도의국사와 설악산

알다시피 설악산은 우리나라에 최초로 선법을 전한 도의국사가 진전사(陳田寺)를 짓고 후학을 가르친 곳입니다. 이를 증명하는 것이 진전사에 봉안된 도의국사 부도탑입니다. 역대 선사의 행적을 기록한 《조당집》이라는 책을 보면 도의국사는 신라 말 당나라에 들어가 서당지장 화상의 법맥을 이어 귀국한 뒤 설악산 진전사에 머물면서 제자를 길렀습니다. 그래서 최치원 선생은 봉암사 지증대사비에서 도의국사를 '우리나라에 최초로 선법을 전한 선종의 초조'라고 했습니다. 또 김영이라는 분은 장흥 보림사 보조체징비에서 도의국사를 '해동의 달마'라고 불렀습니다.

---

1) 대한불교조계종은 2014년 3월 14일, 교육 중심 도량을 인제 백담사에 조계종 기본선원을 이전하고, 무산 스님을 조실로 추대했다. 조계종 기본선원의 2대 조실로 추대된 무산 스님은 1998년 백담사 무금선원을, 1999년 신흥사 향성선원을 개원한 데 이어 동화사와 백담사로 이원화됐던 기본선원 교육도량을 백담사로 일원화하는 등 선풍진작에 앞장섰다. 이날의 개원으로 조계종은 '통합된 교육 장소의 부재'라는 오랜 숙제를 해결했다. 무산 스님은 개원 법어에서 백담사 기본선원이 갖는 한국불교사적 의의를 강조했다.

도의국사가 전해온 조계법맥은 육조혜능 대사, 남악회양 선사, 마조도일 선사, 서당지장 선사로 이어지는 선종의 정통 법맥입니다. 도의국사는 이 법이 단절되지 않도록 귀국 후 10여 년간 설악산 진전사에 머물면서 제자를 길렀습니다. 입적하기 전에는 염거 화상에게 법을 전하셨습니다. 염거 화상은 다시 억성사를 지어 보조체징 화상에 전법을 하셨는데, 이 보조체징 선사가 나중에 장흥 보림사로 내려가 가지산문을 개창했습니다. 가지산문의 법손에는 일연 선사, 태고보우 선사 등이 배출되었고 그 법손이 번창하여 오늘날 조계종의 뿌리가 된 것입니다. 그래서 우리 조계종은 도의국사를 종조로 모시고 그 사실을 종헌에 못 박아 놓고 있습니다. 종헌 전문은 이렇게 시작됩니다.

恭惟컨대 我宗祖 道義國師께서 曹溪의 正統法印을 嗣承하사 迦智靈域에서 宗幢을 揭揚하셨다.

이 말은 설악산이 우리나라 선종의 모태요 뿌리라는 뜻입니다. 그러니까 지금 우리 종단은 그 근본도량에 귀원정종을 한 셈입니다.

3. 한국 선불교의 요람 '북산불교'

내가 오늘 여러분들에게 설악산에서 전개된 우리나라 불교 초기

선종사 이야기를 해주려고 돌아가신 지관 스님이 역주한《역대고승비문》을 펼쳐놓고 공부를 좀 했습니다. 그랬더니 설악산은 우리나라 선종사에서 요람이자 고향과 같은 곳이었습니다. 조금 전에 말한 최치원의 봉암사 지증대사비를 보면 '북산의 남악척(北山義 南嶽陟)'이라는 말이 나옵니다. 이는 북쪽의 설악산에는 도의국사, 남쪽 지리산에는 홍척국사가 선법을 선양했다는 뜻입니다. 최치원 선생이 설악산을 지목해 '북산의'라고 한 것은 빈말이 아니라 그만한 까닭이 있습니다.

　설악산에는 도의국사가 머물렀던 진전사를 비롯해 여러 개의 '선종 사찰(禪宗 寺刹)'이 있었습니다. 도의국사의 제자인 염거(廉居) 화상이 활동한 억성사(億聖寺), 홍각(弘覺) 선사와 심희(審希) 화상이 머물던 사림원(沙林院, 禪林院), 범일(梵日) 국사가 출가한 오색석사(五色石寺) 등이 그것입니다. 이들 선종 사찰이 산재한 곳이 설악산이었고 이 사찰들은 모두 신라 말 고려 초기 선종의 중요한 수행처였습니다.

1) 진전사: 진전사는 도의국사 이후 고려 말엽까지 존재했던 우리나라 선종의 가장 오래된 절입니다. 도의국사는 이곳에 있으면서 염거 화상에게 법(法)을 전했습니다. 그런가 하면 한때는 최치원 선생이 '남악척'으로 호명한 실상산문의 홍척(洪陟)국사도 여기에 머물렀다고 합니다. 이 사실은 홍척국사의 제자 수철 화상의 비문에 나타납니다.

이로부터 마음과 뜻을 나는 새나 먼 곳을 단숨에 나는 (붕새와 같이) 날개를 떨쳐 (돌아다니기를) 바랐다. (이에) 설악산으로 나아가서 홀로 구름 싸인 산봉우리에 올라 실상선정국사(實相禪庭國師)를 (만나 뵈었다) 당신의 바람과 맞아 제자 되기를 청하니 스승이 허락하였다.

이로 미루어 보면 도의국사가 계실 무렵 진전사에는 당대 고승들의 왕래가 빈번했던 것을 알 수 있습니다.

그런가 하면 고려 충렬왕(忠烈王) 때의 국존(國尊)이었던 일연(一然, 1206~1289) 선사도 이곳으로 출가하여 가지산문(迦智山門)의 법통(法

統)을 잇고 있습니다. 그러니까 진전사는 최소한 13세기까지 선종의 핵심 사찰로 역할하고 있었다는 것을 알 수 있습니다.

2) 억성사: 억성사는 도의국사가 진전사에 머물 때 가르침을 받고 사법(嗣法)을 한 염거 화상이 머물던 절입니다. 보림사에 있는 '보조 체징비(普照體澄碑)'에 이런 구절이 있습니다.

> (도의가) 때가 아직 이르지 아니함을 알고 산림에 은거하여 법을 염거에게 부촉했는데 염거 선사는 설악산 억성사에 머물면서 조사의 마음을 전하고 스승의 가르침을 여니 체징 선사가 가서 그를 섬겼다.

체징비의 기록은 염거 화상이 도의국사로부터 사법을 한 뒤 억성사라는 절에 머무르며 선법을 선양(宣揚)했으며 여기서 제자 체징을 만나 가르쳤다는 사실을 전해주고 있습니다. 아쉬운 것은 이 절은 현재까지 유지(遺址)가 어디인지 알려지지 않은 점입니다. 그런데 최근 학자들의 연구에 의하면 그곳은 현재 유지가 남아 있는 사림원(沙林院)이 억성사로 추정된다고 합니다. 사림원을 억성사로 보는 이유는 이 절에서 신라 말 고승 홍각 선사의 비문이 발견됐기 때문입니다. 홍각 선사가 억성사에서 활동했다는 것은 다음과 같은 비문을 통해서 확인됩니다.

함통 말년(咸通 末年)에 설악산 억성사에 다시 가서 법당(法堂)과 사수(樹樹)를 이루니 들쑥날쑥한, 아름다운 나무는 소나무와 함께 어우러졌다. 그의 이름은 왕실에까지 알려져 왕실에 초청되어 불경을 경연했다. 왕은 대사가 귀산(歸山)할 때 사신을 보내 산에 오르기까지 호위해주었다.

홍각 선사는 여주 혜목산(慧目山) 고달원(高達院) 현욱(玄昱) 선사의 제자로 알려진 인물입니다. 그런데 이 비문에 의하면 그는 오래전에 억성사에 머문 적이 있고, 만년에 다시 와서 주지를 하면서 교화활동을 펼쳤다는 것입니다. 고승의 비문은 대개 열반한 곳에 입비(立碑)하는 것이 전례입니다. 그런데 이상하게도 비문은 억성사가 아닌 사림원에서 발견됐습니다. 그렇다면 억성사는 사림원의 옛날 사명(寺名)일 가능성이 크다는 것입니다. 즉 홍각 선사는 억성사에서 열반했는데 그 비가 사림사(沙林寺)에 세워졌으므로 억성사는 사림사의 옛날 사명으로 볼 수 있다는 것입니다. 이러한 추정은 학계에서 그 타당성을 인정받고 있습니다.

3) 오색석사: 오색석사는 오색약수가 있는 남설악에 지금도 유지가 남아 있는 사찰입니다. 이 절이 의미 있는 양조국사(兩朝國師)로 추앙받은 성주산문 개창조(開創祖) 무염(無染)국사가 젊은 시절 수행을 하던 곳이기 때문입니다. 무염의 비문에는 다음과 같은 구절이 있습니다.

雪嶽山 五色石寺로 들어가 머리를 깎고 승복을 입었다. 經을 읽어 뜻을 잘 이해했으며 진여의 마음을 회복하고자 애썼다. 이 절에는 法性禪師라는 분이 계셨는데 일찍이 중국에 가서《楞伽經》을 배워온 분이다. 대사는 스승으로 모시면서 남김없이 다 배웠다.

무염국사가 설악산 오색석사에서 법성 선사라는 사람으로부터 《능가경》을 배웠다는 것은 이 절이 선종 계통의 사찰임을 짐작게 합니다.

4. 북산불교의 교화 영역

앞에서 우리는 지금 유지가 남아 있는 사림원이 곧 억성사일 것이라고 하는 학자들의 연구 결과를 확인했습니다. 이것이 사실이라면 설악산 불교는 선종사에서 매우 중요한 의미를 갖습니다. 억성사에는 도의국사의 제자인 염거 화상뿐 아니라 홍각 선사와 심희 화상 등 당대의 고승들이 모여들던 절이라는 사실이 확인되기 때문입니다. 홍각 선사가 억성사에 머물렀다면 염거 화상에게 배웠다는 뜻입니다. 그런데 더 흥미로운 것은 다른 자료를 보면 염거 화상이 열반한 곳은 억성사가 아니고 홍각 선사의 스승인 현욱 선사가 머물던 여주 고달원에서 가까운 원주 홍법사(興法寺)라는 것입니다. 이 같은 사실은 홍법사에서 발견된 부도탑지(浮屠塔誌)에서 염거 화상의 이름이 나와서 확인된 것입니다.

염거 화상의 행적은 경기도 안성에서도 발견됩니다. 안성 석남사(石南寺) 사적기(事蹟記)에 따르면 이 절에는 염거 화상이 머물면서 문성왕 18년(876)에 중수했다고 기록하고 있습니다. 이를 종합하면 염거 화상의 행적을 추적할 수 있는 절은 설악산 억성사, 원주 홍법사, 안성 석남사 등입니다. 이는 그분이 북한강 유역의 중부지방을 중심으로 활동했다는 것을 말해주는 것입니다.

정리하면 신라 말 고려 초 설악산에서 활동한 선승은 도의국사와 염거 화상, 홍척국사와 수철(秀澈) 화상, 심희 선사와 홍각 선사 등 당대의 쟁쟁한 인물이 망라되고 있습니다. 최치원 선생이 〈봉암사 지증비(智證碑)〉를 쓰면서 설악산과 도의국사를 통칭해서 '북산의'라고 한 것은 단순한 수사어(修飾語)가 아니라 당시의 사정을 반영한 것이라 할 것입니다.

5. 한국 선종의 성지로서 위상

이런저런 상황을 종합하면 도의국사가 은거한 북산(北山) 즉 설악산은 도의 시대는 물론 그 뒤에까지 매우 번창하고 있었다는 것을 짐작할 수 있습니다. 이는 지금까지 우리가 알고 있던 것과는 전혀 다른 새로운 사실입니다. 즉 설악산은 북산불교(北山佛敎)의 요람(搖籃)이었으며, 이 지역은 우리나라 초기 선종(初期 禪宗)의 인재를 키

워낸 모태(母胎)와 같은 곳이었다는 것입니다. 뿐만 아니라 후학들에 의해 설악산은 한국 선종의 성지로 인식되었다는 것입니다.

설악산이 선종의 성지로 인식된 것은 해동선종의 초조인 도의국사의 부도탑이 진전사에 봉안되었기 때문입니다. 알다시피 부도탑은 고승의 사리를 봉안한 곳입니다. 그래서 문손들은 기일이 되면 스승을 공경하는 마음으로 영탑 참배를 거르지 않는 법입니다. 이런 사실을 알게 해주는 자료가 '풍기 비로암 진공대사탑비(眞空大師塔碑)'입니다. 진공 대사(855~937)는 신라 말의 선승으로 경문왕(景文王) 14년(874)에 가야산 수도원에서 구족계를 받고 삼장(三藏)에 두루 통달한 사람인데, 선종에 귀의한 뒤 진전사로 도의영탑(道義靈塔)을 찾아가 '제자의 예(弟子之儀)를 올렸다'는 것입니다.

…이때 북쪽으로 구름에 싸인 설악산을 가리키며 말하기를 '저 산 속에는 우리나라 선종의 선조인 도의 대사께서 중국에서 서당 지장의 심인을 받고 귀국하여 우리나라의 스승이 되어 후학들의 우두머리가 되었다. 그분은 먼저 가신 뛰어난 이들의 가르침을 쌓게 하였다'고 했다. 이 때문에 엄한 가르침을 받들어 진전사에 이르렀다. 기쁜 것은 몸소 옛터를 밟아 그분의 탑에 예배를 올리고 진영을 보며 길이 제자의 예를 올린 것이다.

진공 대사가 진전사에 있는 도의의 영탑을 찾아 참배했다는 것은

도의 선사 영탑

중국의 선승들이 조계 보림사(曹溪 寶林寺)의 육조대사 영당(六祖大師 靈堂)을 찾아 참배하는 구래(舊來)를 따른 것입니다. 이는 진전사가 중국의 소림사(少林寺)나 보림사(寶林寺)처럼 '한국 선종의 성지'로 인식되고 있었음을 말해주는 것이기도 합니다.

그런가 하면 후대의 고승들은 스승이 머물던 곳에 가서 공부하고 제자들을 가르치기를 즐겨 했습니다. 그 사실을 전해주는 것이 창원에서 봉림산문(鳳林山門)을 실질적으로 개창한 진경심희(眞鏡審希, 854~923) 화상의 비문입니다.

文德初年부터 乾寧末年까지 먼저 松溪에서 참선을 하니 배우는 사람이 비 오듯 모였고, 잠시 설악에 머무니 선객이 바람처럼 달려

2장 / 향상일로

왔다.

이 비에 따르면 진경심희 화상도 한때 설악산에 머문 적이 있습니다. 이런 기록들은 설악산은 모든 선 수행자들이 고향으로 삼는 곳, 한국 선종의 성지라는 인식을 가지고 있었다는 것을 말해주는 것입니다.

6. 후학들의 다짐

오늘은 설악산에 미래 불교의 동량을 기르는 기본선원을 개원하는 날이라서 너무 기쁜 나머지 말이 좀 많았습니다. 그러나 기왕 시작한 말이니 몇 마디만 더 하겠습니다.

오늘 나는 이 법회를 시작하면서 기본선원의 개원 의미를 '귀원정종(歸源正宗)이라는 말로 요약했습니다. 그것은 훌륭한 역사적 전통을 계승하고 진리로 돌아가야 한다는 의미였습니다. 그러나 역사와 전통을 계승한다는 것은 좋은 집만 지어놓는다고 찬란한 역사가 복원되는 것은 아닙니다. 참다운 사상과 정신의 계승이 이루어져야 합니다.

그러자면 오늘 여기 모인 대중 가운데서 앞에서 말한 도의국사나 염거 화상, 보조체징, 홍척국사, 수철 선사, 심희 선사, 홍각 선사, 일연 선사, 태고보우 선사와 같은 고승이 나와야 합니다. 아니 그분들을 능가할 고승이 나와야 합니다. 그것이 참다운 전통과 사상과 정신의 계승이고 복원입니다.

어떻게 해야 그렇게 되겠습니까?

옛날 법안 선사에게 혜초라는 수행자가 찾아와 "어떤 것이 부처입니까?" 하고 물었습니다. 그러자 선사는 이렇게 대답했습니다.

"네가 혜초니라."

　　강물도 없는 강물 흘러가게 해놓고
　　강물도 없는 강물 범람하게 해놓고
　　강물도 없는 강물에 떠내려가는 뗏목다리

　　　　　　　　　　　　—〈석가의 생애〉(《부처 - 무자화 6》)

마치겠습니다.

(탁탁탁)

조계종 기본선원 조실 추대법회 법어(신흥사 설법전, 2014년 3월 14일)

2장 / 향상일로

설악산문을 현판하는 뜻[1]

큰 절에 들어가다 보면 일주문에 이런 게송이 붙어 있습니다.

신광불매(神光不昧)하니

만고휘유(萬古徽猷)로다

입차문래(入此門來)인댄

막존지해(莫存知解)할지니라

신령한 광명은 어둡지 않으니

만고에 이르도록 빛나고 있도다.

---

1) 설악산 신흥사는 2016년 5월 21일, 산문 현판식을 봉행했다. 스님은 산문의 이름을 '曹溪禪風始原道場雪嶽山門'이라 현판하고, '설악산문을 현판하는 뜻'이라는 제목의 법어를 결제 법어 대신 설했다.

이 문으로 들어오고자 하는 사람은

안과 밖 너와 나를 분별치 말지니라.

이런 뜻을 담고 있는 이 게송은 중국 원나라 때의 고승 중봉명본 (中峰明本) 선사가 쓴 것인데 조선시대 서산대사도 《선가귀감》에 이 게송을 소개하고 있습니다. 대사가 이 게송을 인용한 것은 종문(宗 門)의 법은 이와 같아서 산문(山門)이 있으나 없으나 안과 밖이 따로 없고 내외가 명철하여, 성(聖)과 속(俗)이 하나가 되어야 가는 곳마다 주인이 된다는 것을 깨우쳐주기 위해서입니다.

그러나 의심이 많고 근기가 낮은 범부(凡夫)는 무엇인가 울타리를 치고 경계를 지어야 거기에 기대 서로 탁마(琢磨)하고 스스로를 가편 (加鞭)하게 됩니다. 불조(佛祖)가 짐짓 이 세상에 출현하시고 팔만사 천의 방편을 펼친 이유도 여기에 있습니다.

오늘 동국 선종의 요람이었던 이곳 설악산에 설악산문(雪嶽山門) 을 현판(懸板)하는 뜻도 이와 다르지 않습니다.

알다시피 설악산은 우리나라에 최초로 선법(禪法)을 전한 신라 도 의 선사(道義禪師)가 남설악에 진전사(陳田寺)를 짓고 후학을 가르친 산입니다. 도의 선사는 중국에 유학하여 서당지장(西堂智藏)에게 배 우고 남종선(南宗禪)의 정맥을 이은 분이니 이곳은 우리나라 선종이 최초로 법천(法泉)을 남상(濫觴)한 시원도량(始源道場)입니다.

이후 설악산에는 수많은 용상대덕(龍象大德)이 찾아와 선법의 오묘한 이치를 배우고 가르치기를 거듭했습니다. 선승에게 수행처라면 고산심굴(高山深窟)이면 어디든 선방 아닌 곳이 없습니다. 그럼에도 굳이 설악산을 찾아들었던 것은 설악산과 진전사가 도의 선사가 전래한 남종선의 근본도량이자 성지(聖地)였기 때문이었습니다. 실제로 진전사와 억성사, 사림원 등의 자료를 살펴보면 수많은 고승의 이름이 등장합니다.

예컨대 실상산문의 홍척 선사와 수철 화상, 성주산문의 무염 국사, 봉림산문의 심희 화상을 비롯해 당시 선림(禪林)의 청룡 맹호와 같은 분들이 설악산에 와서 공부하고 제자들을 가르쳤습니다. 또 도의 선사의 직계로는 염거 화상, 체징 선사, 홍각 선사 등이 설악산을 중심으로 활동했고 뒷날 일연 선사는 진전사로 출가한 뒤 가지산문의 고승이 되었습니다. 조계선종의 큰 봉우리인 태고보우 화상도 도의 선사의 법맥을 이은 가지산문의 고승입니다.

그런가 하면 풍기 비로암 진공 대사 비문에는 진전사 도의영탑(道義靈塔)을 참배하고 제자의 예를 올렸다는 기록도 있습니다. 이는 중국의 선승들이 육조 대사 영당을 참배하듯 우리나라 선승들도 다투어 영탑을 참배한 사실을 입증하는 자료입니다. 학자들은 이를 바탕으로 예로부터 설악산이 선종의 성지로 여겨졌다고 말합니다.

오늘 노골(老骨)이 설악산에 얽힌 이런저런 사적(史蹟)을 자랑삼아 늘어놓는 것은 '설악산문(雪嶽山門)'이라고 현판한 뜻을 설명하기 위해서입니다. 무릇 한 산중에 들어가는 문을 구산선문(九山禪門)처럼 무슨 무슨 산문이라 부르는 것은 거기에 빛나는 선풍(禪風)이 깃들어 있음을 강조하려는 것입니다. 그러니까 이 자리는 설악산에서 도의 선사에 의해 시작되고 수많은 용상대덕에 의해 전승되어온 조계선종(曹溪禪宗)의 전통을 더욱 계승하고 발전시키겠다는 다짐을 내외에 천명(闡明)하는 법회인 것입니다.

우리 설악산에서는 그동안 산문의 오랜 전통을 계승하기 위해 도의 선사가 제자를 가르쳤던 남설악에 진전사 부도전을 복원했고, 외설악 신흥사에는 향성선원, 내설악 백담사에는 무금선원을 운영해 왔습니다. 그리고 3년 전에는 기본선원이 백담사로 이전함에 따라 설악산은 이제 드디어 명실상부한 조계선종의 시원도량으로서 위상(位相)을 갖추게 되었습니다.

그러나 노골은 오늘 현판한 설악산문의 이름이 헛되지 않으려면 더 많은 가행정진(加行精進)이 필요하다는 생각입니다. 지금도 전국에서 내로라하는 용상들이 설악산에 모여 정진하고 있기는 하지만 그것만으로는 모자랍니다. 모름지기 수행자란 장대 끝에서 허공으로 한 발 더 내디뎌 시방세계와 한 몸이 되어야 합니다. 그리하여 설악산 산봉우리처럼 우뚝하다는 말을 들어야 비로소 오늘 설악산문을 현판한 뜻이 살아날 것입니다.

이제 설악산문의 현판은 내걸렸습니다. 선사(先師)들이 이룩한 찬란한 역사와 전통은 저 높이 걸린 현판에서 빛나고 있습니다. 그러나 저 현판이 과거를 자랑하는 것이 되어서는 안 됩니다. 오늘의 우리가 더 빛나고 자랑스러워야 합니다. 그래야 부끄럽지 않습니다. 누가 그 일을 하겠습니까.

전에 노골이 이런 게송을 쓴 적이 있습니다.

놈이라고 다 중놈이냐
중놈 소리 들을라면

취모검 날 끝에서
그 몇 번은 죽어야

그 물론 손발톱 눈썹도
짓물러 다 빠져야

—〈취모검(吹毛劍) 날 끝에서〉

여러분 가운데서 취모검에 죽었다 살아나는 수행자가 나오기 바랍니다.

2016년 하안거 결제법어(신흥사, 2016년 5월 21일)

진리의 말씀 울리는 대법고

一重山了一重雲　산 넘으면 구름이 앞을 가리니
行盡天涯轉苦辛　기진맥진 허기져서 헤매었네.
驀箚歸來屋裏坐　이제 발길을 돌려 집에 와 앉았으니
落花啼鳥一般春　꽃 지고 새우는 봄이 여기 있구나.

　오늘 춘천불교방송 개국은 부처님의 가르침을 온 누리에 울려 퍼지게 하여 사바 중생들의 귀에 감로법을 들리게 하고 눈에는 커다란 연꽃이 피는 모습을 보여주는 거룩하고 아름다운 일입니다.

　돌이켜보면 불교계는 일찍이 12년 전에 서울에서 세계불교 역사상 처음으로 불교방송을 개국(1990)한 이래 부산과 광주 대구와 청주에 잇달아 지국을 개설해왔습니다. 이는 빈부귀천 남녀노소 누구나

평등하게 부처님의 가르침을 듣고 배워 해탈의 길에 이르게 하기 위함이었으니, 한국불교가 팔만대장경을 조성한 이래 일구어낸 가장 자랑스러운 최대의 대작불사였습니다.

오늘 다시 춘천에 불교방송을 개국함으로써 그동안 부처님의 금구성언에 목말라하던 1백만 강원지역 불자들이 1년 365일 하루 24시간 내내 법음을 가까이하도록 하였으니, 이로부터 글을 아는 이나 모르는 이나, 앞을 보는 이나 못 보는 이나, 말을 하는 이나 못 하는 이나 모두 그릇대로 정법을 담아 가지시기를 바랍니다.

이제 불교방송은 남으로는 부산에서 북으로는 강원도를 넘어 북한까지, 한반도 전역을 가청권으로 하는 기틀을 마련했습니다. 이는 부처님께서 전도선언을 통해 모든 중생의 이익과 안락을 위해 팔만

진리의 말씀 울리는 대법고

사천의 법음을 전하라는 명령을 실천하려는 것에 다름 아닙니다.

강원지역 불자들은 이 점을 몸과 마음에 깊이 새겨 춘천불교방송이 강원도 전역의 모든 가정과 모든 사람들의 가슴 가슴에 진리의 말씀이 메아리치게 하는 대법고(大法鼓)가 될 수 있도록 후원을 아끼지 말아야 할 것입니다.

또한 춘천불교방송이 문수의 지혜와 보현의 행원으로 모든 사람들의 가슴에 무명을 걷어 내고 삼독번뇌 속에서도 연꽃을 피우며 마침내는 사바세계 온 누리를 자비와 지혜가 넘치는 화장세계로 만드는 대법륜을 굴려 가기를 진심으로 바라고 또 바랍니다.

春有百花秋有月　봄에는 꽃피고 가을에는 달이 휘영청
夏有凉風冬有雪　여름에는 시원한 바람 겨울에는 함박눈
若無閑事掛心頭　만약 그대 마음이 한가하게만 된다면
便是人間好時節　이야말로 인간 세상 좋은 시절이 아니랴.

춘천불교방송 개국식 법어(2002년 11월 1일)

연화장세계를 온 누리에

죽음이 바스락바스락 밟히는 늦가을 오후

개울물 반석에 앉아 이마를 짚어본다

어머니 가신 후로는 듣지 못한 다듬잇소리

— 〈춤 그리고 법뢰〉

　한국불교는 일찍이 13년 전 불교방송을 개국하여 사바중생에게 감로법을 들려주고 커다란 연꽃이 피는 모습을 보여주는 거룩하고 아름다운 일을 해왔습니다. 세계 불교 역사상 처음으로 서울에 불교방송을 개국한 이래 부산, 광주, 대구, 청주에 잇달아 지국을 개설한 것이 바로 그것입니다. 이는 빈부귀천 남녀노소 누구나 평등하게 부처님의 가르침을 듣고 배워 해탈의 길에 이르게 하기 위함이었습니다.

이에 더하여 지난해 11월 1일에는 부처님의 금구성언에 목말라하던 1백만 강원지역 불자들을 위해 춘천에 불교방송을 개국했습니다. 이는 부처님께서 전도선언을 통해 "모든 중생의 이익과 안락을 위해 설법하라"고 하신 명령을 실천하는 것에 다름 아니었습니다.

현재 춘천불교방송은 1년 365일 하루 24시간 강원도 일대는 물론이고 휴전선을 넘어 북한 땅까지 부처님의 법음을 전하고 있습니다. 이로 인해 글을 아는 이나 모르는 이나, 앞을 보는 이나 못 보는 이나, 말을 하는 이나 못하는 이나 모두가 그릇대로 정법을 담아 가질 수 있는 일이 이루어졌으니 그 기쁨은 바닷물이 넘쳐 하늘을 덮는 것보다 더하다 할 것입니다.

춘천불교방송은 강원지역 불교발전을 앞에서 이끌어 가는 견인차입니다. 따라서 강원지역 불자들은 춘천방송국 설립에 기울인 정성 못지않게 이 견인차가 더욱 힘차게 달릴 수 있도록 후원을 아끼지 말아야 합니다. 춘천불교방송이 강원도 전역의 모든 가정과 모든 사람들의 가슴 가슴에 진리의 말씀이 메아리치게 하는 대법고가 될 수 있도록 도와야 합니다. 그렇게 하는 것만이 부처님이 우리에게 베푼 자비에 만 분의 일이나마 보답하는 길이 될 것입니다.

이와 함께 우리는 춘천불교방송을 통해 문수의 지혜와 보현의 행원으로 모든 사람들의 가슴에 무명을 걷어 내고, 삼독번뇌 속에서도 연꽃을 피우는 일에도 게으르지 말아야 합니다. 그리하여 마침내는 사바세계 온 누리가 연화장세계가 되는 그날까지 자비와 지혜의 대법륜을 굴려 가기를 진심으로 바라고 또 바라마지 않습니다.

아무리 어두운 세상을 만나 억눌려 산다 해도
쓸모없을 때는 버림을 받을지라도
나 또한 긴 역사의 궤도를 받친
한 토막 침목인 것을, 연대인 것을

영원한 고향으로 끝내 남아 있어야 할
태백산 기슭에서 썩어가는 그루터기여
사는 날 지축이 흔들리는 진동도 있는 것을

보아라, 살기 위하여 다만 살기 위하여
얼마만큼 진실했던 뼈들이 부러졌는가를
얼마나 많은 사람들이 파묻혀 사는가를

비록 그게 군림에 의한 노역일지라도
자칫 붕괴할 것만 같은 내려앉은 이 지반을
끝끝내 받쳐온 이 있어
하늘이 있는 것을 역사가 있는 것을

— 〈침목(枕木)〉

춘천불교방송 후원 권선 법어(2003년)

살인도냐 활인검이냐

오늘 11월 1일은 춘천불교방송이 개국한 지 6년 되는 날입니다.

먼저 그동안 많은 도움을 주신 김진선 강원도지사를 비롯한 이광준 춘천시장 등 지역 기관장 여러분과 청취자와 불자 여러분의 성원에 깊은 감사의 인사를 드립니다. 또 그동안 어려운 환경에서도 지역 언론 발전을 위해 애쓴 춘천불교방송 임직원의 노고에 대해서도 격려의 말을 하고자 합니다.

아울러 한 달 뒤로 다가온 강원도 프로축구단 창단과 2010년에 열리는 월드레저총회가 모두 성공적으로 개최될 수 있기를 마음으로부터 축원합니다. 특히 이 두 행사는 모두 강원도의 발전과 도민의 화합을 위한 것인 만큼 준비에 차질이 없도록 해주실 것을 부탁드립니다.

나는 6년 전 춘천불교방송 개국식 때 방송국 직원들에게 이런 충고를 한 적이 있습니다.

"세상을 시끄럽게 하는 소음을 내는 방송이 될까를 두려워하라."

그날 많은 사람들이 와서 듣기 좋은 축하의 말을 했는데, 유독 내가 '두려운 마음'을 가지라고 경책했던 것은 까닭이 있습니다. 우리가 어떤 일을 하더라도 겉만 번지르르하고 속내는 영 딴판으로 달라서는 안 된다는 것을 강조하기 위해서였습니다. 방송도 그렇고, 축구단 창단, 월드레저총회 개최도 마찬가지입니다. 실속은 없고 소리만 요란한 행사가 되면 안 된다는 것입니다.

오늘은 특히 춘천불교방송 개국 6주년을 기념해 모인 자리이니만큼 언론에 대한 평소 나의 생각을 말해두고자 합니다.

언론에 종사하는 사람은 보이지 않는 칼을 가진 사람과 같습니다. 그 칼을 잘 쓰면 활인검(活人劍)이 되지만 잘못 쓰면 살인도(殺人刀)가 됩니다. 무심코 휘두른 칼로 인해 많은 사람들이 상처를 받기 쉽습니다. 부정확하고 편파적인 보도는 세상을 혼탁하게 하는 소음일 뿐입니다.

그런 점에서 개국 6주년을 맞는 춘천불교방송은 그동안 어떻게 해왔는가를 겸허하게 돌아보는 날이 되었으면 합니다.

《무문관》이라는 선어록을 보면 이런 말이 있습니다.

"개구부재설두상(開口不在舌頭上) 하라."

즉 '입을 열었으면 혓바닥 위에 머물지 말라'는 것입니다. 무슨 말인가 하면, 입을 벌리는 것은 진실을 말하기 위한 것이며, 사랑과 용서, 화합과 관용을 말하기 위한 것이지 거짓과 증오, 대립과 불화를 부추기기 위한 것이 아니라는 것입니다.

그러므로 비단 같은 말로 남을 속이거나, 사람과 사람 사이를 이간하거나, 거친 말로 사람에게 상처를 주거나, 참되지 않은 말로 진실을 위장하지 말라는 것입니다. 거듭 말하면 '입을 열었다고 혓바닥을 함부로 놀리지 말라'는 것입니다.

이러한 자세는 비단 춘천불교방송에만 해당하는 것은 아닐 것입니다. 모든 언론에 다 적용되는 말입니다. 또한 세상의 모든 일에 다 적용되는 말입니다.

우리가 가진 혓바닥이나 붓대, 또는 어떤 일을 하기 위한 권력은 항상 바르게 사용해서 활인검이 되도록 해야 합니다. 주어진 권한을 멋대로 휘둘러서 살인도가 되도록 하면 안 됩니다.

강원도 프로축구단은 도민을 위한 활인검이 되어야 하고, 월드레저총회도 강원도 발전을 위한 활인검이 되어야 합니다. 춘천불교방송도 강원도민을 위한 활인검이 되어야 합니다.

사실 이런 말은 산승이 굳이 법문을 하지 않아도 여러분이 더 잘 알고 있는 일입니다.

그래서 부처님도 어느 때는 많은 말씀을 하지 않고 문득 꽃 한 송이만을 들어 보인 적이 있습니다. 이를 보고 가섭 존자는 그 뜻을 이해하고 웃었다고 합니다.

저는 오늘 이 자리에서 부처님의 염화시중을 흉내 내서 꽃 한 송이 대신 백담사 숲속의 모습을 여러분에게 보여드리고자 합니다. 백담사 숲이 어떻게 생겼는가 하면 이렇습니다.

> 그렇게 살고 있다 그렇게들 살아가고 있다
> 산은 골을 만들고 물을 흐르게 하고
> 나무는 겉껍질 속에 벌레를 기르며
>
> ―〈숲〉

내 말을 듣고 여러분 중에는 과연 누가 가섭 존자처럼 빙그레 웃으실지 자못 기대가 됩니다.

춘천불교방송 개국 6주년 기념식 법어(2008년 11월 1일)

지도자의 네 가지 덕목

조선 후기 영조 때 채영(采英)이라는 스님이 쓴 《불조원류(佛祖源流)》라는 책이 있습니다. 과거칠불에서부터 이어온 불교의 법맥을 정리한 것입니다.

이 기록에 근거하여 살펴보면 용성진종 조사는 부처님으로부터 이어져 내려온 68세의 법손이며, 그 제자인 고암상언 화상은 69세, 고암 노스님의 제자인 정호성준 선사는 70세, 그리고 나는 71세에 해당합니다.

그러나 사자상승의 법맥은 무슨 증거가 있는 것이 아닙니다. 불법(佛法)은 심법(心法)이라 마음과 마음으로 전합니다. 누구라도 불조(佛祖)의 마음을 잇는다면 그가 적손(嫡孫)이요, 부처님의 아들로 태어났다 하더라도 그 마음을 잇지 못하면 방계(傍系)가 됩니다. 그러면 어떻게 해야 부처님의 마음을 잇는 적손이 될 수 있겠습니까?

한 산중의 책임을 맡아 대중을 통리(統理)하는 사람을 우리는 주지(住持)라고 합니다. 주지는 예로부터 부처님의 적손들이 맡아온 중요한 자리로, 다른 말로 하면 그 절을 지키는 주인이란 뜻입니다. 그러나 아무리 직책을 맡아도 잘 지키는 사람이 있는가 하면, 끝내 자리를 못 지키는 사람이 있습니다. 불심(佛心)을 잘 쓰는 사람과 잘 못 쓰는 사람이 있기 때문입니다. 그러면 어떻게 해야 주지로서 그 마음을 바르게 쓰고 불조의 적손이 되는가.

옛날 중국 송대에 오조법연(五祖法演)이라는 큰스님이 있었습니다. 그 문하에 이른바 '삼불(三佛)'로 불리는 불과극근(佛果克勤)을 비롯하여 불안청원(佛眼淸遠), 불감혜근(佛鑑慧懃) 등이 배출되었습니다.

이 법연 선사의 가르침 가운데 '법연사계(法演四戒)'라는 것이 있습니다. 선종의 일화를 모아놓은 《종문무고(宗門武庫)》라는 책에 의하면 불감혜근이 어느 날 서주(舒州)에 있는 태평사(太平寺)의 주지를 맡아 하직 인사를 하러 갔습니다. 그때 법연 선사는 스승으로서 간절한 마음으로 다음과 같은 네 가지 경계할 점을 일러주었습니다.

勢不可使盡   권세를 다 쓰지 말라.
福不可受盡   복을 다 받지 말라.

規矩不可行盡　모범을 다 행하지 말라.

好語不可說盡　좋은 말을 다 말하지 말라.

　첫째 '권세를 다 쓰지 말라'는 것은 높은 자리, 책임 있는 자리에 앉는 사람일수록 뒷날을 조심해서 권세를 아껴야 한다는 것입니다. 권세란 어떤 자리에 주어지는 권력과 힘을 말합니다. 어느 절의 주지는 주지로서, 사장은 사장으로서, 대통령은 대통령으로서, 심지어는 초등학교 반장이나 마을 동장에게도 직책에 따른 권한과 힘이 부여되지요. 그런데 이 권력이라는 것의 속성을 보면 한마디로 '남을 불편하게 하는 힘'을 가지고 있습니다. 스스로 나서서 무엇을 하는 것이 아니라 남에게 무엇인가 시켜야 하므로 자연 남을 불편하게 하기 때문이지요. 이때 그 권력을 과도하게 행사하게 되면 반드시 부림을 받는 사람의 반발을 사게 됩니다.

　그러므로 권력을 행사하되 정당하게 행사해야 하는 것은 물론이지만 정당한 권력이라도 아껴가며 행사해야 합니다. 그렇지 않으면 자신도 모르는 사이에 파국의 조짐이 일어납니다.

　둘째 '복을 다 받지 말라'는 말은 자신이 누릴 수 있는 재력을 다 쓰면 뒷날 후회하게 된다는 것입니다. 복이라는 것은 마치 창고에 쌓아놓은 보물과 같은 것으로, 창고에 넣어둔 보물은 꺼내 쓰고 채우지 않으면, 아무리 무진장한 재화가 있더라도 이내 바닥이 드러나게 마련입니다. 특히 가난한 사람을 고려하지 않고 멋대로 과소비를 일삼으면 질시와 비난의 대상이 되고 맙니다. 가난한 사람으로부터 상대적 박탈감을 느끼게 하는 소비는 그 끝이 좋지 않습니다. '삼대 가는 부자 없고 삼대 가는 가난뱅이 없다'는 말은 복이란 돌고 도는 것임을 암시하는 말입니다.

복 많은 사람이 복을 지키는 것은 근검과 절약 외에 다른 방법이 없습니다. 형편이 좋다고 낭비하면 만석꾼도 금방 망하고 맙니다. 복진타락(福盡墮落)이라고 했듯, 복이 아무리 많아도 그것이 다하면 구렁텅이에 떨어진다는 것입니다.

셋째 '모범을 다 행하지 말라'라는 말은 너무 잘난 척하지 말라는 것입니다. 어떤 단체나 기관에서 어른이 되는 사람이 남에게 모범을 보이는 것은 좋기는 하지만, 너무 지나치면 좋지 않다는 것입니다. 인간이란 묘한 것이어서 너무 완벽한 사람은 존경은 받을지 몰라도 사람이 따르지 않습니다. 언제나 모범생처럼 솔선수범을 강조하다 보면 그로 인해 사람들이 도리어 피로감을 느끼게 된다는 뜻입니다.

사람이란 누구나 다 허술한 구석이 있습니다. 살다 보면 어느 정도 나태해지고 싶을 때도 있습니다. 이때 너무 빈틈없이 행동하다 보면 다른 사람이 부담을 느낍니다. 심한 경우는 무서워서 옆에 가기도 싫어집니다. 그 앞에 가서 내 약점만 드러난다면 좋아할 사람이 아무도 없을 것입니다. 어딘가 빈틈도 보이고 적당한 약점이 있어야지 바늘로 찔러 피 한 방울 나지 않을 것 같으면 숨이 막힙니다. 그러므로 알아도 모르는 척, 몰라도 아는 척하는 도량이 필요하다는 말입니다.

넷째 '좋은 말을 다 말하지 말라'라는 말은 말을 아껴서 하라는 것입니다. 아무리 좋은 말과 교훈이 되는 말이라 하더라도 듣는 사람의 입장에서는 귀찮고 잔소리가 되는 경우가 많고, 아무리 훌륭한 금언이라도 지나치거나 너무 세밀하면 그 맛이 반감됩니다.

교훈적인 말이라는 것은 여운이 남도록 하는 것이 좋습니다. 지나치게 세밀하면 잔소리로 들리고, 잔소리는 듣는 사람을 짜증스럽게 할 뿐이지 교훈이 되지 못합니다. 지도자들이 자기 생각을 다 말하고, 좋은 말이라고 다 가르치려고 하면 그 밑에서는 아무도 창의적인 일을 하지 못하는 법입니다. 그릇에 물을 부어도 7할 정도만 부어야 넘치지 않습니다.

법연 스님이 말한 지도자가 갖춰야 할 덕목은 내용은 간단하되, 그 뜻은 바다보다 깊고 태산보다 높습니다. 혼자 잘났다고 으스대지 말고 대중과 함께 가려고 할 때 성공의 길이 열립니다.

실제로 불감혜근 선사는 이 잠계를 항시 잊지 않고 잘 지킴으로써 '벼룩 서 말은 몰고 가도 중 셋은 함께 데려가기 어렵다'는 총림의 주지를 잘 수행했다고 합니다. 참고할 만합니다.

오늘 취임하는 주지도 이 가르침을 오래 잊지 말고 주지 소임을 다해서 산문을 크게 일으키기 바랍니다.

신흥사 주지 취임식 축하 법어(신흥사, 2009년 6월 23일)

2장 / 향상일로

오바마와 육조혜능

미국의 제44대 대통령에 흑인인 버락 오바마가 당선되었습니다. 오바마는 알려진 대로 올해 나이 48세, 케냐 출신의 혼혈 흑인에다가 부모는 이혼한 결손가정에서 자라난, 우리의 기준으로 보면 '약점투성이'의 후보였습니다. 그러나 미국 국민은 이런 것들을 문제 삼지 않고 세계의 초강대국을 이끌어갈 지도자로 오바마를 선택했습니다.

오바마는 대통령 당선이 확정되자 다음과 같은 멋진 연설을 했습니다.

"아직도 미국이 무한한 가능성의 나라라는 것을 의심하는 사람이 있다면, 아직도 이 나라의 선조들이 꾸었던 꿈들이 살아 있는가에 대한 의문을 품은 사람이 있다면, 그리고 민주주의의 힘을 믿지 못하는 사람들이 있다면, 바로 오늘 밤 여러분이 그 답을 보여줬습니다. 투표소였던 학교와 교회들을 휘감았던 긴 줄들, 역사상 유례 없던 최다 투표율, 세 시간이고 네 시간이고 투표하기 위해 기다렸던 사람들, 바로 지금이 변화의 시기이며 자신의 목소리가 바로 그 변화라는 굳은 믿음으로 인생 처음으로 투표했던 사람들, 이 모두가 사람들이 품었던 의문들에 대한 답입니다. 젊은이, 늙은이, 빈자, 부자, 민주당, 공화당, 흑인, 백인, 라틴계 미국인, 동양인, 아메리카 인디언, 동성애자, 이성애자, 장애인 비장애인들에게 모두가 품었던 의문들에 답했습니다. 오늘은 세계에 미국은 단순히 붉은 주(공화당)와 푸른 주(민주당)의 집합이 아닌 통일된 국가라는 것을 알리는 전보와도 같았습니다. 이것이 우리의 답입니다. 이 길에 오기까지는 오랜 시간이 걸렸지만, 우리가 이 중요한 시기에 오늘 밤 선거에서 내린 결정 때문에 미국은 변화할 것입니다."

오바마의 이 연설은 텔레비전 화면을 통해 전 세계에 중계되었습니다. 미국은 열광했습니다. 전 세계는 백인의 나라인 미국에서 사상 최초로 흑인 대통령이 된 오바마의 성공 스토리로 흥분했습니다. 새해는 이렇게 기대를 모은 오바마가 역사의 전면에 등장합니다.

미국의 역사, 아니 세계의 역사에서 오바마의 등장은 매우 상징적인 의미가 있습니다. 무엇보다 중요한 상징은 이제 지구상에서 인종 차별이란 구시대의 유물이 되었다는 점입니다. 미국은 인구 비율로 보면 아프리카계 미국인(흑인)이 전체 인구의 30%를 밑도는 데다가 인종차별이 매우 심한 나라였습니다. 미국의 흑인차별 역사는 그 역사가 깁니다. 2백 년 전만 해도 노예상들이 아프리카에서 흑인을 사냥해 와 노예로 사고팔았습니다. 노예란 가축과 같은 '말하는 짐승'이었습니다. 이런 비인간적인 행위에 대한 도전은 1863년 링컨에 의해 시작되었습니다. 그는 '나는 노예로도 살고 싶지도 않고 주인으로도 살고 싶지 않다'며 노예해방을 선언했습니다. 그래서 4백만 명이나 되는 흑인이 자유인이 되었습니다. 하지만 이때만 해도 그것은 형식적인 해방이었습니다. 미국은 노예해방을 선언한 지 150여 년이나 되고, 헌법은 '모든 시민은 법 앞에 평등'하다며 규정하고 있지만 현실적으로는 아직도 백인 전용 식당, 흑인 출입 금지 술집이 있습니다. 특히 선거철이 되면 인종차별을 반대하는 척해도 속으로는 백인우월주의가 작동하는 나라가 미국이었습니다. 그런 경험은 이번에도 유력 후보인 오바마를 낙선시킬지 모른다는 우려를 낳았습니다.

그러나 미국은 이런 우려를 보라는 듯이 말끔하게 해소시켰습니다. 혼혈 흑인인 오바마를 당선시킴으로써 인종차별의 불명예를 한꺼번에 씻어낸 것입니다. 오바마의 당선 소식이 전해지자 유명한 흑인 지도자인 잭슨 목사가 눈물을 흘리는 장면을 텔레비전이 여러 차례 방송한 것은 미국에서 어떤 일이 생겼는지를 상징적으로 보여줍니다. 그런 점에서 오바마의 등장이 갖는 가장 중요한 의미는 사회적 약자나 소수자에 대한 편견을 무너뜨렸다는 것입니다. 혼혈 출신에 이혼가정이라면 무조건 고개를 내젓는 것이 인권 의식이 부족한 나라들이 보여주는 후진적 행태입니다. 이로 인해 당사자들은 형언할 수 없는 차별과 고통을 받아왔습니다. 미국은 이번 선거에서 그런 짓은 삼류 국가에서나 하는 것임을 가르쳐주었습니다. 그리고 이제 미국은 흑인 대통령을 중심으로 당당하게 새롭고 멋진 세상을 향해 나아갈 것임을 보여주었습니다.

오바마의 성공담을 보면서 생각나는 고사가 있습니다. 중국 선종의 개조인 혜능(慧能) 대사가 불법을 배우기 위해 황매산으로 홍인 대사를 찾아갔을 때의 얘기입니다. 홍인 대사는 짐짓 그의 출신 성분부터 물었습니다.

"그대는 어디 사람이며, 여기는 무엇 하러 왔는가?"

"저는 영남 신주에 사는 나무꾼이온데, 오직 부처가 되고자 찾아왔습니다."

그러자 홍인 대사는 아주 모욕적인 말로 그를 시험했습니다.

"남쪽에서 왔다면 오랑캐가 아닌가? 그런 주제에 어찌 감히 부처가 되고자 하는가!"

혜능은 이 말에 기죽지 않고 다음과 같이 대답했습니다.

"사람이야 남북이 있겠지만 불성(佛性)이야 남북의 구별이 있겠습니까. 이 오랑캐의 몸은 큰스님의 지체와 다르겠지만 불성에야 무슨 차이가 있겠습니까?"

《육조단경》에 나오는 이 이야기는 사람의 본성이나 능력은 겉모양과 아무 관련이 없음을 말해줍니다. 그럼에도 많은 사람들은 편견이나 선입견에 의해 사람을 평가하려고 합니다. 능력을 보지 않고 겉으로 드러난 조건만 보려고 합니다. 에둘러 말할 것도 없습니다. 오늘의 우리 주변을 돌아보면 알 수 있습니다. 사람을 채용할 때면 어느 대학을 졸업했고, 아버지는 무엇 하는 사람이며, 살고 있는 곳은 어디인가를 묻습니다. 부자인가 아닌가, 좋은 학교를 나왔는가 아닌가가 그 사람을 평가하는 기준인 것입니다. '강부자'나 '고소영'이 아니면 '그들만의 잔치'에는 명함조차 내밀 수 없는 것이 우리가 사는 나라입니다. 내국인도 그런 판국이니 동남아시아 가난한 국가에서 온 외국인이나 혼혈 한국인이 받는 차별대우는 말할 나위도 없습니다.

일류 국가는 경제적으로 잘사는 것만을 의미하지 않습니다. 인간 자체를 소중하게 생각하는 가치관으로 살아가는 사람들이 많아야 합니다. 우리도 미국처럼 위대해지고 싶다면, 땅덩이는 작지만 진정으로 위대한 나라가 되고 싶다면 생각을 바꾸어야 합니다. 잘난 사람만이 잘사는 나라가 아니라 못난 사람도 잘사는 나라, 똑똑한 사람만이 인정받는 세상이 아니라 어리석은 사람도 사람으로 인정받는 그런 세상을 만드는 데 우리 모두 생각을 모아야 합니다. 그것이 경제난 해결보다 더 중요한 가치관이 되어야 합니다. 그런데 지금 우리는 어떻습니까? 발밑을 살펴 돌부리에 걸려 넘어지는 일이 없도록 해야 할 때입니다.

우란분재 제대로 하는 법

이번에 태풍으로 인해 피해가 많다는데 불자 여러분의 가정에는 피해가 없었는지 모르겠습니다. 피해가 있으신 가정은 곧 원상회복 되기를 축원드립니다. 저는 법문하기를 그리 좋아하지 않습니다. 이런 걸 제가 잘 못합니다. 《벽암록》이란 책에서는 법문을 잘못하 면 '혓바닥이 빠져 땅에 떨어진다'라고 했습니다. 부처님의 뜻에 계합하지 않는 말을 함부로 하지 말라는 경책이라 하겠습니다.

중국의 야보 선사는 "정인설사법 사법실귀정 사인설정법 정법실 귀사(正人說邪法 邪法悉歸正 邪人說正法 正法悉歸邪)" 한다고 했습니다. 무슨 말이냐 하면 정직한 사람, 바른 사람은 삿된 말을 해도 삿된 말이 정법이 되고, 삿된 사람은 정법을 말해도 그 정법이 삿된 말이 된다는 아주 의미가 심장한 말입니다. 그러니까 다 같은 말이라도 누

2장 / 향상일로

구 입에서 나왔느냐에 따라 그 말의 의미가 달라집니다.

예를 들면 성철 스님께서 종정 취임식 때, "산은 산, 물은 물"이라는 법어를 내리셨습니다. 옛날 사람도 오늘날 사람도, 나도 여러분도 모두 산은 산이라 했고 물은 물이라 했습니다. 그런데 우리가 '산은 산, 물은 물' 했을 때는 그저 그냥 한 소리에 지나지 않았지만, 성철 큰스님의 입에서 '산은 산, 물은 물'이라는 그 말이 나오니 마른 하늘의 천둥소리처럼 천하를 진동시키지 않았습니까? 그 점 이상하지 않습니까?

그리고 성철 스님의 다른 말씀, "중한테 속지 말라" 그 말을 아마 내가 했다든지 다른 중이 그랬으면 귀싸대기를 맞았을 텐데, 성철 스님이 말씀하시자 그 말이 그대로 화두가 되었습니다. 참 이상하지요?

따지고 보면 이상할 것이 하나도 없습니다. 성철 스님께서 평생을 바르게 수행하셨기 때문에 '중한테 속지 말라'는 삿된 말이 바른말이 된 겁니다.

제가 여러분 앞에 오늘 처음 와서 새삼스러운 이야기를 꺼낸 것은 성철 스님 말씀을 드리기 위해서가 아닙니다. 제 개인적으로 칠십 평생을 수행을 잘 못해서 경전을 설해도 사법이 되는 것 같아서 언제부턴가 누가 법문을 들려달라고 하면, '나, 혀가 빠져버려서 말을 못 한다'고 거절해 왔습니다. 그런데 오늘 제가 이 거룩한 법회에 동참하게 된 것은 저 천진무구한 우학 사주(寺主)의 청에는 거절할 수가 없었기 때문입니다. 저는 우학 사주를 오래전부터 알았던 사이도 아니고 이번이 꼭 세 번째 만났을 뿐입니다.

처음 만난 것은 재작년 동안거 때 우학 사주님이 백담사 무금선원에서 한 철을 정진했습니다. 무금선원은 무문관이라 입방하면 밖에서 자물쇠를 잠그기 때문에 3개월 동안 방 밖을 나오지 못합니다. 그래서 입방할 때는 못 보고 해제날 처음으로 인사를 했습니다.

두 번째는 일 년 전 대구에 무슨 일이 있어 주호영이란 국회의원을 만나러 왔다가 거기서는 큰 대접을 못 받고 여기 와서 점심 공양과 차 공양도 받고, 갈 때 여비까지 분에 넘치게 받아 갔습니다.

그 후 서로 간에 소식이 없었는데 지난 토요일에 전화가 왔어요. 왜냐고 했더니 백중도 다가오니 천도재 법문을 좀 해 달라고 해요. 저는 얼떨결에 약조를 하고 제가 법문을 잘못해 조금 남아 있는 헛바닥이 마저 빠지는 한이 있더라도 이 천진무구한 우학 사주님의 말씀을 거절하기가 상당히 어려웠습니다. 바르게 살아온 사람의 청을 거절하기란 굉장히 어렵습니다.

여러분은 복이 참으로 많습니다. 부처님 말씀에 사람으로 태어나기 어렵고 바른 스승 만나기 어렵다고 했는데, 여러분은 사람으로 태어나 바른 선생 우학 사주님을 만났으니 여기에 더 바랄 것이 뭐가 있습니까?

《저거는 맨날 고기 묵고》. 이게 어디 책 제목이 됩니까? (좌중 웃음) 솔직히 말하면 좀 우습다기보다는 함량 미달이라는 느낌이 듭니다.

2장 / 향상일로

어리광 같기도 하고 투정 같기도 하지 않습니까? 그런데 이 책을 지은 저자가 우학 사주라고 하니 또 정감이 가는 겁니다. 마치 성철 스님께서 '중한테 속지 말라'고 한 속된 말이 화두가 되듯이, 우학 사주님의 책 이름 《저거는 맨날 고기 묵고》가 여러 사람에게 감동으로 또 법어로 가슴에 와닿는 것은 그만큼 우학 사주께서 정법을 바르게 설하고 바르게 수행하셨다는 증겁니다.

법문을 듣다 보면 이미 다 들은 이야기, 경전에서 읽어서 다 아는 이야기가 대부분입니다. 그래서 하품도 나오고 지루할 때가 많지요. 법사가 법상에 오를 때 보면 금방 하늘에서 벼락이 떨어질 듯한데 좀 듣다 보면 졸음이 옵니다. 그러나 하품이 나오고 졸음이 와도 들어야 합니다.

2천 년 전에 핀 진달래와 올해 핀 진달래가 빛깔이 다를 수가 없듯이 2천 년 전 부처님 말씀이 오늘에 와서 달라지지 않으니 법문도 매양 듣던 그 법문이라, 그 말이 그 말이라 만약에 달라지면 오히려 법문 설하는 사람의 말이 오히려 더 위험합니다.

그러므로 법문은 불조(佛祖)의 말씀을 근본으로 합니다. 법사에 따라서 표현은 조금씩 달라도 내용은 같습니다. 아무개 스님 못 한다는 소리와 아무개 스님 잘한다는 표현도 합니다. 하지만 그건 음식 맛이 조금 다른 것과 같습니다. 다 같은 재료를 가지고 음식을 만드는데 공양주 손끝에 따라서 맛이 있기도 하고 맛이 없기도 합니다. 그러나 재료가 같고 영양가는 똑같다는 것입니다. 음식 맛이 없어도 만든 사람 성의를 생각해서 먹어줘야 하듯이 (좌중 웃음) 법문이 졸리더라도 좀 참고 들어줘야 하니 제 말도 재미가 없지만 좀 듣는 척해 달라는 부탁의 말씀을 먼저 드립니다.

음식의 간을 맞추기는 굉장히 어렵습니다. 더구나 이곳처럼 천 명 이상 모이면 짜게 먹는 사람, 싱겁게 먹는 사람 등 간 맞추기가 보통 일이 아닙니다. 그러니 저는 오늘 대중적으로 좀 싱겁게 하겠으니 간이 안 맞는 불자님들은 간을 맞춰서 들으시기 바랍니다. (좌중 웃음)

부처님께서 제자들과 함께 어느 때 여행을 하시다가 한 무더기의 뼈를 보시고는 걸음을 멈추시고 큰절을 올렸습니다. 그때 옆에 있던 한 제자가 "부처님이시여, 거룩하신 분이 무슨 까닭으로 뼈 무더기에 절을 올리십니까?" 하고 여쭈었습니다.

그때 부처님께서는 "너희가 보기에는 뼈 무더기일 뿐이지만 이 뼈 무더기의 주인이 과거 전생에 나의 부모일 수도 있고 형제 또는 일가친척, 이웃, 제자, 도반, 내지 스승일 수도 있다."고 말씀하시고는 그 뼈 무더기를 화장하시고 주위를 청정하게 치웠습니다. 이것은 《부모은중경》에 나오는 이야기입니다. 이와 같은 부처님의 말씀 속에서 우리는 천도를 왜 해야 하며 천도가 얼마나 좋은 일인가를 마음 깊이 새겨들어야 합니다.

사실 저에게도 좀 별난 신도들이 와서 '천도재는 왜 지냅니까? 사람들이 죽으면 그만이지 귀신이 있습니까?' 이런 질문을 하는 때가 있습니다. 저는 이런 질문을 받을 때마다 앞에서 말씀드린, 부처님께서 뼈 무더기를 천도하신 경문을 읽어주고, 그리고 이미 여러분도 너무 잘 알고 계시는 백장야호(百丈野狐) 이야기를 해 줍니다.

여러분도 잘 아시겠지만, 그 옛날 중국의 백장 선사는 하루 일하지 않으면 그날은 공양하지 않고 굶으셨습니다. 그 백장 선사께서 설법하실 때마다 백발노인이 법당 구석에 앉아 고개를 수그리고 법문을 듣고 가곤 했답니다. 그런데 하루는 법문이 끝나도 가지 않고 백장 선사를 찾아와 개인적으로 만나 이야기를 했습니다.

자기도 바로 전생에 승려였는데 누가 와서 "수행하는 승려도 인과(因果)에 떨어집니까?" 하고 묻기에 '인과에 떨어지지 않는다'고 대답해서 그만 여우의 몸을 받았다고 말하고는 "지금 바라옵나니 백장 선사께서 한 말씀을 내려 깨우쳐주십시오." 했습니다.

그러자 백장 선사께서 다시 물어보라 하니 노인이 "수행승도 인과에 떨어집니까?" 하고 공손하게 물었습니다. 백장 선사는 아주 근엄하게 "인과에 어둡지 않느니라." 이런 대답을 했습니다.

그 노인이 백장 선사의 말씀에 크게 깨닫고는 "저는 이미 여우의 몸을 여의었습니다. 이 산 뒤에 죽은 시체가 있으니 죽은 승려의 법식대로 장례를 치러주십시오." 하고는 사라졌다고 합니다. 백장 선사가 제자들과 함께 산속으로 가보니 아닌 게 아니라 시체가 있어서 그 노인의 유언대로 망승의 예를 다하여 정성껏 다비를 하고 천도를 해주었다고 합니다.

이런 이야기는 선방 스님들이 읽는 《선문염송(禪門拈頌)》같은 책에 전합니다. 우리는 이 짧은 이야기 속에서 굳이 다른 법문을 듣지 않아도 천도를 왜 해야 하는지, 인과가 무엇인지, 왜 법문은 함부로 해서는 안 되는지 그 까닭을 깊이 배울 수 있는 것입니다.

여러분은 이미 법문을 많이 들어서 잘 아시겠지만, 천도는 영가에게 부처님 말씀을 들려주는 의식입니다. 시방의 모든 부처님을 청해서 영가를 부처님께 떠맡기는 의식입니다. 사람들이 운명했다 하면 스님들이 가서 〈무상게〉나 《금강경》같은 경을 읽어주지 않습니까? 그리고 요령을 떡 들고는 숙연하게 염불하면서 영가에게 가르치지요. 이런 것은 한문으로 되어 있는데, 해석을 하면 이렇습니다.

우리 본래의 영은, 우리 마음의 근원은 고요적적하고 적적하다 못해 아주 담적해서 그 모양은 밝고 둥글어서 《선가귀감》같은 곳을 보면 첫 페이지에 '이름 지을 수도 모양 그릴 수도 없다'고 하고, 무고무금(無古無今)이라 과거도 현재도 없다고 했습니다.

그런 것들이 한문으로 되어 있고 목탁과 요령 소리가 겹쳐서 잘 알아듣지 못하지만, 불경 중에서 제일 좋은 말을 골라서 영가한테 차근차근 가르쳐주는 것이 재(齋)입니다.

어떤 법문을 많이 하는가 하면 주로 다음과 같은 내용입니다.

'과거 사람이나 지금 사람이나 미래에 태어날 사람이나, 영가야,

너만 가는 것이 아니라 누구나 태어나면 늙고 병들어 가게 되어 있다. 네가 지금 죽은 것이 아니라 피골 등으로 된 육신을 벗어났을 뿐이다. 이 몸뚱어리 갖고 있을 때 우, 비, 고, 뇌, 근심, 걱정, 질투, 시기, 모함이 얼마나 많았느냐? 세상살이 모든 고통 벗어나 부처님 설법 듣고 부처님 불계 받으니 얼마나 기쁘고 즐거우냐? 석가모니 부처님도 설산동자 시절에 적멸위락(寂滅爲樂)이란 이 법문 한 말씀을 듣기 위하여 나찰귀한테 몸을 던져버린 적도 있지 않느냐? 이 세상 살 때 맺은 인연, 원결, 악연 다 풀고 부처님 따라가 부처님 말씀 잘 듣고 생사고통 없는 안락을 얻어라. 본래 적적담적한, 고요적적한 그곳이 너의 본래 고향이니라'

이러한 부처님 말씀을 전하여 영가로 하여금 깨달음을 얻어 생사 해탈을 얻게 하는 의식이 천도재입니다.

그러면 어떤 사람들은 그래요, 산 사람도 잘못 알아듣는 한문으로 된 경문을 영가가 과연 알아들을 수 있을까? 그런 생각은 할 필요가 없습니다. 우리 속담에 '귀신같다'는 말이 있지 않습니까? 귀신은 모르는 것이 없습니다.

우리는 사대육신 몸 가꾸느라고 마음 닦을 여유가 없어요. 입으로는 삼일수심(三日修心)은 천재보(千載寶)요. 백년탐물(百年貪物)은 일조진(一朝塵)이라 이렇게 염불을 하면서도, 정작 천재보는 잊고 일조진에 마음을 다 쏟고 삽니다. 저도 마찬가지일 거예요. 그러나 영가는 몸이 없으니 한 생각만 일으키면 찰나에 천 리도 가고 만 리도 갑니다.

옛날 중국의 어떤 선비가 과거를 보러 가는데 중도에서 과거 보러 가다가 동상에 걸린 또 다른 선비를 만났습니다. 처음 만난 사람이지만 동상 걸린 그 사람을 두고 갈 수가 없어서 그 동상을 치료해 주느라 날짜를 잊고 넘겨버려 과거를 못 봤습니다. 그래서 둘이 집으로 돌아오는 길에 헤어지면서 아무 날 우리 한번 만나자고 약조를 했습니다. 그런데 거리가 굉장히 먼 곳이었습니다.

찾아가기로 했던 동상 걸린 선비가 먹고사느라 그 날짜를 잊어버렸다가 만나기로 한 그날 그 약속이 떠올랐습니다. '아, 그 친구가 나 때문에 과거도 못 봤는데 이런 약속을 못 지키면 나는 사람이 아니다'라고 생각했지요. 그러나 비행기도 전화도 자동차도 없던 시절에 그 먼 곳을 어떻게 가겠어요? 시간 약속을 도저히 못 지키지요.

한편 한 친구는 멀리서 올 친구를 기다리며 음식을 차려놓고 있는데 친구가 왔어요. 오기는 했는데 보니까 형체가 없어요. 그 친구가 하는 이야기가, '내가 처자권속 데리고 살다 보니 약속 날짜를 깜빡 잊어서 미안하다 그래서 약속을 지키기 위해 귀신은 천 리를 간다는 소리를 듣고 내가 몸을 버리고 왔다' 이렇게 말한 겁니다. 약속을 지키기 위해 몸을 버린 이야기를 처음 들었을 때 저도 진한 감동을 받았습니다.

2장 / 향상일로

그러니까 귀신은 한 찰나에 온갖 것을 다 보고 알아듣습니다. 그런데 문제는 업을 버리지를 못해요. 부처님 말씀도 잘 듣지 않고 자기가 지은 업을 따라가는 것이 문제입니다. 그래서 업을 버리라고 스님들은, 여러분이 몰라서 그렇지 매일 천도를 합니다.

　절마다 사시불공 올리고는 축원을 합니다. 축원문을 들어보면 먼저 신도 시주자 축원을 하고는 선망부모 누대종친은 말할 것도 없고 하룻저녁에 만 번 살고 만 번 죽는 모든 중생이 모든 업장 버리고 잘 가라고 축원합니다. 뿐만 아니라 공양을 할 때도 오관게를 하고 축원을 합니다.

　대중이 많을 때는 발우공양을 하면서 고성으로 여러 스님이 같이 하지만 혼자 공양할 때도 마음으로 이 음식이 온 것을 관하고, 이 음식을 덕행이 부족한 내가 먹을 자격이 있는가를 관하고 이 음식을 먹는 것은 몸을 살찌우기 위해서가 아니고 도업을 닦기 위해서임을 관하고 이 음식이 나에게 오기까지 수고한 모든 분에게 축원을 하고 먹습니다.

　과일 한 쪽을 먹을 때도, 나무가 꽃을 피워 열매를 맺고 열매가 맛이 들어 내 몸에 자양이 되기까지를 명상하고 모든 공덕을 시주자의 선망부모 누대종친, 영가까지 천도축원을 해주고 먹습니다.

　얼핏 보면 스님들은 먹고 빈둥거리는 것 같지만 그렇지 않습니다. 여러분을 위해 불공하고 천도하고 법문하는 겁니다. 영남불교대학 학생 신도 여러분의 가정에 날마다 좋은 일만 있으라고 우학 스님이

'저거는 고기 먹고, 저거는 장가가고, 저거는 시집가고, 나는 고기도 못 먹고 내 혼자 우째 살꼬?' 어찌 보면 투정 같은 화두를 던져놓고는 절을 짓고 천도하고 법문해주는 것입니다. 그냥 웃을 일이 아니에요.

이 절이 아무리 크고 좋다고 한들 우학 스님이 고기 없는 밥 세 그릇 이것 외에 더 먹을 것이 뭐가 있습니까? 이 절을 팔아서 고기 먹고 장가가고 시집가겠습니까? 우학 스님이 여기 앞에 계시는 것 같은데 한번 쳐다보십시오. 어떤 눈먼 여자가 우학 스님에게 시집오겠습니까? (좌중 웃음)

사실 저는 이렇게 우학 스님보다는 조금 더 잘나도 시집오겠다는 여자가 없었는데 저렇게 못난 스님께 (대중들 폭소) 아, 웃을 일이 아닙니다, 누가 시집와서 고생하겠어요? 거 우리 속담에 '굽은 나무가 선산 지키고 못난 중이 절을 지킨다'고 했습니다.

여러분 졸지 말라고 내가 우학 스님 흉 좀 봤습니다.

아무튼 크고 작은 불사가 따지고 보면 다 천도입니다. 절 지을 때 쓰는 시멘트 한 포대, 기왓장 한 장에도 영가 축원이 깃들어 있습니다.

일제 때 부산 선암사 혜월 스님께 어느 때 어떤 신도가 천도를 해달라며 소 한 마리 값을 주고 갔습니다. 이 이야기를 여러분은 많이 들어봤을 거예요. 싱글벙글 웃으며 시장 보러 가던 혜월 스님은 길가에서 어깨를 들먹이며 울고 있는 젊은 여자를 봤습니다. 혜월 스님이 가까이 가서 그 여자에게 우는 이유를 물어봤더니 그 여자는 빚더미에 집이 넘어가 돌아갈 곳이 없다고 했습니다. 그 말을 들은 혜월 스님은 소 한 마리 값을 몽땅 그 여자에게 주고 허영허영 절로 다시 돌아왔습니다.

그다음 날 재주가 절에 와서 보니 영단에 공양도 떡도 과일도 올려져 있지 않고 혜월 스님 하신다는 법문이, "영가야, 배고프냐? 너 먹을 것은 집 없는 불쌍한 사람에게 다 줬다. 조금만 참거라. 내일모레 큰 재가 있다. 그때 너도 청할 테니 실컷 먹고 가거라. 너 전생의 빚을 갚은 것이지 그냥 준 것은 아니다. 빚을 갚고 나니 얼마나 좋으냐? 빚이 있으면 빚쟁이 등쌀에 못산다. 괴롭다." 이렇게 하고 있었다고 합니다. 그런데 그 신도님도 보통 신도님이 아니어서 그 후 선암사에 아주 크게 시주했다고 합니다.

그 영가도 업보를 벗었다고 자기 가족에게 선몽을 했다고 합니다. 그러니까 영가를 위해 적선을 해주는 것이 바른 천도법이라는 의미가 숨어 있습니다.

경전에서는 선인선과 악인악과라고 하여 착한 일을 하면 착한 그림자가, 악한 일을 하면 악한 그림자가 그 사람을 따라다닌다고 했습니다. 그것은 어디 가서 좋은 일을 하면 본인하고 관계없이 좋은 소문이 그곳에 남아 있고, 나쁜 짓을 하면 나쁜 소문이 그곳에 남아 있다는 뜻입니다. 이것을 업이라고 하는데 이 업을 삶의 그림자, 행위의 그림자라고 합니다.

이 삶의 그림자는 이승에만 따라다니는 것이 아니라 저승까지 따라갑니다. 이 세상에 살다가 저승에 갈 때는 아무것도 가져갈 수 없고 따라가는 사람도 없지요. 처자권속이라도 누가 따라갑니까? 너 없이는 못 산다고 부부가 매양 그래도 신랑 죽고 나면 시체라고 그 다음 날 불에 태우거나 갖다 묻어 버리거든요.

오직 이승에서 살았던 내 삶의 그림자, 행위의 그림자는 오지 말라고 그래도 따라옵니다. 이 행위의 그림자를 벗어나야 윤회를 벗어날 수 있고, 이고득락(離苦得樂)합니다. 그래서 나쁜 업에서 벗어나라고 계를 설하고 경전을 열고 많은 제불보살을 청하고 염불을 해주는 겁니다.

그리고 재주가 영가를 위해 대승 경전을 구입해 많은 사람들이 볼 수 있도록 널리 법보시를 하고 적선을 하는 겁니다. 날마다 해마다 천도재를 지내는 것은 영가가 지은 업을 벗어나기가 어렵기 때문에 우리가 죽을 때까지 재를 지내주는 겁니다.

칠월 백중에만 천도를 하는 날이 아닙니다. 물론 백중날은 요즘 말로 하면 영가한테는 '부처님오신날'쯤 됩니다. 부처님오신날 되면 정부에서 감옥에 있는 사람을 많이 가석방 시켜주듯이 백중이면 절 마다 법회를 많이 하고 부처님 전에 많은 불공을 드리니까 영가들이 누리는 혜택이 많다는 것뿐이지 축원도 재도 매일 해야 합니다.

그러니까 우리도 결국은 죽어야 합니다. 죽고 나면 살아 있는 스님들이나 절에서 천도해 줄 겁니다. 그러나 우리는 천도 되기를 기다릴 것이 아니라 이 몸 받고 불교 만났을 때 업장 다 소멸하고 가야 합니다. 이 살기 어려운 세상에 그게 가능할까 싶지만, 발원을 하면 됩니다. 우리는 무엇이 되고 싶어 해야 합니다. 무언가 되고 싶다는 원, 이걸 발원이라 하거든요.

산에 있는 나무도, 풀도 꽃을 피우고 싶고 열매를 맺고 싶습니다. 하물며 사람으로 태어나 불교까지 만나 어영부영 살다가 업에 이끌려 어디가 어딘지도 모르고, 그냥 어느 날 가는지도 모르고 따라가긴 좀 억울하지 않습니까? 돈도 좀 많이 모으고 출세도 좀 하고 살다가 가야 하지 않겠습니까?

제가 어디에서 이런 말을 했더니 어떤 신도가 '저 스님은 스님도 아닌갑다. 부처님은 무욕청정 무소유라 가르쳤는데 중도 아닌갑다.' 하고 뒤에서 말하며 입을 삐죽거리는 것을 봤다면서, 다른 데 가서는 신도들 보고 돈 벌라는 소리는 하지 말라고 귀띔해주는 소리도 들었습니다.

이왕 말이 나왔으니 하는 말씀입니다만 우리 불교에서 하는 '무욕청정 무소유'라는 말은 이 세상에서 내가 영원히 소유할 수 있는 것은 아무것도 없다, 불가득(不可得)이란 말을 깊이 깨닫고 집착하지 말란 뜻이지, 아무것도 갖지 말라는 그런 뜻은 아닙니다. 길거리의 거지, 노숙자가 무소유자입니까? 무욕청정해서 노숙자가 된 것이 아니에요.

토정 선생이 말했어요. 세상에서 제일 고귀한 사람은 벼슬을 하지 않는 사람이라고 했습니다. 그러나 능히 벼슬을 할 수 있는 사람이 하지 않아야 고귀한 것이지, 벼슬은 하고 싶은데 능력이 없어 하지 못하는 사람은 천박한 사람입니다. 따라서 재물도 능히 가질 수 있는 사람이 가지지 않을 때 무욕청정하고 무소유한 사람이지 갖고 싶은데 못 갖는 사람은 바보 아니에요?

염불하실 때 많이 들었지 않습니까? 백의관음무설설(白衣觀音無說說) 남순동자불문문(南巡童子不聞聞), 백의관음은 설하는 바 없이 설하고 남순동자는 듣는 바 없이 듣는다. 이와 같이 소유하는 바 없이 소유하고 버리는 바 없이 버리는 것이 무소유이고 무욕청정입니다.

최근 세계에서 제일 부자인 사람이 우리 돈으로 37조 원을 사회에 내어놓고 자식에게 유산 물려주면 자식 인생 망친다며 물려주지 말라고 한 신문 기사를 읽은 일이 있습니다. 여러분도 읽었을 거예요. 이 부자도 불교에서 말하는 불가득의 이치, 이 세상에서 영원히 내가 소유할 수 있는 것, 얻을 수 있는 것은 아무것도 없다는 것을 철저히 깨달은 사람입니다.

그 깨달음이 무욕청정한 사람이 그런 돈을 벌어들이기도 하고 남을 주기도 하는 겁니다. 이것을 중국 고대 선사들은 일방일수라는 말로 씁니다. 거둬들일 때는 능히 거둬들이고 버릴 때는 능히 버립니다. 거둬들인다는 생각도 없고 버린다는 생각도 없어요. 그래야 돈도 많이 법니다.

불교에서 말하는 욕망과 소유는 다릅니다. 우리가 욕망 버리라, 탐진치 버리라 하는 것은 소유와 다릅니다.

그런 큰 부자, 무욕청정한 부자가 되려면 여러분은 발원을 해야 합니다. 절에 와서나 집에서나 직장에서나 '나는 무엇이 되고 싶어'야 합니다. 부자가 되고 싶다, 학자, 예술가가 되고 싶다, 부처가 되고 싶다, 이름을 얻고 싶다, 하다못해 참쌀떡 장사라도 하고 싶다는 발원이 있어야 불보살님의 가피가 있고 소원이 성취되는 것입니다.

매일 절에 와서 스님 눈치 좀 보고, 옆 신도 눈치 좀 보고, 시주금을 내가 요거 내 가지고 되겠나, 조금 더 낼까? 하면서 축원해주기나 기다리고 이러는 건 잘못된 거거든요. 크게 원을 세우면 크게 얻고 작은 원을 세우면 작게 얻는 것 아닙니까? 대개 사회적으로 성공한 사람들의 자서전을 보면 어릴 때 어떤 책을 읽고, 또는 어떤 선생님의 말씀을 듣고 자기도 무엇이 되고 싶다고 발심을 하여 결국은 성공했다고 합니다.

언젠가 여러분도 봤을 텐데 신문방송 뉴스에 보니, 강원도 평창의 어떤 할머니, 한양대 뒷골목 할머니, 동대문 떡장수 할머니들이 평생 모은 수억이나 되는 전 재산을 대학에 장학금 등으로 기부했다는 미담 기사를 읽은 일이 있습니다. 그 기사 내용을 보니 기가 차요. 한결같이 삯바느질, 노역일, 떡장수 등을 하여 번 돈들인데 더 큰 감명을 준 것은 그 할머니들은 모두가 배우지 못하고 신랑도 잘못 만났어요. 신랑들도 배우지 못하고 너무 빨리 죽어버렸어요. 배우지 못해서 취직도 못해요. 그래서 배우지 못한 한을 보통 사람들 같으면 그냥 팔자타령이나 했을 텐데 그러기엔 너무 억울해서 그 한을 나처럼 돈 없어 배우지 못한 사람들을 공부시키겠다는 큰 원력으로 바꾼 겁니다. 다시 말하면 발원을 한 겁니다.

그 할머니들은 스님의 법문을 들은 일도 없고, 목사 신부님들의 설교도 들은 일이 없었습니다. 다만 그냥 죽기는 억울해, 한을 원으로 생각을 바꾸었던 겁니다. 저는 그 할머니들의 장학금이 37조 원을 기부한 미국 부자의 돈보다 더 위대한 돈이고, 그 할머니들이 더 위대하게 살았다고 생각합니다.

그럼 이제 무엇을 발원할 것인가? 내 나이가 50, 60, 70이 되어 죽을 때가 다 되어 가는데 지금도 될까 하시지만 늦지 않습니다. 무엇을 발원할 것인가 하는 것은 스스로 자기에게 물어보는 것이 제일 현명합니다.

만약 저에게 묻는다면 '보현십원(普賢十願)'을 권하고 싶습니다. 보현십원은 여러분도 많이 복습하고 있습니다. 다 같이 공부하는 마음으로 제가 선창할 테니 여러분께서 따라 하십시오.

예경제불원(禮敬諸佛願) 모든 부처님을 예경하고자 하나이다
칭찬여래원(稱讚如來願) 모든 부처님을 칭찬하고자 하나이다
광수공양원(廣修供養願) 널리 공양을 베풀고자 하나이다

참회업장원(懺悔業障願)　　모든 업장을 참회하고자 하나이다

수희공덕원(隨喜功德願)　　이웃의 기쁨을 함께 기뻐하고자 하나이다

청전법륜원(請轉法輪願)　　법륜이 잘 구르기를 청하고자 하나이다

청불주세원(請佛住世願)　　부처님이 오래 머물기 청하고자 하나이다

상수불학원(常隨佛學願)　　좋은 스승을 따라 불법을 배우기를 바
　　　　　　　　　　　　　라나이다

항순중생원(恒順衆生願)　　내 고집보다 이웃의 뜻에 따르고자 하
　　　　　　　　　　　　　나이다

보개회향원(普皆廻向願)　　이 모든 공덕을 널리 회향하고자 하나
　　　　　　　　　　　　　이다

　보현보살의 열 가지 행원은 보현보살은 다 실행하지만 여러분은 자기 마음에 드는 걸로 한 가지만 실행하면 시방세계를 다 얻는 주인이 될 수가 있습니다.

　얼핏 이것을 들어 보면 보현십원은 산중의 스님이나, 보살 할매들이나 절간에서 예불 찬탄하고 수순하고 찬탄할 일이지 세속 살이에 눈코 뜰 새 없는 신도님들이 바빠서 그럴 시간도 여유도 없다고 신도들의 생활 속사정을 모른다고 생각할 수도 있습니다. 그러나 알고 보면 보현십원은 절간에서가 아니라, 마을에서 여러분의 일상생활 속에서 일어나는 일이요, 행해야 할 발원입니다.

　먼저 예경제불원(禮敬諸佛願), 이 말은 부처님에게만 예경하라는

것이 아닙니다. 물론 부처님에게는 시키지 않아도 예경하니까요. 집에 있는 부모, 형제자매, 친척, 이웃, 직장 상사, 친구, 후배 등 우리 생활에서 만나는 모든 사람을 공경하는 것이 예경제불원입니다. 모든 사람을 공경하는 것인데, 공경하는 것은 돈 드는 일도 아닙니다. 예경제불원은 공경하는 운동입니다. 공경하는 운동을 보현보살이 벌인 겁니다. 부처님만 맨날 예경하는 건 시킬 것도 없습니다.

그다음 광수공양원(廣修供養願), 부처님께는 공양드리라 말하지 않아도 드립니다. 부처님께 공양드리는 것도 중요하지만 집안 어른, 부모, 자식, 친지, 가난한 사람, 없는 사람 밥해주고 공양 올리고 음식 대접하고 불우이웃 돕는 것, 그게 전부 다 광수공양입니다. 일체중생에게, 그리고 배고픈 사람에게 공양하는 것 그보다 더 큰 공양이 어디 있겠습니까? 이게 광수공양입니다. 부처님은 배도 고프지 않으신데 보현보살이 뭣 때문에 공양 올리라 했겠어요? 여러분에게 공양을 올리는 것, 그게 광수공양입니다.

칭찬여래원(稱讚如來願)은 부처님만 칭찬하라는 게 아닙니다. 신랑은 부인을, 부인은 남편을 부모는 자식을, 자식은 부모를, 스승은 제자를, 상인은 손님을, 서로서로 만나는 사람마다 나쁜 점은 보지 말고 좋은 점을 칭찬하라는 겁니다. 그런데 사람들은 자기의 허물은 감추고 남의 나쁜 점만 들추니까 그런 거 하지 말라는 것입니다.

남편이 아침에 출근할 때 부인이 잔소리하면 남자는 온종일 스트레스를 받습니다. 부인은 그저 장난삼아 '일찍 들어 온나' 하지만 이런 이야기가 종일 남편에게 스트레스가 됩니다. 그런데 출근할 때 부인이 '당신 오늘 미남이다' 한마디 하면 싱글벙글 집에 일찍 오지 말라고 해도 일찍 옵니다.

그래서 공자가 말씀하길 가유현부(家有賢婦)면 부불조횡화(夫不遭橫禍)라, 집에 현명한 부인이 있으면 남편이 밖에 나가서 횡액을 안 만난다고 했어요. 그러니 암만 화가 나는 일이 있더라도 출근할 때는 절대 화를 내지 말고 빙긋빙긋 웃어주어야 다른 데 가서 나쁜 일이 안 생깁니다.

반면에 남편 역시 부인을 칭찬해 줘야 하지요. 서로서로 칭찬해야 합니다. 며느리는 시어른을 칭찬하고, 시어른은 며느리를 칭찬하고 또 사제 간에 서로 칭찬하는 것, 이것이 칭찬여래원입니다. 이것은 돈이 드는 일이 아닌데도 잘 못해요.

특히 절에 다니는 사람이 조금 고약한 데가 있어요. 남 칭찬을 잘 못합니다. 제가 설악산에 있는데 저한테 시주도 많이 하는 돈 많은 보살님이 한 분 계셨어요. 지금은 서울로 이사를 가셨는데 한 삼 년 전에 저한테 왔어요. 왜 왔냐고 물었더니 사위 자랑을 하러 왔습니다. 사위가 뭐가 좋소, 하고 물으니까 우리 사위는 빨래도 잘하고 밥도 잘하고 애도 잘 보고 그런대요. 그래서 나도 "요즘 사람들은 다 그런다고 하더라, 사위 참 잘 봤구먼." 하고 같이 칭찬해주었지요. 그러고 다시 일 년인가 지나서는 "스님, 스님" 하면서 또 왔어요. 이번엔 며느리를 봤는데 저놈의 아들이 보기 싫어서 못 살겠다고 그래요. 왜 그러냐고 물으니, "저놈의 자식이 학교 다닐 때 지 엄마가 밥 해 줄 때는 자기 방 이불도 안 개고 양말도 벗어서는 아무 데나 두고 밥 먹은 상도 안 치우던 놈이 장가를 가더니, 앞치마를 떡 하고는 밥을 하고 청소하는 꼬라지를 보자니 눈꼴이 시어서 더 이상은 못 보겠습니다. 내가 죽겠습니다." 그래요.

그래서 내가 '절에 헛다녔다, 보살님. 그동안 돈만 갖다 내버렸다.' 그랬더니 왜 그러냐고 물어요. 그래, 사위가 빨래하고 앞치마 입고 청소하는 모습이 보기 좋으면 내 아들도 보기 좋아야지, 아들 그런다고 며느리 구박해봐요. 당신 딸도 그 집 시어른한테 천대받는다고 했더니, 그래도 안 그렇대요. 안 그렇기는 뭐가 안 그래요? 그런 거 아닙니까? 그 사위가 앞치마 입고 밥하고 빨래하는 게 보기 좋듯이 아들이 빨래하고 밥하는 모습이 보기 좋으면 보살입니다. 그것이 보기 좋으면 가정이 화목하고 고부간에 갈등도 없습니다. 그런데 이 조그마한 일을 못 하거든요. 아무것도 아닌데요.

그래서 보현보살이 중생들을 위해서 이런 걸 하라고 세운 게 보현십원입니다. 부처님께만 불공 올리라고 하지 않습니다. 여러분 생활에 아무 이익이 없으면 부처님이 오지 않습니다. 중생이 없는데 부처님이 왜 와요? 중생이 없으면 부처님도 없습니다. 배울 학생이 없는데 선생 혼자 뭐하겠습니까?

참회업장원(懺悔業障願)이란 우리가 일상생활 속에서 잘못하는 걸 사과하는 것입니다. 신랑에게 잘못할 수도 있고, 부인에게 또 친구에게 잘못했을 때 즉시 '아, 미안하다. 잘못됐다.' 사과하는 겁니다. 사과하기 운동이지요.

수희공덕원(隨喜功德願)은 이웃집 보살이 시주를 많이 했으니 얼마나 좋은가, 내가 한 것처럼 같이 기뻐하고 또 옆집 학생이 좋은 학교에 들어가고 내 아들은 떨어졌더라도 내 아들이 잘된 것처럼 함께 기뻐하는 운동입니다.

청전법륜원(請轉法輪願)은 부처님 법을 널리 전하고 그러면 자연히 사람들로부터 '저 보살은 절에 다니더니 마음이 곱고 참부처다'라는 소리를 듣지요. 부처님 말씀을 전하는 자체만 하더라도 늘 법문하는 것이거든요.

상수불학원(常隨佛學願)은 학문과 불도 닦기를 늘 원하는 것이고, 그다음 항순중생원(恒順衆生願)인데, 항시 우리 이웃하고 잘 지내자는 거지요.

보개회향원(普皆廻向願)은 이와 같은 모든 공덕을 내가 받지 않고 남한테 다 주는 것입니다.

그러니까 우리 서로 부처님 법 안에서 만났을 때, 불공하고 천도하고 잘 살자, 서로 헐뜯지 말며 참으로 잘 살 수 있는 방법을 찾아내어 그렇게 살겠다고 발원하는 것이 보현십원입니다.

어떤 신도는 이 말을 듣더니, '말은 참 좋은데 돈이 있어야 하지 않느냐'고 해요. 맞는 말씀 같지만, 황금이 히말라야의 산만큼 있어도 안 되는 일입니다. 중요한 것은 자기 마음입니다. 떡장수 할머니처럼 뭔가 뼛속까지 사무치는 발원이 있어야 합니다. 그래서 옛날 선비들이 그랬잖아요. 코를 찌르는 매화의 향기가 있으려면 뼛속까지 사무치는 추위가 있어야 한다고요. 돈만 가지고는 세상이 안 됩니다.

여기 부처님이 계시지만 불기에 돈을 가득 담아서 부처님께 불공하면 부처님이 어떤 생각하시겠습니까? 부처님은 딴생각 안 합니다. '아, 저 불자는 복혜가 이만큼 구족했으면 좋겠다.'

반면에 돈 십 원도 없는 사람이 공양도 못 올리고 절만 계속하면 부처님은 어떤 생각을 하시겠어요? 부처님은 '저 불자는 마음을 저렇게 다 비워서 좋다' 그러시겠지요. 그렇습니다. 학문적으로 깊이 들어가면 이것이 불교학의 중도 사상입니다.

시간이 다 되어가니 정리하자면, 보현십원 중에서 한 가지를 골라 발원하면 누구나 다 시방세계를 얻을 수 있다는 그런 말씀을 제가 드립니다. 이 한 가지만 실천하면 돈도 들어오고, 설명하기가 어렵지만 모든 것이 다 연결고리로 연결되어 있어 진리의 몸을 얻고 날마다 좋은 날이 되고, 하는 일마다 잘되게 마련입니다. 가는 곳마다 불국토가 되고 하는 일마다 불사가 되어야 합니다. 그래야 피로하지 않습니다. 내가 밥장사를 한다고 하면, 손님한테 밥을 해 줄 때 부처님께 공양 올린다는 생각으로 하면 피로하지 않습니다. 이것을 돈을 벌고자 한다고 생각하니까 피로한 겁니다.

그러니까 보현십원의 정신에 마음을 두고 여러분이 무슨 일을 하든, 돈을 벌겠다고 생각하면 힘이 드니까, 직장 생활도 내가 이 회사를 도와준다는 생각, 봉사한다는 마음으로 일하면 피곤한 것이 전혀 없습니다.

오늘 천도재는 참 잘됐습니다. 제 법문이 시원찮아서 그렇긴 합니다만, 좀 싱겁게 하긴 했는데 천도재 올리는 공덕은 한량없습니다. 천도재는 경에 의하면 모든 부처님의 숨겨진 뜻이 있습니다. 그것을 한문으로 제불밀의(諸佛密意)라고 합니다.

제가 지금까지 한 이야기는 법문도 아니고 그저 누구나 다 할 수 있는 이야기인데, 참으로 큰 법문은 저 《벽암록》에서 말하길, 천성부전(千聖不傳)이라, 천 명의 성인도 못 전한다고 그랬습니다. 우리가 듣고 보고 깨닫고 안다는 것은 거울 속의 그림자에 불과해, 그 거울을 탁! 깨어버리고 그 안의 것을 알면 됩니다.

마치면서 게송을 하긴 해야 하는데, 나는 초성이 안 좋아 못하니까 해석만 하고 내려가겠습니다. 저 야보 선사가 이 세상의 삶을 모두 보고는 시를 썼어요. 이 세상을 바다로 보고 썼는데, 경전에서도 이 세상을 고해, 바다라 그러지 않습니까?

천척사륜직하수(千尺絲綸直下垂) 일파재동만파수(一波纔動萬波隨)라, 천 척이나 되는 바다에 파도가 하나 생기면 뒤이어 일파만파 파도가 일어난다. 여기 여러분도 어디 가서 말 한 마디를 해 놓으면 말이 일파만파로 번지고 왔다 갔다 하지요? 이제 그렇게 살다가 늙었다는 걸 비유 들기를 야정수한어불식(夜靜水寒魚不食), 밤이 깊어 물이 차니 고기가 안 물린다고 했어요. 뜻이 뭐냐면 이 세상에서는 구해도 구해도 내가 원하는 것은 구해지지 않아, 원하는 것은 영원히 내 것인 것이 없다는 것이에요. 그럼 어쩌겠느냐? 만선공재월명귀(滿船空載月明歸)니라, 빈 배에 달빛만 가득 싣고 갔다는 겁니다.

지금껏 씨떠버린 말 그 모두 허튼소리
비로소 입 여는 거다, 흙도 돌도 밟지 말게
이 몸은 놋쇠를 먹고 화탕(火湯) 속에 있도다

— 〈시자에게〉

한국불교대학대관음사 초청 백중 3재 특별법문(2006년 7월)

2장 / 향상일로

출가 수행자가 가야 할 길

    사람이라고 다 사람이 아닙니다. 사람다워야 사람입니다. 그런데 사람이 사람답지 못할 때도 많습니다. 심하게 말하면 짐승만도 못할 때가 있습니다. 그런 사람을 뭐라고 불러야 할지 모르겠습니다. 그러나 분명한 것은 이렇게 사람 같지 않은 사람도 개과천선하면 '새 사람'이 된다는 것입니다. 그런 뜻에서 인간은 한 번만 태어나는 것이 아니라고 봅니다. 거듭거듭 새롭게 태어나야 합니다. 어쩌면 우리는 매일 새롭게 태어나야 하는 것인지도 모릅니다.

    좀 다른 얘기지만 이 세상에 사는 사람은 누구나 최소한 세 번은 새로 태어난다고 봅니다. 첫 번째는 어머니의 모태에서 이 세상으로 나오는 제1의 탄생입니다. 모든 사람은 이 육체적 생명의 탄생을 통해 이 세상을 살아가게 됩니다. 제2의 탄생은 자아의 탄생입니다. 우리는 어느 정도 철이 들면 자아의식에 눈뜨게 됩니다. 그때부터 우리는 독립된 인격으로서 자기를 의식하며 살아가게 됩니다. 제3의 탄생은 전혀 새로운 사회적 인격의 탄생입니다. 예를 들면 결혼을 한다든가 회사에 다닌다든가 하면 그때부터 사회적 인격이 부여된 자아를 지니고 살아가게 됩니다.

그러나 출가 수행자는 여기에서 한 발자국 더 나아가서 제4의 생명으로 살아가는 사람들입니다. 수행자들은 지금까지 말한 제1, 제2, 제3의 탄생을 넘어서 전혀 새로운 세계를 살아가는 사람들입니다. 어째서 그런가 하면 제1, 제2, 제3의 탄생은 누구나 겪는 새로운 자기 발견과 변신이지만, 수행자가 가는 길은 아무나 갈 수 없는 완전하고 거룩한 길이기 때문입니다.

수행자의 길에서 가장 특이한 점은 세속의 집을 떠난다는 사실입니다. 이를 출가(出家)라고 합니다. 출가란 글자 그대로 '집을 떠나는 것'을 말합니다. 출가자가 집을 떠나는 것은 '번뇌에 얽매인 생활을 버리고 성자의 삶에 들어가기 위해서'입니다. 세속의 사람들은 아무리 새로운 삶을 산다고 하더라도 집을 떠나서 생활하지는 않습니다. 모든 인연과 가족관계를 형성하며 살아갑니다. 그러나 출가는 그러한 삶을 거부하고 세속적 가치관으로서는 이해할 수 없는 생활을 합니다.

세상에는 가끔 이런 종교적 이유가 아닌 세속적 이유로 집을 나서는 사람도 있습니다. 이를 '가출(家出)'이라고 합니다. 예를 들어 주

2장 / 향상일로

부가 가정불화로 보따리를 싸거나 집을 사춘기를 맞은 청소년이 부모에게 반항하기 위해 집을 나서는 경우가 있습니다. 이렇게 집을 나서는 것은 그 이유가 반항적이거나 도피적입니다. 가출은 집이 싫어서라기보다는 마음대로 안 되는 것에 대한 반항의 의미이므로 반항의 조건만 해소되면 돌아오겠다는 것을 전제로 합니다. 그렇지만 출가는 집으로 돌아올 기약 자체를 하지 않습니다. 전혀 다른 인생의 출발을 의미합니다. 따라서 이 일은 아무나 쉽게 결행하지 못하는 정말로 '위대한 결단'에 의한 것입니다.

출가자들이 이렇게 집을 나와 수행하려는 이유는 어디에 있을까. 왜 수행자들은 평생을 바람과 구름과 고독과 가난을 친구 삼아 살아가기를 결심하는 것일까. 그것은 바로 이런 이유입니다.

　　　이 세상에서 만들어진 모든 작위의 존재는
　　　꿈이요 환상이요 물거품이요 그림자 같으며
　　　또한 아침이슬 같으며 번갯불 같은 것이니
　　　마땅히 이와 같이 관찰해야 하느니라.

이 말은 《금강경》에 나오는 유명한 네 구절짜리 시입니다. 이 시에서도 지적하고 있듯이 일체의 작위적 존재 즉 만들어진 것은 모두 꿈과 같고 환상과 같고 물거품과 같고 그림자와 같습니다. 다른 것은 그만두고 우리 인생에 대해서 잠시 생각해보면 이 말이 얼마나 진실한 것인지 절감하게 됩니다. 젊은 사람들은 느낌이 어떨지 모르겠으나 나이가 50만 넘으면 정말로 세월은 화살처럼 빨리 달립니다. 인생에서 시간의 속도는 나이에 정비례합니다. 20대는 시간당 20km로 달리지만 30대는 30km, 40대는 40km, 50대는 50km, 60대는 60km로 달립니다. 이렇게 빨리 달려서 이르는 곳은 어디입니까. 그것은 죽음이라는 종착역입니다. 이렇게 보면 우리 인생이 아등바등 살아가는 것이 사실은 죽음을 재촉하는 발걸음일 뿐입니다. 사람들이 만나면 흔히 하는 인사가 '요즘 살아가는 재미가 어떤가?' 하고 인사를 나눕니다. 그러나 이 말을 뒤집어보면 '요즘 죽어 가는 재미가 어떤가?' 하는 인사가 됩니다.

인생이 살아가는 것이 아니라 죽어 가는 것이라면, 하루하루의 삶이 즐거울 것이 없습니다. 죽음이 눈앞이라고 생각하면 즐거울 것이 무엇이 있겠습니까. 부처님도 출가를 하시기 전에 그런 생각을 했습니다.

불경 가운데 《유연경(柔軟經)》이라는 짧은 경이 있는데, 여기에는 부처님의 출가 동기를 짐작할 얘기가 나옵니다. 그것은 부처님이 사위성의 기원정사에 계실 때의 일이었습니다. 어느 날 부처님은 제자들과 이런저런 말씀을 하다가 당신의 출가 동기를 이렇게 회상했습니다.

"⋯⋯내가 출가하기 전 아버지 정반왕은 나를 봄, 여름, 겨울 세

2장 / 향상일로

개의 궁전에 머물게 했다. 궁전 가까운 곳에는 연못이 있었는데 거기에는 언제나 푸른 연꽃, 붉은 연꽃, 흰 연꽃이 화려하게 피어 있었다. 내가 목욕을 마치고 나오면 시종들이 온몸에 전단향을 바르고 비단옷을 입혀주었다. 언제나 일산을 받쳐 들고 밤에는 이슬에 젖지 않고 낮에는 볕에 그을리지 않게 도와주었다. 나는 항상 진기하고 맛있는 요리를 먹고 배고픈 줄 몰랐다. 내가 별궁에서 놀 때는 늘 아름다운 미희가 옆에서 즐겁게 해주었으며, 들로 나가 놀 때는 날쌘 기병들이 주위를 경호했다. 나는 이렇게 풍족하게 지냈다.

그러던 어느 날 나는 농부가 밭을 갈다가 쉬는 것을 보고 나무 밑에 앉아서 이렇게 생각했다. '어리석은 사람은 아직 건강하다고 언제까지 건강할 것으로 생각한다. 아직 젊다고 언제까지 젊을 것으로 생각한다. 아직 살아 있다고 언제까지 살 것으로 생각한다. 그러나 사람은 누구나 병들고 고통을 받는다. 지금 나의 건강도 영원한 것이 아니다. 또 누구나 늙고 쇠약해져서 고통을 받는다. 지금 나의 젊음도 영원한 것이 아니다. 또 누구나 늙고 병들어 죽는다. 지금 나의 삶도 영원한 것이 아니다. 얼마나 두려운 일인가. 그럼에도 사람들은 어리석어서 늙고 병들어 죽는다는 사실을 알면서도 범행을 닦지 않는다. 젊고 건강하다고 거들먹거리며 방일하고 욕심을 버리지 않는다.'

이렇게 깨달은 나는 늙고 병들어 죽는 고통을 극복하기 위해 출가를 결심하게 되었다……"

이 경에서 짐작할 수 있듯이 부처님의 출가 동기는 인생의 무상함을 깨닫고 그것을 해결하기 위해서였습니다. 이를 좀 더 극적으로 묘사한 것이 예로부터 전해지는 이른바 '네 개의 문으로 나가서 관찰한 현실(四門遊觀)'이라는 설화입니다. 즉 부처님은 태자 시절에 동문으로 나갔다가 늙은이를 보고, 서문으로 나갔다가 병든 사람을 보고, 남문으로 나갔다가 주검을 목격한 뒤 큰 충격을 받습니다. 마지막으로 북문으로 나갔다가 생로병사를 해탈하기 위해 수행하는 사문을 만난 뒤 출가를 결심했다는 것입니다. 이 얘기는《불본행집경》을 비롯한 여러 경전에 소개되고 있어서 마치 '사실'인 것처럼 알고 있습니다. 그러나 이 얘기는 사실이라기보다는 상징적 표현입니다. 우리가 잘 알다시피 부처님은 어려서부터 매우 영민하고 종교적 명상이 깊었던 청년이었습니다. 그런 청년이라면 사람이 태어나면 늙고 병들어 죽는다는 사실을 오래전부터 알고 있었을 것입니다. 경전은 이 사실을 매우 극적으로 묘사하고 있을 뿐입니다. 부처님은 이 문제를 해결하기 위해 출가를 결심한 것입니다.

그러나 출가란 누구나 쉽게 결심할 수 있는 것이 아닙니다. 인생의 현실은 생로병사의 드라마가 끝없이 반복되는 괴로움의 연속입니다. 그렇지만 현실의 세계에는 이 드라마를 모르는 바보들이 수없이 많습니다. 사람들은 생로병사를 인생의 엄숙한 현실로 받아들이지 않습니다. 속이고 빼앗고 미워하며 엉뚱한 짓을 하는 것도 이를 현실로 받아들이지 않기 때문입니다. 사람마다 목전의 생로병사 문

2장 / 향상일로

제만 제대로 인식해도 인생살이는 달라질 것인데 세속의 사람들은 그것을 제대로 인식하지 못하는 것입니다.

이에 비해 부처님을 비롯한 출가 수행자는 현실의 생로병사를 무엇보다 중요한 문제로 인식하고 있습니다. 그래서 출가 수행자는 인생의 현실을 직시하고 바른 깨달음을 얻어 자기 문제를 해결한 뒤 남에게도 바른길을 제시해주려는 사명감으로 살아갑니다. 이를 대승불교에서는 '자기 완성과 정토 건설'이라고 합니다. 이 두 가지 사명을 위해 출가 수행자는 '엄격한 자기 수행과 헌신적인 봉사의 삶'을 살아가야 합니다.

그렇지만 이런 출가의 삶이 하루아침에 완성되는 것은 아닙니다. 단순히 집을 떠나는 것은 가출일 뿐 출가는 아닙니다. 출가는 출가에 합당한 내용이 뒷받침돼야 출가라고 이름할 수 있습니다. 출가수행의 삶이 완성되기까지에는 다음과 같은 세 가지 단계가 있습니다.

첫째는 육친출가(六親出家)입니다. 육친이란 부모, 형제, 처자를 말하는데 출가의 첫 번째 단계는 이것으로부터 자유로워져야 한다는 것입니다. 이 세상에서 가장 가까운 사람이 바로 부모와 형제와 처자입니다. 이들과 생이별을 하고 만나지 않는다면 그 고통은 상상하기 어려울 것입니다. 전쟁으로 헤어진 가족이 상봉을 하면서 눈물바다를 이루는 것을 보면 육친을 멀리 여의고 집을 나선다는 것은 참으로 어려운 일입니다. 이렇게 육친은 집착의 상징입니다. 애욕과 집착에 사로잡힌 보통 사람은 육친출가 자체가 고통일 수 있습니다.

그렇지만 출가가 온갖 세속적 욕망의 삶을 포기하는 것이라고 할 때 출가자는 먼저 집을 떠나야 합니다. 그것은 곧 세속적 욕망의 포기를 뜻합니다. 또 우선 복잡한 생활환경을 떠나야 전문적인 수행이 가능합니다.

육친출가를 비유로 말한다면 훌륭한 학문적 성취를 위해 유학을 떠나는 것과 비슷합니다. 요즘은 교통이 발달해서 외국으로 유학을 가는 것이 이웃집 가듯이 쉬워졌지만 옛날에는 도시로 유학을 가는 것도 매우 어려웠습니다. 경제적인 이유도 있지만 무엇보다도 부모형제를 떠나 혼자 하숙방에서 생활하면서 공부한다는 것이 쉽지가 않았습니다. 외로움, 두려움 같은 것 때문에 집을 떠나기 쉽지 않았습니다. 이유는 또 있습니다. 집을 떠나 공부를 한다고 해서 과연 공부를 잘할지도 의문이었습니다. 이런저런 이유로 집을 떠나 공부를 하기란 쉽지 않았습니다.

집을 떠나 출가수행을 하는 것도 이와 같습니다. 처음에는 대단한 용기로 출가를 결심하지만 몇 년을 못 견디고 포기하는 사람이 생기는 것은 그만큼 어려움이 많기 때문입니다. 물론 세속에 있으면서도 수행이 불가능한 것은 아닙니다. 사람에 따라서는 세속에 있으면서 수행해도 성취가 가능한 사람도 있을 것입니다. 그러나 거미줄처럼 얽힌 세속생활을 해나가면서 수행을 한다는 것은 사실상 힘든 일입니다. 그래서 부처님은 출가자에게 세속과의 철저한 단절을 요구했습니다. 옛날 큰스님들도 가족의 안위가 궁금하다면 차라리 출가수행을 그만두고 세속으로 돌아가라고 말했습니다. 여기에는 그만한 이유가 있었습니다. 기왕에 집을 나섰다면 무서운 결단으로 수행에 전념해야 한다는 것이었습니다. 그래야만 새로운 삶이 가능해지기 때문입니다.

둘째는 오온출가(五蘊出家)입니다. 오온이란 인간의 정신과 육체를 포괄하는 말입니다. 즉 자기 자신에 대한 집착으로부터 떠나야 한다는 말입니다. 인간은 누구나 '자아' 즉 자신에 대한 집착을 버리지 못합니다. 우리가 현실 생활에서 욕심내고 분노하고 어리석은 짓을 하는 것은 모두 자기에 대한 집착을 버리지 못하기 때문입니다. 겸손하지 못한 것도 자기에 대한 집착이 강하기 때문입니다. 예를 들어 누구와 싸울 일이 생기면 우리는 잘잘못을 따지고 화를 내는데 이는 모두 내가 최고라는 집착에서 벗어나지 못한 탓입니다. 아무리 육친출가를 단행했다고 하더라도 자기에 대한 집착에서 벗어나지 못할 때 출가는 형식에 끝나게 됩니다.

그런 점에서 옛날 사람들이 자기에 대한 집착을 버리기 위해 실천했던 여러 가지 수행법을 눈여겨보아야 합니다. 부처님 당시 수행자들은 자기에 대한 집착을 버리는 방법의 하나로 의식주 생활을 최소한의 소유로만 하도록 했습니다. 이를테면 개인이 소유할 수 있는 것은 옷 세 벌, 밥그릇 하나가 전부였습니다. 잠은 나무 아래나 동굴 속에서 잤습니다. 음식은 걸식을 통해 해결했습니다. 아침마다 일곱 집을 차례로 찾아가 음식을 구하되 음식을 얻지 못하면 굶었습니다. 이런 전통은 기후나 풍토가 다른 중국이나 한국에서 다소 바뀌긴 했지만, 그 정신은 여전히 계승되었습니다. 옷은 남루한 누더기를 입었고 나무껍질이나 풀뿌리를 캐서 연명했습니다. 날씨가 추운 탓에 동굴이나 나무 밑에서 잠을 자지는 않았지만 최소한의 비바람과 추위를 면할 수 있으면 그것으로 만족했습니다.

수행자는 이런 과정을 거치면서 겸손과 하심을 배웠습니다. 자기 자신에 대한 집착을 버림으로써 죽음에 대한 두려움을 이겼으며, 물질에 집착하지 않는 훈련을 함으로써 욕심과 교만을 이겨냈습니다. 재산이란 백 년 동안 욕심을 내서 많이 모아도 하루아침에 잿더미가 되지만, 하루 동안 마음을 닦으면 그것은 천 년이 넘도록 인생의 보배가 되는 것입니다. 그런데 오늘의 수행자는 날이 갈수록 이런 출가 정신을 잃어버리고 욕망과 번뇌에서 벗어나지 못하니 안타까운 일입니다.

셋째는 법계출가(法界出家)입니다. 여기서 법계란 진리의 세계를 말합니다. 그런데 출가 수행자는 그가 진리라고 믿는 세계로부터도 떠나야 한다는 것입니다. 이 말은 좀 이상하게 들릴 수도 있습니다. 진리는 버릴 것이 아니라 찾아야 할 것이기 때문입니다. 그러나 다시 생각해보면 이 법계출가란 말에는 불교가 추구하는 이상이 무엇인가가 잘 나타나 있습니다. 실로 이 세상에는 참으로 많은 진리가 있습니다. 많은 종교가 있습니다. 모든 종교와 사상은 그 나름으로 다 옳고 정당성을 가지고 있습니다. 그렇기에 반대의 진리를 용납하지 않습니다.

예를 들면 기독교는 불교를 진리라고 인정하지 않습니다. 공산주의는 자본주의를 부정합니다. 보수주의는 진보주의와 대립합니다. 이러한 독단과 편견은 자칫하면 자신과 이웃을 오류와 파멸의 구렁텅이로 몰아넣을 수 있습니다. 실제로 우리나라는 이념 갈등 때문에 6·25라는 민족상잔의 전쟁을 겪어야 했습니다. 세계 도처에서 일어나는 많은 전쟁의 배경에는 종교적 신념에 의한 것이 많습니다. 이것은 우리가 얼마나 독단에 사로잡혀 있는가를 보여주는 것입니다. 그러므로 참다운 출가 수행자는 진리라 믿는 그 독단으로부터도 벗어나야 합니다.

부처님이 우리에게 보여준 출가의 정신은 탐욕과 이기주의 독단으로부터 벗어나라는 것입니다. 그것은 또한 종교적으로 새로운 삶을 시작하라는 암시이기도 합니다. 따라서 이 '출가 정신'은 출가 수행자만이 가슴에 새겨야 할 일이 아닙니다. 종교적으로 새로운 삶을 다짐하는 모든 사람이 가슴에 새겨야 합니다. 나태했던 사람은 부지런하기를, 선량하지 못했던 사람은 더 착해지기를, 부정직했던 사람은 더 정직해지기를, 미워하던 사람은 이제부터 사랑하기를 다짐해야 합니다. 이것이 새로운 삶이고, 부처님의 출가 정신을 일상생활 속에서 실천하는 방법입니다.

참다운 출가 정신은 이런 결심을 말이 아니라 행동으로 실천하는 것입니다. 그렇게 해야 새로운 삶이 시작됩니다. 제4의 탄생이 이루어집니다. 이를 위해 우리는 출가 생활을 하는 것입니다.

나는 여러분이 훌륭한 수행자가 되려면 하루에 세 번씩은 자기의 머리를 만져보기를 권합니다. 우리는 출가할 때 일체의 번뇌와 탐욕을 단절하는 의지를 보이려고 머리를 깎았습니다. 그런데 지금도 그때 머리를 깎던 그 마음이 훼손되지는 않았는지 자기 머리를 만져보면서 점검하고 반성하라는 뜻입니다. 만약 조금이라도 초지(初志)가 무너지고 있다면 그 즉시 '처음의 마음'을 잃지 않도록 자기를 다잡아야 할 것입니다. 이렇게 처음 출가할 때의 마음을 잃지 않는다면 우리는 마침내 출가의 본뜻인 생사해탈을 성취하고, 훌륭한 불교적 인격을 완성하고, 마침내 부처님의 세상을 만드는 일에 앞장설 수 있을 것입니다.

나는 여러분이 항상 처음 출가할 때의 마음을 지켜가면서 수도 생활을 해 줄 것을 거듭 당부해두고자 합니다.

어린 오누이가 오솔길을 탈래탈래 걸어간다
이 마을 잎겨드랑이에 담홍색으로 핀 꽃 같다
이슬이 마르지 않은 이른 아침에

— 〈오누이〉

재가 신도가 가야 할 길

　부처님의 가르침을 믿고 실천하는 사람을 '불자(佛子)'라고 합니다. 불자라는 말은 《법화경》에 나오는 말로 '부처님의 자식'이라는 뜻입니다. 불교 신도를 가리켜 그냥 '신도(信徒)'라고 하지 않고 '불자'라고 부르는 데는 깊은 뜻이 있습니다. 모든 어린아이는 어른이 될 본성을 가지고 있습니다. 어른이 되지 않는 어린아이란 이 세상에 존재하지 않습니다. 불자도 마찬가지입니다. 모든 '부처님의 자녀'는 나중에 반드시 부처님이 됩니다. 부처님이 되지 않는 불자는 없습니다. 다시 말하면 불교를 믿는 사람은 어린아이가 어른이 되듯이 모두 부처님이 된다는 뜻입니다.

　그것은 마치 서울 가는 기차를 타면 반드시 서울에 가는 것처럼 분명한 일입니다. 한번 불교의 길에 들어서서 부처님이 가르친 바른

길을 가면, 반드시 성불이라는 목적지에 도착할 수 있습니다. 문제는 우리가 부처님이 가르친 길로 가지 않고 다른 길로 가는 데 있습니다. 서울로 가는 차를 타지 않고 부산으로 가는 차를 타는 것입니다. 그렇게 되면 갔던 길을 되돌아오거나 사고를 당하기 쉽습니다.

부처님은 비유하자면 길을 가르쳐주는 안내자와 같습니다. 그 길을 따라가면 목적지에 이를 수 있지만 다른 데로 가면 부처님도 어찌할 수 없습니다. '과연 내가 그렇게 될 수 있을까' 하고 의심하면 진리의 길, 참다운 행복의 길은 영영 멀어집니다. 그러므로 우리는 부처님이 가르친 진리의 길을 의심하지 않는 '믿음'을 가져야 합니다. '믿음'을 '공덕의 어머니'라고 하는 이유가 여기에 있습니다.

그럼에도 부처님의 사촌 동생인 '팃사'라는 제자는 의심이 많아 수행을 게을리했습니다. 그러자 부처님은 그를 불러놓고 이렇게 타일렀습니다.

"팃사여, 어떤 사람이 훌륭한 성을 찾아가고 있었다. 그러나 그는 어리석어서 길을 잘 몰랐다. 그래서 길을 잘 아는 지혜로운 사람에게 물었더니 그는 이렇게 가르쳐주었다. '나그네여, 이 길을 따라가다 보면 두 갈래 길이 나올 것이다. 그때 그대는 왼쪽으로 가지 말고 오른쪽으로 가라. 한참을 가다 보면 큰 숲과 깊은 늪과 험준한 산을 만나게 될 것이다. 그러나 멈추지 말고 계속 가다 보면 마침내 그대가 가고자 하는 성에 도착할 수 있을 것이다.' 팃사여. 여래의

가르침은, 비유하면 숲에서 길을 잃은 사람에게 가시밭길을 벗어
나게 하는 것과 같다. 그러나 그 말을 믿지 않고 가고 싶은 대로 가
다 보면 가시밭길에서 벗어나기 어려울 것이다. 그러니 그대는 기
쁜 마음으로 수행해야 한다. 게을러서 뒷날 후회하는 일이 없어야
한다."

부처님은 텃사에게 일러주셨듯이 항상 우리에게 바른길을 일러
주십니다. 그것은 우리를 고통에서 열반으로 인도하기 위해서입니
다. 이 세상은 겉으로 보면 편하고 아름다운 것 같지만 속으로는 탐
욕과 증오와 망상으로 타오르는 '불타는 집'과 같습니다. 불교에서
는 이런 현실의 세계를 '이쪽 언덕[此岸]'이라고 합니다. 그리고 그
런 고통이 소멸된 이상세계를 '저쪽 언덕[彼岸]'이라고 합니다. 불교
는 모든 사람을 이쪽 언덕에서 저쪽 언덕으로 건너가게 하려는 종교
입니다. 비유하자면 일체중생을 이 언덕에서 저 언덕으로 건네주는
나룻배와 같습니다. 승려 시인 만해 한용운이 쓴 〈나룻배와 행인〉
이라는 시는 불교가 중생을 실어 나르는 나룻배와 같다는 것을 말해
줍니다.

　　나는 나룻배
　　당신은 행인

당신은 흙발로 나를 짓밟습니다.

나는 당신을 안고 물을 건너갑니다.

나는 당신을 안으면 깊으나 얕으나 급한 여울이나 건너갑니다.

만일 당신이 아니 오시면 나는 바람을 쐬고 눈비를 맞으며

밤에서 낮까지 당신을 기다리고 있습니다.

당신은 물만 건너면 나를 돌아보지도 않고 가십니다그려.

그러나 당신이 언제든지 오실 줄만은 알아요.

나는 당신을 기다리면서 날마다 날마다 낡아 갑니다.

나는 나룻배

당신은 행인

나는 이 시를 읽을 때마다 부처님은 나룻배, 물은 고해(苦海)의 세상이라 생각합니다. 그러나 이 나룻배는 권위적이거나 절대적이지 않습니다. 이 나룻배는 참된 자비와 인내, 희생과 믿음을 바탕으로 중생을 이 언덕에서 저 언덕으로 건네주고자 합니다. 그러나 저 언덕을 건너면 나룻배는 필요 없습니다. 《금강경》에도 보면 '뗏목의 비유'가 있습니다. 강을 건넌 사람은 뗏목이 고맙다고 해서 지고 갈 필요는 없다는 것입니다. 그러나 강을 건너기 전까지 뗏목 즉 나룻배의 존재는 매우 중요합니다. 누구도 나룻배 없이는 강을 건너지 못하고, 고해를 건너지 못할 것이기 때문입니다.

이 언덕에서 저 언덕으로 건너가려는 것은 모든 사람의 소망입니다. 이것은 현실에 대한 도피나 염세주의와는 다릅니다. 고통의 현실 세계에서 행복의 이상세계로 나가고자 하는 것입니다. 그러면 어떻게 해야 불교가 목적하는 이상세계에 갈 수 있는가. 어떻게 해야 현실을 개조해 이상세계를 만들 수 있는가. 나는 재가불자는 물론이고 모든 불교도가 실천할 방법으로 다음 열 가지를 권합니다. 그것은 과거의 모든 불자들이 실천했고 미래의 모든 불자들이 닦아 나가야 할 '보현십원(普賢十願)'이라는 방법입니다. 그 열 가지는 다음과 같습니다.

첫째는 항상 부처님을 예배하고 공경하는 것입니다[禮敬諸佛願].

부처님이란 어떤 분인가. 인생과 우주의 진리를 깨닫고 그것을 우리에게 가르쳐주시는 스승입니다. 그런데 이 부처님은 한 분만이 아닙니다. 우리는 흔히 부처님 하면 석가모니 부처님 한 분만 생각하지만, 불교에서 부처님이란 진리를 깨닫고 바른길을 걸어간 사람은 모두 부처님이라고 합니다. 이런 부처님은 과거에도 있고 미래에도 있으며, 동양에도 있고 서양에도 있을 수 있습니다. 돌아보면 온 누리에 부처님이 아닌 존재가 없습니다. 지금 내 앞에 있는 모든 사람은 다 부처님의 본성을 가지고 있습니다. 그들은 모두 부처님의 자식으로서 이미 다 부처님이 되었거나 될 사람들입니다. 더 적극적으로 말하면 우리 주변에 있는 평범하지만 바른길을 가는 사람이 다 부처님입니다. 우리가 외면하고 싶은 사람도 그 속에는 부처님이 들어 있습니다. 소외되고 고통받는 사람 속에도 부처님이 있습니다. 그들을 외면하는 것은 부처님을 외면하는 것입니다. 그러므로 모든 사람을 부처님으로 여기고 그들에 대한 존경심을 잃지 않는 것이 불자가 할 첫 번째 일입니다.

둘째는 모든 부처님을 칭찬하고 찬탄하는 것입니다[稱讚如來願].

부처님은 거룩하고 훌륭한 분입니다. 거룩하고 훌륭한 일을 하는 사람은 다 부처님입니다. 어떤 부처님은 365일 24시간 내내 거룩하고 훌륭한 일만 합니다. 그러나 아직 공부가 조금 덜된 부처님은 365일 중에서 65일만 거룩한 일을 하는 분도 있습니다. 24시간 중에서 4시간만 훌륭한 일을 하는 분도 있습니다. 비록 그렇다 하더라도 그는 1년 중 65일은 부처님으로 사는 것입니다. 하루 중 4시간은 부처님으로 사신 것입니다. 이는 365일 내내, 24시간 내내 부처님 노릇을 하지 못하는 것보다 얼마나 훌륭한 일입니까. 그러므로 우리는 하루라도, 한 순간이라도 부처님 노릇을 하는 사람을 보면 그를 칭찬하고 찬탄해야 합니다. 그렇게 하면 우리도 그만큼 부처님이 되는 것입니다. 남이 하는 작은 선행도 칭찬해주는 것이 바로 불자가 할 일입니다.

셋째는 이웃을 위해 널리 공양을 베푸는 것입니다[廣修供養願].

남을 위해 무엇인가 베푼다는 것은 참으로 즐겁고 행복한 일입니다. 우리는 흔히 남에게 사랑을 받는 것이 행복한 것으로 생각합니다. 그러나 더 큰 행복은 남에게 사랑받기보다는 남을 사랑할 때 찾아옵니다. 아주 쉬운 예를 들겠습니다. 여러분은 어려운 일이 생겨서 남의 도움을 받는 것이 더 행복합니까, 반대로 남을 도와줄 때 더 행복합니까. 사랑이란 받을 때보다 줄 때 더 행복합니다. 그렇다면 여러분은 남에게 사랑받기를 바라기보다는 남을 사랑하기를 더 원해야 합니다. 남에게 무엇이든지 나누어주십시오. 미소가 아름다운 분은 미소를 나눠주시고, 배고픈 사람에게는 음식을 나누어주십시오. 피곤한 사람을 보면 자리를 나누어주고, 두려움에 떠는 사람에게는 편안함을 나누십시오, 이렇게 나누는 것이 공양이고 보시입니다. 이렇게 나누고 공양하는 것을 일상적으로 실천하는 것이 불자가 해야 할 일입니다.

넷째는 스스로 지은 업장을 참회해야 합니다[懺悔業障願].

우리는 이 세상을 살아가면서 알게 모르게 남에게 많은 상처를 주거나 신세를 지고 있습니다. 우리가 먹고살기 위해서는 가축을 죽이거나 물고기를 잡습니다. 내가 살기 위해 다른 생명을 죽이니 어쩔 수 없다고 하겠지만, 나를 위해 무고하게 죽어야 하는 목숨의 입장에서 본다면 억울하기 짝이 없는 일입니다. 그것은 비단 생명뿐만이 아닙니다. 자본주의 경제의 꽃이라는 주식의 경우를 예로 든다면, 내가 이익을 얻기 위해서는 누군가가 손해를 보아야 합니다. 올림픽에서 금메달을 따기 위해서는 경쟁자를 물리쳐야 합니다. 오늘 내가 누리는 이만큼의 행복을 위해서는 누군가가 그만큼 불행을 겪어야 합니다. 이것이 인생의 현실입니다. 그렇다면 이 세상에 죄 없이 살아가는 사람은 아무도 없다고 해야 할 것입니다. 우리는 매일같이 몸으로, 말로, 생각으로 알게 모르게 남에게 손해를 끼치거나 피해를 주어야 합니다. 업장을 참회하라는 것은 바로 이런 현실을 직시하고 최소한의 미안한 생각, 겸손한 생각을 할 줄 알아야 한다는 것입니다. 부끄러움을 모르고 잘난 척만 하는 것은 불자가 취할 태도가 아닙니다. 그러므로 불자는 항상 스스로 지은 업장을 참회해야 합니다.

다섯째는 남이 짓는 공덕을 함께 기뻐하는 것입니다[隨喜功德願].

우리 속담에 '사촌이 땅 사면 배가 아프다'라는 말이 있습니다. 사촌이라면 매우 가까운 친척입니다. 그 친척에게 좋은 일이 생기면 함께 기뻐해주는 것이 사람다운 태도입니다. 그런데 겉으로는 잘됐다고 하면서 속으로는 질투하거나 배 아파한다면 그는 제대로 된 인격을 갖춘 사람이라 할 수 없습니다. 불자는 이렇게 하면 안 됩니다. 남에게 좋은 일이 생기면 자기의 일처럼 좋아하고 슬픈 일이 생기면 자기 일처럼 걱정해주는 사람이 참다운 불자입니다. 물론 남이 잘되는 것을 함께 기뻐하고, 남의 슬픔을 함께 슬퍼하는 마음을 갖기가 쉽지는 않습니다. 실제로 웬만큼 인격을 갖추었다는 사람도 시기와 질투를 하지 않기란 어렵습니다. 하지만 부처님의 가르침을 따르는 사람은 달라야 합니다. 최소한 배 아파하는 모습을 보이지는 말아야 합니다. 그러자면 모든 사람이 내 형제요 가족이라고 생각하는 것이 좋습니다. 부모가 자식이 잘되면 기뻐하듯이, 형제가 잘못되면 서로 걱정하듯이, 그리하여 마침내 그 좋은 일을 같이 실천하는 것이 바로 불자가 일상에서 실천해야 할 마음가짐입니다. 이런 것이 전 세계적으로 확대되어야 진정한 인류애가 생기게 됩니다.

여섯째는 훌륭한 설법을 자주 청해서 듣는 것입니다[請轉法輪願].

종교 생활이란 자기 향상을 위한 훈련입니다. 항상 선하고 훌륭한 것을 가까이하려고 노력해야 합니다. 인간은 태어날 때부터 이기적인 속성을 많이 가지고 있습니다. 탐욕과 증오와 망상에 의해 행동하고 말하고 생각합니다. 그 결과 인간은 조금만 방치하면 금방 악하고 나쁜 방향으로 내달리기 쉽습니다. 이를 예방하기 위해서는 자주 절에 찾아가 훌륭한 설법을 듣는 일을 게을리하지 말아야 합니다. 부처님의 훌륭한 가르침은 거울과 같아서 우리의 생각과 말과 행동에 잘못이 없는지 비춰줍니다. 그 거울에 비친 자기를 돌아보고 잘못이 있는 것을 반성하고 잘한 것을 계속 장려해 나가야 합니다. 이렇게 종교 생활을 해 나간다면 우리는 마침내 훌륭한 종교적 인격을 완성해 갈 수 있을 것입니다.

일곱째는 부처님 같은 분과 늘 가까이해야 합니다[請佛住世願].

부처님 말씀 중에 '향 싼 종이에서는 향내가 나고 생선을 싼 종이에서는 비린내가 난다'는 말이 있습니다. 이것은 우리가 어떤 사람과 가까이해야 하는가를 일깨우는 말입니다. 만약 우리가 늘 선한 사람을 가까이한다면 우리도 선해질 것입니다. 반대로 나쁜 사람과 가까이한다면 자신도 모르는 사이에 나쁜 습관을 몸에 익힐 것입니다. 그래서 '훌륭한 벗을 가까이하는 것은 인생에서 성공의 절반이 아니라 전부'라는 말을 하는 것입니다. 이 세상에서 가장 훌륭한 친구, 선한 스승은 바로 부처님이시고 부처님의 가르침에 따르는 사람들입니다. 그들과 가까이하고 벗이 되고 공동체를 이루어 살아간다면 우리의 인격에는 언제나 향기가 날 것입니다.

여덟째는 항상 부처님을 따라 배우는 것입니다[常隨佛學願].

우리는 언제 어느 때 무슨 일이 생기면 어떻게 처신하는 것이 좋을지 당황하는 경우가 많습니다. 그때는 항상 자기가 존경하는 사람을 떠올리는 것이 좋습니다. 예를 들어 누가 나를 욕하고 질투하는 일을 당했다고 하면, 그때 우리는 부처님을 떠올리는 것이 좋습니다. 만약 부처님이 이런 경우에 봉착했다면 어떻게 생각했을까, 어떤 말을 했을까, 그리고 어떻게 행동했을까를 생각해보는 것입니다. 그러면 거기에서 답을 얻을 수 있습니다. 만약 부처님 같으면 용서했을 것이라고 생각되면 나도 그렇게 하는 것입니다. 그렇게 하는 것이 불자다운 태도입니다. 이렇게 매사를 처결하는 기준을 부처님이나 또는 부처님 같은 훌륭한 제자에 맞추어 생각한다면 우리의 행동에는 허물이 점점 작아질 것입니다. 우리가 이 세상을 살아가면서 이렇게 항상 존경하고 모범을 삼아야 할 사람이 있다는 것은 행복한 일입니다.

아홉째는 항상 다른 사람의 의견을 존중해주는 것입니다[恒順衆

生願].

　이 세상에 모든 시비 갈등이 생기는 것은 사람마다 자기 고집을 꺾지 않기 때문입니다. 모든 사람들이 다 자기의 주장만 옳다고 합니다. 그렇게 하면 대립과 투쟁은 불가피합니다. 특히 이해관계가 얽힌 경우는 그 정도가 매우 심합니다. 심지어는 이해관계 때문에 사람을 죽이기까지 하는 것이 현실입니다. 그러나 모든 주장은 어디까지나 상대적인 것입니다. 어부는 고기를 잡는 것이 선한 것이겠지만, 고기의 입장에서는 어부가 행위가 악한 것입니다. 세상의 모든 일이 그렇습니다. 그렇다면 이 문제를 해결하기 위한 방법은 내 주장보다는 다른 사람의 주장을 더 존중해주고 따라주는 것입니다. 어떤 공동체에서라도 이렇게만 한다면 시비나 갈등 싸움이 생겨나지 않을 것입니다.

　열째는 모든 공덕을 널리 회향하는 것입니다[普皆回向願].

　우리는 모든 것을 내 것으로 만들어야 직성이 풀립니다. 이익이 되는 일이라면 휴지 한 장 티끌 하나라도 아까워합니다. 그러나 때로는 참으로 큰 이익은 모든 것을 내 것으로 만들려고 하기보다는 남에게 나누어주고 돌려줄 때 생깁니다. 예를 들면 기업을 하는 사람이 영업이익을 혼자만 독점하려고 하면 망하기 쉽습니다. 종업원에게는 급여를 조금이라도 더 챙겨주고 소비자에게는 좋은 품질의 제품을 값싸게 제공하면 당장은 손해가 날지라도 사업은 더 번창하게 됩니다. 나의 이익을 이웃에게 돌려주는 것은 이렇게 더 큰 이익을 가져옵니다. 그런데 사람들은 내 주먹 안에 들어온 것은 내놓을 줄 모릅니다. 그러다가 사업이 망하거나 도둑이 들거나 해서 다 빼앗기는 일이 다반사입니다. 불자는 그렇게 인생을 살면 안 됩니다. 내 것을 이웃에게 나누어줌으로써 더 큰 이익을 얻을 줄 아는 지혜를 가져야 합니다. 물론 그렇게 하기란 매우 힘든 일입니다. 그러나 이렇게 해 나가야 나도 행복해지고 인류도 행복해집니다. 인류평화의 길도 여기에서 찾을 수 있습니다.

이상이 불자로서 살아가야 할 생활 태도입니다. 이렇게만 한다면 우리는 분명히 이 언덕에서 저 언덕으로 건너갈 수 있습니다. 그렇지만 이 세상에서 이렇게 살기란 정말 힘듭니다. 나는 착하게 살고자 하나 악해져야 하는 일이 수없이 많습니다. 이럴 때 불자는 항상 연꽃을 생각하시기 바랍니다. 연꽃처럼 진흙밭에 살아도 더러움에 물들지 않고 항상 아름답고 향기로운 꽃을 피우시기 바랍니다.

處世間如虛空　세간에 머물 때는 허공과 하니
如蓮華不着水　마치 연꽃에 진흙이 물들지 않는 것 같네
心淸靜超於彼　깨끗한 마음으로 저 언덕으로 건너가신
稽首禮無上尊　위없이 거룩한 분께 머리 숙여 절하나이다

본지풍광(本地風光)

'사족(蛇足)'에 대한 변명

나는 본시 천하 게으름뱅이였다. 예닐곱 살 때 서당에 보내졌으나 개울가에서 소금쟁이와 노느라고 하루해가 짧았고, 철이 조금 들어 절간의 소머슴이 되었으나 소가 남의 밭에 들어가 일 년 농사를 다 망쳐놓건 말건 숲속의 너럭바위에 벌렁 누워 콧구멍이 누굿누굿하게 잠자는 것이 일이었다. 그랬으니 한 절에 오래 붙어 있지를 못했다. 이 절에서 쫓겨나면 저 절로 갔고, 거기서 쫓겨나면 또 다른 절을 찾아 나섰는데, 어느 사이 절집 안에서 '그놈은 천하의 게으름뱅이'라는 사발통문이 돌아 결국 소머슴살이를 할 절도 없게 되었다.

그토록 게을러빠진 놈이 어떻게 중이 되었는지 그것은 나도 모르겠다. 좌우지간 그런 놈이 중이 되었으니 강당이나 선방의 명사(明師)를 찾아가 공부를 해야겠다는 발심이 일어날 리가 만무했다. 어느 때는 산에 살고 있는 자신이 우스워 시중에 나가 잡배들과 어울렸고, 어느 때는 잡배가 된 자신을 보고 놀라 백운유수(白雲流水)에 발을 담그고 '일 없이 한가한 사람(無事大閑人)' 흉내를 내기도 하였다.

돌이켜보면 사내로 태어나 평생을 그렇게 허송했으니 중이라고 할 수도 없다. 오늘 망북촌(望北村)의 영마루에 올라 내가 나를 바라보니 어느덧 몸은 뉘엿뉘엿한 해가 되었고, 생각은 구부러진 등골뼈로 다 드러나고 말았다.

생각하면 조금은 슬프다. 누구는 약관에 '앉아서 천하 사람의 혀끝을 끊어 버렸다(坐斷天下人舌頭)'고 하는데 장발(杖鉢)을 지닌 덕에 산수간(山水間)에서 공양까지 받고도 불은(佛恩)에 답하지 못했으니 남은 것은 백랑도천(白浪滔天)의 비탄뿐이다. 그러나 이제는 비탄으로 살 인생도 세월도 내게는 없다. 남은 일은 사람이 '종문(宗門) 최고의 선서(禪書)'로 일컫는 《벽암록》에 무슨 달아야 할 사족이 있다고 사족을 달다니, 참으로 말도 안 되는 수작이다. 죽으려면 곱게 죽지, 죽을 일을 저지르다니 이 술찌게미나 먹고 취하는 당주조한(噇酒糟漢) 같은 놈! 백주에 장형(杖刑)을 당해도 할 말이 없다.

군이 변명을 한다면 그러니까 3년 전, 내가 죽을 곳을 찾아 내설□ 무금선원에 와서 어영부영 죽을 날만 기다리고 지내는데, 어느 날 중노릇을 하다가 그만두고 속가로 나가 출판사에서 밥벌이를 하는 □제가 인사차 찾아온 일이 있었다. 그때 무슨 말끝에 《벽암록》 이야□가 나왔고, 그가 허장성세(虛張聲勢)로 살아온 나의 허영을 집

적거려 추어주는 바람에, 얼떨결에 내가 한번 풀어쓰기로 넨장맞을 약속부터 들입다 하고 말았다. 그 사제의 주문은 《벽암록》의 오묘한 뜻을, 말하지면 나무가 꽃을 피우고 열매를 맺고, 열매가 맛 들어서 몸에 자양이 되고, 또 몸의 자양이 우로(雨露)가 되기까지를 다 밝히고, 그 나무를 켜 '곧은 결'에서부터 '점박이 결'까지 다 나타나게 해달라는 것이었다. 하나 솔직히 말해 나는 나무에 꽃이 피는 과정도 모른다. 다만 내가 한때 음력(吟力)도 없으면서 장구(章句)에 미친 일이 있었는데, 그때 이 책에서 장구를 훔친 도벽(盜癖)을 살려 감상을 덧붙여 말미에 달기로 했다. 그러니까 이것은 본격적인 평창(評唱)이나 착어(着語)가 아니라 단순한 독후감이다. 과일 맛은 알 수 없으니 모양만 보고 느낀 대로 그려보기로 한 것이다.

하지만 한 해 겨울 한 해 여름, 두 철을 무금선원 골방에서 징역살이를 하며 끙끙거리다가 생각하니 내가 사람이 아니라 목욕한 원숭이가 갓을 쓰고[沐猴而冠] 조사의 얼굴에 똥칠을 하는 것[佛祖面塗糞] 같았다. 심란해서 작업을 중단하고 있는데 그 원수 같은 사제가 또 헐레벌떡 찾아와 이름만 빌려주면 나머지는 자기가 책임을 지겠다고 했다. 내 허명(虛名)도 장사가 되느냐고 물으니 고개를 끄떡였다. 나는 또 감명을 받고 탐재독화(貪財黷貨)의 장사중[賣僧] 소리를 듣더라도 심사로절(尋思路絶)한 《벽암록》의 심심사(甚深事)를 팔아 돈을 좀 벌어들이기로 하였다. 평소 그의 명석한 두뇌를 믿는 터라 본문을 옮기면서 조금 거칠었다고 생각되는 부분, 독자의 이해를 돕기 위해서는 약간의 주석이 있어야겠다는 부분과, 쓰다가 만 독후감의 오자낙서(誤字落書)와 미진한 부분 등을 몽땅 그 사제에게 떠넘겼다. 훗날 이 책으로 내가 제방의 눈 밝은 납자들로부터 장형(杖刑)을 당할 때 그 사제가 어떤 얼굴을 하고 나를 바라볼는지 그게 벌써부터 궁금하다.

이 책을 끝까지 읽는 독자는 알게 될 것이지만 나의 사족(蛇足)은 그야말로 아무짝에도 쓸데없는 '사족'에 불과하다. 독자들은 이 사족은 읽지 말고 원오(圜悟)의 수시(垂示)와 설두(雪竇)가 간추린 본칙(本則), 그리고 송(頌)에 주목해 주시기 바란다. 이 부분을 음미하면서 마음에 와닿는 것이 있으면 천하 사람의 코를 꿰는[穿天下人鼻孔] 안목이 열릴 것이다.

이제 붓을 놓으며 이런저런 변명으로 부질없이 저지른 허물의 꼬리를 감추려고 하나 아무래도 자기 꾀에 자취를 남기는 영구예미(靈龜曳尾)의 신세를 변하기 어려울 것 같다. 차라리 눈밝은 거북이 사냥꾼에게 내 목숨을 내놓는 바이다.

己卯 歲旦
內雪嶽 無今禪院에서
霧山五鉉

《벽암록》 역해(1999, 불교시대사) 서문

아득한 성자

하루라는 오늘
오늘이라는 이 하루에

뜨는 해도 다 보고
지는 해도 다 보았다고

더 이상 더 볼 것 없다고
알 까고 죽는 하루살이 떼

죽을 때가 지났는데도
나는 살아 있지만

그 어느 날 그 하루도 산 것 같지 않고 보면

천년을 산다고 해도
성자는
아득한 하루살이 떼

조오현 역해 《무문관》(2007, 불교시대사) 서시(序詩)

여기, 섬광의 지혜를 보라

대부분의 사람은 각자가 쳐놓은 지식의 울타리 속에 갇혀 산다. 그들은 울타리 밖의 세계를 알지도 못하고 알려고 하지도 않는다. 그러나 한 발자국만 문밖을 나서면 거기에는 참으로 넓고 무한한 세계가 있다. 아무리 뛰어가도 땅끝에 닿을 수 없고, 아무리 욕심을 내도 다 잡을 수 없는 허공과 같은 대자유의 세계가 있다.

사람들이 문밖에 펼쳐져 있는 대자유의 세계로 나가지 못하는 것은 울타리 속의 소아(小我)에 집착하기 때문이다. 불교의 선(禪)은 이 소아의 울타리에 갇혀 있는 사람들을 대아(大我)의 세계로 나아가게 한다. 허울과 상식에 얽매여 뒤틀리고 왜소해진 사람들에게 옹졸하지 않고, 허심탄회하며 솔직담백한 삶이 무엇인지를 깨닫게 해준다.

우주 질서와 하나가 되는 무애자재한 해탈의 세계를 유유자적하면서 참다운 자유의 삶이 어떤 것인지를 보여주는 사람들이 바로 불교의 선사(禪師)들이다. 그들의 말과 행동은 인위적 지식에서 나온 것이 아니라 우주 질서와 일체가 된 체험적 지혜에서 나온다. 그러므로 선사들의 삶과 일거수일투족은 그 자체가 구름이고 바람이고 물결이다.

선사들의 행주좌와(行住坐臥)와 어묵동정(語默動靜)은 어느 것 하나 예사롭지 않은 것이 없다. 선사들의 침묵 속에는 천지를 무너뜨리는 천둥소리가 들어 있고, 그들의 무심한 한마디에는 우주를 탄생시키는 약동하는 생명이 들어 있다. 만상(萬象)을 한꺼번에 부숴버리는 마른하늘의 번개 같은 칼날이 번득이는가 하면, 돌부처도 웃음 짓는 천진무구한 몸짓이 있다. 선사들의 이러한 말과 몸짓은 우리의 낡은 인습과 무지를 타파하는 신선한 가르침이다. 선사들의 매력은 바로 여기에 있다.

이 책은 섬광과 같은 지혜로 절대무한의 탁 트인 대자유의 세계를 열어 보인 한국·중국·일본의 선사 122명의 선화(禪話)를 한자리에 모아놓은 것이다. 제1부 중국 선사 편은 인도에서 심법(心法)을 가지고 왔던 달마 대사로부터 명나라 말까지 67명, 제2부 한국 선사 편은 삼국시대로부터 현재까지 32명, 제3부 일본 선사 편은 가마쿠라(鎌倉) 세대부터 메이지(明治)까지 23명의 이야기가 나라별, 시대순으로 배열되어 있다. 여기에 소개되는 선화는 일반 대중이 좀처럼 이해하기 힘든 화두(話頭)와 같은 선문선답(禪問禪答)이 아니라, 누구나 선의 세계에 쉽게 접근할 수 있는 실천적인 선문선답들이다. 따라서 아무 곳이나 펴서 읽다 보면 스스로 마음에 '딱' 하고 와닿는 재미있는 이야기로 가득하다.

널리 알려진 사실이지만 이미 서양에서는 물질의 풍요 속에 황폐해져 가는 인간의 마음을 불교의 선수행으로 극복하려는 움직임이 널리 확산되고 있다. 특히 불교의 선문선답을 정신치료법으로 사용하는 예가 늘어나고 있음은 주목할 만한 일이다. 이는 인간의 황폐해진 정신세계를 선으로 극복하고 있음을 보여주는 실증적 예가 아닐 수 없다.

이 책을 읽는 독자들도 단순한 지식의 축적이 아니라 마음속에 깊이 뿌리내리고 있는 집착과 욕망, 편견과 무지를 일거에 무너뜨리고 살아 있는 삶의 지혜를 터득하는 기회를 갖게 된다면 엮은이로서는 더 이상 바랄 바가 없겠다.

끝으로 이 책이 나오기까지 애쓴 도서출판 장승의 편집부 여러분에게 감사드린다.

불기 2538년 봄 東海洛山에서
편저자 합장

《선문선답(禪問禪答)》(1994, 장승) 머리말

사람의 길 축생의 길

사람에게는 사람의 길이 있고, 축생에게는 축생의 길이 있다.

사람은 비록 몸을 진흙탕 속에 빠뜨렸더라도 생각은 늘 바르고 높게 가지려고 한다. 욕심대로 자기의 몫만을 챙기려 하지 않고 다른 사람의 입장을 살펴 양보할 줄 안다. 화나는 일이 있어도 지긋하게 눌러 참고, 어려운 일을 당해도 반드시 좋아질 날이 있을 것을 기다리며 희망을 잃지 않는다.

그러나 축생들은 사람과 다르다. 그들은 생각할 능력이 없고 지혜가 부족하기 때문에 모든 것을 본능에 내맡긴다. 먹이가 있으면 우선 자기 배부터 채우려 하고, 남을 이기기 위해서는 언제나 이빨을 내놓고 으르렁거린다. 힘센 동물을 만나면 꼬리를 내리고 약한 상대를 만나면 두 눈을 부라리며 으스댄다. 화부터 먼저 내고, 아귀처럼 욕심을 부린다 해도 축생의 세계에서는 전혀 허물이 되지 않는다.

사람이 사는 법과 축생이 사는 법이 이렇게 판이한데도 요즘 세상을 보면 사람으로 살기보다는 축생으로 살기를 작정한 사람이 더 많은 것 같다. 겉모습은 분명히 사람의 모습이지만 사는 꼴은 축생의 그것을 닮아가고 있다. 그들은 축생처럼 사는 것이 사람이 사는 방법인 줄 안다.

사람이 축생처럼 살면서도 그것을 모르는 것은 어리석음의 안개에 휩싸여 있기 때문이다. 그 안개를 걷어내지 않는 한 사람은 영원히 '사람이란 이름의 축생'으로 살아가야 한다. 현대의 종교가 할 일은 무엇보다도 이 사실부터 일깨워주는 것이다.

불교의 《백유경》은 사람이란 이름의 축생으로 살아가는 어리석은 중생들에게 큰 깨우침과 교훈을 주는 경전이다. 인도의 상가세나(Saṅghasena, 僧伽斯那) 스님이 여러 경전 가운데에서 재미있는 우화 100여 가지(정확하게는 98가지)를 가려 뽑아 편찬한 이 경전은 사람들의 어리석음을 꼬집는 내용으로 가득하다. 그래서 이경은 492년(南齊의 武帝 10년) 중인도 출신의 구나브릿디(Guṇavṛddhi, 求那毘地) 스님에 의해 중국어로 번역된 이래 많은 사람들에게 널리 읽혀 왔다. 특히 스님들의 설법 재료로 《백유경》의 우화를 자주 인용해 왔다.

이 경의 매력은 무엇보다도 재미있고 읽기 쉽다는 데 있다. 이솝의 우화는 동물을 주인공으로 하고 있지만 이 경의 우화는 사람이 주인공이어서 훨씬 더 친밀감을 느끼게 한다. 사람들은 이 경을 읽으면서 '이런 미련하고 어리석기가 축생보다 못한 사람 같으니……' 하고 혀를 끌끌 찬다. 그런 뒤 책장을 덮고 나면 그 어리석기가 축생 같은 사람이 바로 자기 자신임을 깨닫게 된다. 이 경이 단순한 재미 이상의 교훈적 감동을 주는 이유도 여기에 있다.

필자는 10여 년 전에 동국역경원에서 한글로 번역한 이 경을 읽고 참으로 많은 깨우침과 교훈을 얻었다. 그 감동을 언젠가는 이웃과 함께 나누었으면 하는 발원(發願)을 가지고 있었는데 이번에 인연이 닿아 한 권의 책으로 펴내게 되었다. 그러나 탈고를 하고 나서 다시 읽어보니 너무 상식적인 '군말'만 늘어놓은 것이 아닌가 하는 후회도 없지 않다. 하지만 오늘 우리의 삶이 바로 그 상식을 외면한 채 '특별한 짓'들을 너무 많이 하는 데 문제가 있다면, 이런 상식적인 군말도 필요하겠다는 생각에서 감히 출판의 용기를 냈다. 독자들은 논리의 비약이 심한 필자의 '군말'보다는 우화 속에 담긴 교훈의 참뜻을 놓치지 않고 읽어주었으면 한다.

천성적으로 게으른 사람을 재촉해 원고를 마무리 짓게 하고 책을 펴내 준 도서출판 장승의 김병무 사장과 편집진 여러분에게 출판의 공덕을 회향한다.

1993년 여름 낙산에서

필자 합장

《백유경의 교훈: 죽는 법을 모르는데 사는 법을 어찌 알랴》(1993, 장승) 서문

벌거벗은 나를 보여주노니

몇 해 전부터 시집을 만들어주겠다는 분이 있었다. 그 말을 들을 때마다 그 고마운 정에 감사를 드려야만 했을 텐데도 오히려 얼굴이 뜨뜻해져 가뜩이나 푸리죽죽한 사람이 푸리둥둥 죽은 사람으로 변하곤 했다.

그것은 작품집을 내어놓는다는 것은 아무래도 나를 아주 벌거벗겨 세상에 내어놓은 것처럼이나 부끄러웠기 때문이다. 사실 해수욕장 근방에만 가도 온몸이 화끈 달아오르는 나로서는 나를 벗길 만한 용기가 없었다.

그런데 이번에는 그러한 작품집이 필요해서 스스로 벌거벗게 되었다. 세간(世間)살이를 하는 이가 결혼한 지 10년이 지나도록 자식을 얻지 못하면 창피한 것처럼 나도 문단과 결연한 지 10년이 지났다고 생각하니 문득 내어놓고 싶은 강한 충동이 일어났던 것이다.

그 충동을 억제하지 못한 것을 곧 후회할망정 그만한 용기를 준 이 순간만은 값진 것 같다. 왜냐하면 그 충동 이외에는 작품집을 낼 만한 이유도 내어놓아야 할 작품도 사실은 내게 없기 때문이다.

여기 수록된 제1부는 60년대 말 백수(白水)의 영향을 받고 그때의 심경에 일고 지는 희비의 어룽을 그려본 것들이고, 제2부는 70년대 초 경허(鏡虛)와의 만남에서 얻어진 것들이다.

비구(比丘)나 시인으로는 경허를 만날 수 없었다. 동대문시장 그 주변 구로동 공단 또는 막노동판 아니라면 생선 비린내가 물씬 번지는 어촌 주막 그런 곳에 가 있을 때만이 경허를 만날 수 있었다. 그런 곳은 내가 나로부터 무한정 떠나고 떠나는 길목이자 결별의 순간인 것이다.

그러므로 나는 비구나 시인이길 원하지 않는다. 항시 나로부터 무한정 떠나고 떠나가고 싶을 뿐이다.

이런 사람의 책을 만드는 데 힘써주신 한국문학사 이근배 주간님께 감사드린다.

1978년 8월 5일

설악산방에서 저자

첫 시집 《심우도》(1978, 한국문학사) 자서(自序)

나는 뱃머리에 졸고 있는 사공

중은 끝내 부처도 깨달음까지도
내동댕이쳐야 하거늘
대명천지 밝은 날에
시집이 뭐냐.

건져도 건져내어도
그물은 비어 있고
무수한 중생들이
빠져 죽은 장경(藏經) 바다
돛 내린 그 뱃머리에
졸고 있는 사공아.

2007년 새봄

조오현 씀

시집《아득한 성자》(2007, 시학) 시인의 말

물속에 잠긴 달을 건지려

그날 밤 대중들이 잠이 들어 달빛을 받은 나뭇가지들이 산방 창호지 흰 살결에 얼룩덜룩한 그림을 그리고 있을 때 김행자는 '나라는 존재는 무엇인가'라는 의문 때문에 잠이 오지 않아 마당으로 나왔지요. 땅바닥에 무릎까지 쌓인 풍경 소리를 한동안 밟다가 거기 관음지(觀音池) 둑에 웬 낯선 사내가 두 무릎을 싸안고 앉아 있는 것을 보았지요. '이 밤중에?' 김행자는 머리끝이 쭈빗쭈빗 곤두섰지만 무엇에 이끌리듯 사내의 등 뒤에 가 서서 사내의 동정을 살피고 있었지요. 그런데 그 사내는 인기척을 느꼈는지 못 느꼈는지 괴이적적한 수면에 떠오른 달그림자만 뚫어지게 바라보고 있을 뿐 마치 무슨 짐을 몽뚱그려 놓은 것처럼 미동도 없었지요. 마침내 달이 기울면서 자기 그림자를 거두어 가고 관음지에 흐릿한 안개비가 풀어져 내리자 사내는 늙은이처럼 시시부지 일어나며 '그것참…… 물속에 잠긴 달은 바라볼 수는 있어도 끝내 건져낼 수는 없는 노릇이구먼…….' 하고 수척한 얼굴을 문지르며 흐느적흐느적 산문 밖으로 걸어 나가는 것을 다음 날 새벽녘에 보았지요.

조오현

한국대표명시선 100 《마음 하나》(2013, 시인생각) 시인의 말

벼락 맞으러 왔습니다

저는 상 받으러 온 사람이 아니라 벼락 맞으러 왔습니다.

정신이 맑아 예리한 자는 회광(廻光)이 한 번 비춤에 곧바로 밝게 깨칠 수 있습니다.

동안 거사 이승휴는 대장부의 지기(志氣)를 갖춘 분입니다.

"석가와 미륵도 타의 종(奴)입니다. 그 타는 누구인가 의심해야 합니다. 간혹 의심이 무뎌질 때는 생이 어디로부터 왔으며 지금의 목숨은 어디에 있으며 생사를 어떻게 벗어나며 죽어 어디로 가는가, 이를 화두로 삼아야 합니다." — 蒙山德異

이 글은 이승휴 선생이 두타산 자락에서 간화선을 탐구할 때 원나

라 몽산덕이 스님에게 편지를 보내고 받은, 몽산덕이 스님의 답서를
요약한 내용입니다. 몽산덕이 스님의 답서를 받고 더욱 정진했던 선
생은 마침내 자신이 거처했던 용안당(容安堂)을 간장사(看藏寺)라 이
름하고 《간장사기(看藏寺記)》에 다음과 같은 공양절구시(供養絶句詩)
를 남겼습니다.

> 얕고 푸른 산기슭에 조그마한 암자를 짓고
> 밝은 달 십 년 동안 천 상자의 불경(佛經)을 읽었으라
> 전지를 희사해 간장사(看藏寺)라 이름하니
> 영원히 선문(禪門)의 맑고 좋은 가람 되었네

3장 / 본지풍광

이 시는 다 헤아릴 수도 증득(證得)할 수도 없습니다. 팔십 평생을 산에 살면서 불경 한 상자도 제대로 수습 못한 저에게는 십 년에 불경 천 상자를 읽었다는 이 구절은 저의 정수리를 내려치는 우렛소리로 들립니다.

백랑도천(白浪滔天) 같은 대장부의 지기(志氣)로 대서사시《제왕운기(帝王韻紀)》를 저술하여 민족혼을 깨우고 중국의 역사와 구분되는 한국문학의 정통성을 확립한 선각자 이승휴 선생의 얼을 선양하기 위해 제정한 이 상은 저에게는 벼락이 아닐 수 없습니다.

아마도 선양회와 심사위원님들이 학덕이나 문학적 업적보다는 선생의 불연(佛緣)을 소중히 기리기 위해 저를 이 자리에서 벼락을 맞게 한 것 같습니다.

만면참황(滿面慚惶)입니다.

2016년 10월 3일
설악무산

제3회 이승휴문화상(문학 부문) 수상소감

앞산은 첩첩하고 뒷산은 중중하다

　1980년 그해 나는 샌프란시스코 어느 식당에서 허드렛일을 하고 있었다. 식당 종업원으로 들어간 지 달포쯤 지났을까, 얼굴이 희넓적한 동양인처럼 생긴 식당 주인은 내 신분이 승려라는 것을 알게 되었다. 독실한 가톨릭 신자인 그는 나에게 미국인 신부 한 분을 소개해주었다. 학생 시절 한국에서 선교 활동을 했다는 그 신부님은 한국말을 잘하지 못했으나 내가 하는 말을 양미순목(揚眉瞬目), 눈썹을 치켜뜨고 눈을 껌벅이며 잘 알아들었다. 그리고 여러모로 많은 도움을 주더니 성당에서 설교를 하는 영광까지 안겨주었다.

　처음 신부님이 초청할 때는 한국불교에 대해 이야기를 해달라고 했기 때문에 이틀 밤을 지새워 설교 원고를 준비했다. 그런데 연단에 올라서서 5백여 명이나 되는 미국인 신자들을 바라보는 순간 내 입에서는 나도 모르게 엉뚱한 이야기가 흘러나왔다.

"신사 숙녀 여러분! 산승이 절간 소머슴살이를 할 때 우리 마을에 야소교가 들어왔습니다. 그래서 매주 일요일이면 온 마을 사람들이 예배당으로 다 모여들었어요. 예배에 참여하는 사람에게는 여러 가지 옷이나 신발 또 우유, 초콜릿 같은 것을 주었으니까요. 산승도 매주 예배에 참여해 기도를 하고 찬송가를 불렀지요. 그러던 어느 주일에는 욕심이 발동해서 이웃집 갓난아이를 빼앗아 업고 그것도 모자라 강아지 한 마리를 끌고 갔습니다. 그런데 갓난아이와 강아지 몫은 주지 않았어요. 내가 항의를 했지요. 목사님은 들은 척도 하지 않았는데 금발의 여학생이 노르께한 눈으로 빤히 쳐다보더니 갓난아이와 강아지 몫을 내 몫보다 더 많이 주었어요. 그때 그 금발의 여학생 얼굴이 지금도 눈앞에 어른거리고 그 신기했던 옷가지나 신발, 우유 초콜릿 맛이 아직도 입 안에 남아 군침을 돌게 합니다."

이쯤에서 말끝을 얼버무리자 관중들이 우레와 같은 기립 박수를 보내주었다. 난생처음 받아보는 기립 박수에 흥분하지 않을 수 없었다.

그래서 이번에는 기독교가 한국에 들어와 나라 발전에 크게 기여했다는 이야기와 대한민국은 5천 년 문화민족이라는 것을 지상가상 없이 늘어놓고는 대한민국 사람의 마음속에는 체대상승 마음과 마음으로 천년 세월 동안 흘러 내려오는 것이 있으니 이름하여 '시조(時調)'라고 했다. 그러고는 조선 중종 때 송도의 명기 황진이의 생애를 장황하게 설명하고 다음의 〈동짓달〉을 읊었다.

  동짓달 기나긴 밤을 한 허리 버혀 내여
  춘풍 니불 아래 서리서리 너헛다가
  어른님 오신 날 밤이여든 구뷔구뷔 펴리라

  이번에도 통역도 하기 전에 모두들 일어나 박수갈채를 보냈다. 적
이 당황했지만 마음을 가다듬고 백호 임제(1549~1587)가 서도병마사
로 부임하는 김에 황진이 무덤을 찾아가

  청초 우거진 골에 자느냐 누웠느냐
  홍안을 어디 두고 백골만 묻혔느냐
  잔 잡아 권할 이 없으니 그를 슬허하노라

  라는 시조를 짓고 제사를 지내다가 임지에 이르기도 전에 파직당
한 고사를 말하자 성당이 떠나갈 듯 기립 박수가 한동안 이어졌다.
  그 후 나는 미국인 성당과 교회에 인기 있는 연사가 되어 10여 차
례나 연단에 서게 되었고, 주제는 기독교 문화가 한국 발전에 기여
한 공로와 시조 이야기가 전부였다. 특히 황진이가 당대의 명창 이
시종 집에서 3년, 황진이 집에서 3년 살기로 약조하고 6년간 애정
생활 끝에 깨끗이 헤어졌다는 이야기에 큰 감명을 받은 것 같았다.

한국에는 몇백 년 전부터 계약결혼 같은 것이 있었느냐고 묻는 이가 있는가 하면, 그런 좋은 시조를 널리 알리는 것이 좋겠다는 사람이 많았다. 그리고 시조를 배우겠다는 사람들이 10여 명이나 모여 매주 토요일 나를 찾아왔다. 하지만 미국말을 한 마디도 못 하는 사람이 통역을 두고 강의한다는 것은 그렇게 쉬운 일이 아니었다. 뿐만 아니라 당시 나에게 미국인을 상대로 시조를 강의할 만큼 마음의 여유도 없었다. 그래 시조를 배우겠다는 사람들을 따돌리기 위해 직장 문제로 동부로 가야 한다고 거짓말을 하고 샌프란시스코를 떠났다.

그로부터 20여 년이 지난 몇 해 전 뜻밖의 초대장을 받고 미국을 방문한 일이 있었다. 휴스턴 국제공항에 내렸을 때 시조를 가르쳐달라고 졸랐던 미국인 세 명과 식당에서 같이 일했던 한국인 두 명 그리고 그 친구들이 나와 나를 환영해주었다. 또한 그들은 한국의 무술로 미국에서 크게 성공하여 전 세계에 회원 150만 명을 헤아리는 '국술원' 서인혁 총재의 제자가 되어 있었다.

나는 미국 여행 중에 텍사스주 '귀빈 증서'와 휴스턴 시외 17개 시에서 '홍보대사 겸 명예시민증' 그리고 미국 공군사관학교와 해군사관학교의 명예 지휘검을 받았는데, 그 모두가 27년 전 미국인 교회와 성당에서 한국 시조 이야기를 한 그 인연 때문이었다. 공항에 환영 나온 미국인 세 명 외에 황진이의 〈동짓달〉과 백호 임제의 〈청초 우거진 골〉을 우리말로 암송하는 미국 사람들을 다섯 명이나 만났다. 그 무렵 미국에 한국문학을 강의하러 온 국내 유명 대학의 교수

세 명을 여행 중에 우연히 만났는데 〈동짓달〉과 〈청초 우거진 골〉 같은 시조를 전혀 외우지 못할뿐더러 시조를 잘 알지 못했다. 그래서 한국 시의 뿌리가 시조 아니겠느냐고, 기왕 미국에 왔으니 우리의 시조를 소개하는 것이 어떻겠느냐고 했더니 한국 교수들의 대답은 한결같이 그런 것은 미국에서는 통하지 않는다고 했다. 몇 해 전 오세영 시인은 미국 어느 대학에 교환교수로 1년간 머물렀다고 했다. 그러면서 한국 현대시 강의를 했는데 현대시를 강의할 때는 분위기가 시큰둥했는데 시조 이야기를 하자 반응이 너무 좋아 귀국해서 시조집을 한 권 냈다고 한다. 다 같은 교수들의 말이 왜 이렇게 다를까.

1999년 영국 엘리자베스 여왕이 한국을 방문했을 때 제일 먼저 찾은 곳은 안동 하회마을과 가장 오래된 사찰 봉정사였다. 그 이유는 무엇일까.

2005년 프랑크푸르트 도서전에 '한국의 책 100선'에 시조집 한 권 내놓지 않은 이유는 무엇인가.

현대시조 1백 년, 앞산은 첩첩하고 뒷산은 중중하다.

월간 《문학사상》(2007년 4월호) 특별기고

고암 노사의 가르침

此經甚深意　부처님의 깊고 깊은 가르침을

大衆心渴仰　대중은 목마르게 갈구하오니

唯願大法師　오직 원컨대 대법사께옵서는

廣爲衆生說　중생을 위해 널리 설해주소서

이 게송은 큰스님에게 설법해주기를 청할 때 하는 청법게다. 대중들은 법사가 법상에 올라가면 세 번 절하며 이 게송을 외운다. 고암(古庵) 노스님은 열반하실 때까지 대중이 설법해주기를 청하면 때와 장소를 불문하고 법상에 오르셨다. 많은 고승 중에 노스님처럼 법문을 많이 하신 분도 드물다. 따라서 노스님은 법상에 올라가서 수없이 이 게송을 듣고 예배를 받으셨다. 그런데 어느 해 노스님은 법상에 올라가는 대신 스스로 몸을 낮춰 손수 청법(請法)을 하신 일이 있다. 그것도 손상좌(孫上佐)에게 예배를 하고 청법을 했다. 그 전말(顚末)은 이러하다.

만년의 노스님이 설악산 신흥사 조실로 주석하실 때의 일이다. 여름 안거가 끝나고 해제일이 됐다. 대중들은 머리를 깎고 목욕을 했다. 이제 노스님의 해제 법문만 들으면 드디어 산문이 열린다. 도반도 만나고 좋은 산천도 구경하며 행각을 떠날 심산으로 들떠 있는 사람도 있었다.

사시(巳時)가 되자 근동에서 모여든 불자들은 해제 법문을 들으려고 법당을 가득 메웠다. 대중들도 공부를 점검받기 위해 가사 장삼을 입고 법당에 모였다. 드디어 노스님이 법당으로 들어오셨다. 그런데 어인 일인지 이날 노스님은 법상에 올라가지 않으셨다. 그 대신 주지인 성준(聲準) 화상이 나서서 대중에게 의외의 말을 전했다.

"오늘은 조실스님 대신 지오 수좌가 상당해서 법문을 할 겁니다. 조실스님이 그렇게 하라고 명하셨습니다. 지오 수좌는 법상으로 올라가고, 병법 스님은 청법게를 하시기 바랍니다."

지오(知吾) 수좌는 나보다 한참 손아래인 사제다. 영민하기는 하지만 이제 겨우 나이 스물 몇, 이마에 삭도물이 채 덜 마른 풋중이었다. 아직 해행(解行)이 채 익지 않은 그에게 해제 법문을 하라니, 그것도 조실스님 앞에서 하라니 도대체 무슨 영문인지 몰라 법당 안은 가볍게 술렁거렸다. 그러나 조실스님의 하명이니 아무도 거역할 사람이 없었다.

지오 사제는 미리 귀띔을 받았던지 주지이자 은사인 성준 화상의 명대로 법상에 올랐다. 병법(秉法) 스님이 목탁을 치며 장중한 목소리로 청법게를 선창했다. 노스님은 반쯤 눈을 감고 대중과 함께 지극하게 몸을 낮춰 절을 하며 청법게를 했다. 노스님이 어떤 분인가. 종단의 최고 어른인 종정(宗正)을 두 차례나 역임하신 큰스님이시다. 그분이 다른 사람도 아닌 손상좌를 법상에 올려놓고 예배를 하다니, 대중들은 그 속내가 자못 궁금했다. 저 친구가 종비생(宗費生)으로 선발돼 대학에 다니더니 갑자기 일문천오(一聞千悟)라도 했단 말인가.

"오늘은 칠월 백중 우란분절입니다. 우란분(盂蘭盆)이란 한문으로 번역하면 '구도현(救倒懸)'이라 하는데 이는 거꾸로 매달린 것을 구제하는 날이라는 뜻입니다. 대저 우리가 삼악도에 빠져 거꾸로 매달린 고통에서 벗어나지 못하는 것은 탐진치(貪瞋癡) 삼독을 소멸하지 못하기 때문입니다. 삼독은 온갖 악행을 저지르게 합니다. 그 과보로 거꾸로 매달리는 과보에 떨어지는 것입니다. 부처님은 여기에서 벗어나려면 계정혜(戒定慧) 삼학을 닦아야 한다고 가르쳤습니다. 계(戒)란 덕을 담는 그릇과 같으니 계기(戒器)요, 정(定)이란 산란한 마음을 고요한 물처럼 가라앉게 하니 정수(定水)요, 혜(慧)란 그 물에 비친 달빛과 같으니 혜월(慧月)이라 합니다. 즉 바른 덕행을 닦아야 물이 고요하고 지혜가 빛난다는 것입니다. 바른 덕행이란 무엇인가 하면……"

법상에 오른 사제는 벌건 얼굴로 떠듬떠듬 법문을 이어갔다. 법당 안은 엄숙하다 못해 숙연한 분위기였다. 법사는 말 한 마디 한 마디를 조심했고, 대중은 금과옥조인 듯 그 한 마디를 놓치지 않고 들었다. 마치 부처님께서 사리불에게 법문을 시키고 뒤에서 듣던 영산회상의 어떤 장면을 연상케 했다.

법문이 끝났다. 눈을 감고 손상좌의 법문을 듣던 노스님은 흡족한 얼굴로 자리에서 일어났다. 그리고 일척안(一隻眼) 같은 '한 말씀'을 덧붙였다.

"오늘 지오 수좌는 참으로 훌륭한 법문을 했습니다. 한 마디 한 마디에 부처님 법문의 골수가 다 들어 있습니다. 그러나 탐진치 삼독은 말로만 소멸되는 것이 아닙니다. 미생악령불생(未生惡令不生)하고 이생악령영단(已生惡令永斷)하며, 미생선령필생(未生善令必生)하고 이생선령증장(已生善令增長)이라, 아직 생기지 않은 악은 생기지 않도록 하고, 이미 생긴 악은 영원히 끊어야 합니다. 아직 생기지 않은 선은 반드시 생기도록 해야 하고, 이미 생긴 선은 더욱 증장해야 합니다. 이렇게 사정근(四正勤)을 열심히 닦아 자기를 간수할 줄 알아야 미륜(迷淪)에서 벗어나게 됩니다. 그래야 중노릇을 잘하고 시주의 밥값도 갚을 수 있습니다."

대중들은 그제야 노스님의 뜻을 알아챘다. 그날 노스님이 대중에게 해주고 싶었던 말씀은 지오 사제 같은 풋중도 얼마든지 훌륭한 법문을 할 수 있다는 것, 그것은 불법이 이미 우리 자신 속에 구족해 있기 때문이라는 것, 그러나 그것을 행으로 옮기지 않으면 중생으로 살게 된다는 것, 그러니 이제부터라도 부처님 가르침대로 본래 부처의 삶을 살라는 것이었다. 스님은 이 말씀을 온몸으로 들려주시려고 손상좌에게 절을 하고 청법을 하신 것이었다. 아, 생각할수록 얼마나 간절한 법문인가. 얼마나 지극한 자비인가.

그로부터 40여 년의 세월이 흘러갔다. 이제 낙승(落僧)도 어느덧 등뼈가 휘고 눈이 멀고 이도 다 빠져 죽을 날만 기다리는 신세가 되었다.

몇 해 전에는 나도 노스님의 옛일을 떠올리며 도후(度吼) 사제를 법상에 모셔놓고 청법게를 읊조리며 법문을 청해 들은 적이 있다. 그날 사제의 법문을 들으니 한 마디도 틀린 바가 없었다. 그때 나는 그동안 어떤 중노릇을 했는가를 생각하고 등줄기로 땀을 세 말이나 흘린 바 있다. 새삼 노스님이 그 옛날 일러준 법문이 새로웠다. 어찌 그 은혜에 감사하지 않을 수 있겠는가. 옛사람들은 스승의 가없는 은혜에 대해 게송을 지어 찬탄하고 합장했다. 나도 노래 하나를 지어 노스님이 베푼 자비에 갚음하고자 한다.

추석달이 떠오르면 조개는 숨을 죽이고

물 위로 떠올라서 입을 쫙 벌리고서

달빛만 받아들인다 속살을 다 내어 보이고

— 졸시〈오늘의 낙죽(烙竹)〉

雪嶽霧山(신흥사 향성선원 선원장)

《고암법어록》(2017, 조계종출판사)

마음과 마음의 만남 40여 년

― 사천(沙泉) 이근배 선생에게

사천(沙泉) 선생! 노졸(老拙)은 느닷없는 존한을 읽고 눈썹이 붙어 있는가, 거울을 들여다보고 실소했습니다. 몇 가닥 남아 있었습니다. 다 빠졌더라면 이 글을 쓰지 않아도 되니 더 좋았을지도 모를 일입니다. 아무리 좋은 일도 없었던 것만 못하니까요. 오늘 좋았던 일도 다른 날 한바탕 웃음거리가 되는 일이 얼마나 많습니까.

《능엄경》에 미두인영(迷頭認影)이라는 말이 있습니다. 제 머리가 본래 있는 데도 없어졌다고 미혹하여 그림자만을 따르는 노졸 같은 이를 두고 나온 고사입니다. 선생은 노졸이 설악이라는 명산에 사니까 도덕이 제법 있는 중인 줄 아시고 불명 당호(堂號)를 말씀하셨지만, 사실은 중이 되려고 하다가 되지 못한 진로중인(塵勞中人)입니다. 중이라면 소종멸적(掃蹤滅跡)이라 살아온 행적 같은 것 깨닫고

난 후에는 깨달았다는 것조차 문자나 기록으로나 마음으로도 남기지 않아야 합니다. 중은 불법을 오득(悟得)한 후에는 불법 그 자체까지도 잊어버립니다.

그런데 노졸은 중이 진작 포기해야 할 세속사 그 하나도 포기하지 못하고 오히려 탐하고 살아왔고 살고 있습니다. 시를 쓰고 상(賞)을 탐하고 만해축전을 개최하고 명예를 구하고 하는 이런 짓거리를 선생은 훌륭한 일로 말씀하시지만 이런 짓거리는 중이 하는 짓거리가 아니지 않습니까.

물론 노졸도 한때는 중이 되려고 무한서처(無寒署處)를 찾아 퇴산적악(堆山積嶽)을 헤매기도 하고 무불처(無佛處)에서 절학도인(絶學道人) 흉내도 내기는 내었습니다만 결국 포기해야 할 세속사를 포기하지 못해 퇴산적악의 삭벽(削壁)에서 뚝 떨어지고 말았습니다. 스스로 낙승(落僧)이라고 부르는 까닭이 거기에 있습니다.

사천 선생, 이런 노졸이 웅문이 새학전구(塞壑塡溝) 곳곳에 두루 하여 미치지 않은 곳이 없는 선생의 당호를 지어드린다는 것은 말이 되지 않습니다. 누구나 자식을 얻으면 이름을 집안의 어른에게 받거니와 호는 존경하는 스승으로부터 받는 것이 아닙니까. 더욱이 중들이 말하는 불명 당호는 선등묵조(禪燈默照)의 뜻이 담겨 있다고 볼 때 덕문(德門) 시례고가(詩禮故家)의 종손(宗孫)에 한국 문단의 웅문거벽(雄文巨擘)이신 선생에게 당호를 올린 것은 노졸의 무례가 아니면 망령이라 할 것입니다. 근래 망설(妄說)을 많이 하여 임참간괴(林慙澗

愧) 설악의 숲과 개울이 모두 부끄러워하고 있습니다. 무슨 상을 받는다고 하니 피모대각(披毛戴角)이라 몸에는 털이 나고 머리에는 뿔이 돋고 있습니다. 그래 망명도생(亡命圖生)할 곳을 찾아 진진찰토(塵塵刹土)를 다 헤매어도 도생할 곳을 찾지 못하고 선생의 존한을 읽었으니 눈썹이 붙어 있는지 궁금했습니다.

사천 선생, 학림의 학(鶴) 자는 학립계군(鶴立鷄群)에서 땄고 림(林) 자는 사라쌍림(沙羅雙林)에서 땄으니 닭 무리 속의 학이요 숲속의 숲이라 선비들이 모이는 사림(士林)인가 하면 석가가 마지막 길상을 보인 성지라 절간에서는 가람이라고 합니다. 옛사람이 시방좌단설두(十方坐斷舌頭) '앉아서 시방 사람의 혀끝을 끊는 무사귀인(無事貴人)의 당호'가 학림이라 했습니다.

선생의 '토함산불국사석굴암통일대종' 그 명(銘)은 말로나 침묵으로도 다가갈 수 없는 용호(龍虎)라 이제 국보(國寶)가 되었습니다. 1987년 서울올림픽을 기념하여 불국사에서 통일대종을 주조할 때 천추만세(千秋萬歲)에 우리 국민의 심금을 울릴 종명을 얻기 위해 대문장가 10여 명에게 청탁했으나 채택되지 않았다는 말을 듣고 평소 선생 웅문의 운향(韻響)과 사채(詞彩)와 운도(韻度)를 흠모했던 노졸이 뒤늦게 선생을 천거했던 것입니다. 당시 심사를 맡았던 용상대덕(龍象大德)들이 천장지비(天藏地秘)의 명작 용문(龍文)이 드디어 세상에 드러났다고 입을 모았습니다. 이제야말로 '앉아서 시방 사람의 혀끝을 끊은 명(銘)'을 얻었다고 환호했으며 이 명에 대해 입을 열면 설두낙지(舌頭落地) 혓바닥이 땅에 떨어질 것이라 했습니다. 일테면 옛사람이 '학림은 앉아서 시방 사람의 혀끝을 끊은 귀인의 당호'라 했거니와 통일대종 명이 '앉아서 시방 사람의 혀끝을 끊은 천장지비의 용문'이라 했으니 학림이라는 당호도 노졸이 지어 올린 것이 아니라 이미 선생이 지어놓고 잊고 있는 것을 선생에게 갖다 바쳤다할 것입니다. 생각하면 타종식 이후 대소 사찰에서 무슨 명이나 모연문 같은 것을 경쟁적으로 선생에게 의뢰하는 것을 보고 조금은 질투 같은 것도 있긴 있었다 할 것입니다.

사천 선생, 고서에 사람을 만남에 이해가 앞서면 서로 만나도 알지 못하고[相逢不相識], 같이 말을 해도 서로 이름을 알지 못한다[共語不知客]고 했습니다. 우리는 선생 말씀과 같이 시조로 만난 그 순간부터 40여 년이 지난 오늘까지 산이 울면 골짜기가 응하듯 심심상인(心心相印) 마음과 마음이 만나고 있었습니다. 이는 심성무염(心性無染) 서로 간에 무슨 이해가 없었기 때문입니다. 《벽암록》에 설두(雪竇)의 시가 있습니다.

강남에는 봄바람이 불지도 않았는데
두견새는 깊은 꽃 속에서 우는구나
물고기는 폭포를 뛰어올라 용이 되었건만
어리석은 이는 밤새 연못물만 퍼내누나

이 시에서 보는 바와 같이 노졸이 어리석어 물고기는 없는데 중 옷을 입고 고기를 잡는다고 평생을 물을 퍼냈지만 고기 한 마리 못 잡고 오늘 몸에 털이 나고 머리에 뿔이 돋았으니 이 얼마나 웃기는 일입니까. 죽을 때가 지났는데도 죽지 않고 나를 내세우고 있으니 선생께서 무슨 상보다는 서로 쳐다보고 웃고 살 소박데기라도 한 분 보내주십시오. 아침에 먹은 밥알이 분반(噴飯)을 일으켜 입 밖으로 튀어나오고 있습니다. 웃을 하늘도 없는데 웃음을 참을 길이 없습니다.

시조시인 조오현

───────────────

《문학의집 서울》(2007). 이근배 시인의 편지글에 대한 답서

이롱토설(耳聾吐舌)의 명저를 읽고

— 리영희(李泳禧) 선생님 존하

계배(啓拜)

선생님의 존한을 배독(拜讀)하였습니다. 지난해는 무슨 일로 선생님을 모시지 못하였는지 잘 모르겠습니다. 아마도 남쪽을 향해 북두를 찾는(一一面南看北斗) 허두한(虛頭漢) 같은 산골 중이라 그랬나 봅니다. 만면참황(滿面慚惶)이요 죄과미천(罪過彌天)입니다.

"산호지지탱착월(珊瑚枝枝撐着月)"은 선생님 말씀대로 《벽암록(碧巖錄)》 100칙(話頭)입니다. 어떤 중이 파릉(巴陵) 스님에게 "어떤 것이 미세한 털도 닿기만 하면 잘리는 칼입니까(僧問巴陵如何是吹毛劒)?" 하고 묻자 "산호 가지 끝마다 달이 걸려 있구나(珊瑚枝枝撐着月)"라고 대답했다 합니다.

미혹한 소승의 붓끝에 올라 '말 가운데 말 없는 말(語中無語日活句)'

살아 있는 말이 '말 가운데 말 있는 말(語中有語曰死句)' 죽은 말이 되어버렸으니 허물이 많아 지금 소승의 눈썹이 있는지(眉毛在麼) 잘 모르겠습니다. 선생님께서는 다만 심사로절(尋思路絶)한 《벽암록》의 심심사(甚深事)로 음미해주셨으면 합니다.

선생님의 명저 《전환시대의 논리》는 앉아서 천하 사람의 혀를 끊어버린(坐斷天下人舌頭) 그야말로 출격대장부(出格大丈夫)가 흔번대해

(掀翻大海)하고 할산백운(喝散白雲)한 효후(哮吼)였습니다. 옛날 중국
의 마조대사(馬祖大師) 일갈(一喝)에 백장(百丈) 스님은 귀가 먹고(耳
聾) 황벽(黃檗) 스님은 혀를 빼물었다(吐舌)고 했는데, 《전환시대의 논
리》를 읽은 많은 독자들이 이롱(耳聾)하고 토설(吐舌)했을 것입니다.
여기서 '이롱'은 득대기(得大機)를 의미하고 '토설'은 득대용(得大用)
을 뜻합니다. 소승은 편계불장(偏界不藏)의 세계가 무엇인가를 깊이
느꼈습니다.

　백담계곡은 눈더미 속에 꽝꽝 얼어붙었습니다. 그러나 얼음장 밑
으로는 그대로 맑은 물이 흘러가고 있습니다.

　언제라도 연락주시면 정성을 다해 모시겠습니다. 존체 청안하옵
소서.

경진년(庚辰年, 2000년) 2월 6일
설악산지기 늙은 중 霧山五鉉 合掌

리영희 선생의 편지에 대한 답신

용서하되 잊지는 말자
— 5·18민주화운동 10주기에 부쳐

5·18광주민주화운동이 일어난 지도 벌써 10년이 됐다. 강산이 변한다는 10년의 세월, 그러나 광주의 상처는 아직 아물지 않은 채 마치 악성종양처럼 우리 사회의 내부를 불신과 증오로 채워가고 있다. 광주 문제에 대한 역사적 평가는 더 시간을 기다려야 하겠지만 그 아픔이 10년이 지나고도 치유되지 않았다면 불행한 일이 아닐 수 없다.

물론 그동안 광주 문제를 정리하고 해결하고자 하는 노력이 전혀 없었던 것은 아니다. 6공화국 출범 이후 국회는 그동안 망월동에 묻어두었던 광주 문제를 꺼내 진실을 밝히고 억울함을 풀어주기 위한 활동을 벌였다. 국민을 모두 TV 수상기 앞에 매달리게 했던 청문회를 통해 가려졌던 진실이 조금이나마 밝혀진 것은 그나마 다행한 일이었다. 또 5공 시절에는 광주 문제를 단순히 '광주사태'로 부르고 희생자들도 '폭도'라고 매도했던 것을 '광주민주화운동'으로 의미를 규정하고 '폭도'가 '희생 영령'이란 말로 바뀐 것도 변화라면 큰 변화라고 할 수 있다. 이는 우리의 역사가 그만큼 발전하고 있다는 증거라고 해도 좋을 것이다.

그러나 이 같은 표면적 변화에도 불구하고 광주가 내장하고 있는 본질적인 몇 가지 문제는 미결로 남아 있다. 그것은 다름 아니라 그 상처를 어떻게 치유할 것이며 민주화를 어떻게 이루어갈 것인가 하는 점이다.

광주 문제는 일부 정치군인의 권력 장악에 맞서 긴 군부 통치의 역사에 종지부를 찍고 민주화를 실현시키기 위해 일어난 민주항쟁이었다. 수많은 희생자를 내면서 목이 터져라 외쳤던 구호도 민주주의였다. 그럼에도 불구하고 군부는 무력으로 이를 진압했고 선량한 시민과 학생은 폭도로 매도되었다. 처참한 살육전이 우발적인 것이었는지 계획적인 것이었는지는 아직도 밝혀지지 않고 있지만, 어찌되었건 이로 인해 광주는 현대사에서 가장 비극적인 도시가 되고 말았다. 5월 18일만 되면 시내 전체가 죽은 사람을 위해 촛불을 밝히고 통곡하는 도시는 광주밖에 없다. 우리가 적어도 같은 하늘 밑에 사는 형제라면 광주의 이러한 아픔을 어떻게든 풀어주지 않으면 안 된다.

그런데 정작 매듭을 풀고 상처를 아물게 해야 할, 정치적으로 책임있는 사람들은 '광주의 아픔'을 미끼로 추악한 정치 흥정만 계속

하고 있는 듯한 느낌이다. 보상 문제만 해도 그렇다. 정부 여당의 경우 광주 문제에 보상대책을 마련하는 것이 마치 무슨 항복문서에 도장 찍는 일이기라도 한 것처럼 주저주저하고 있다. 정부 여당은 애써 광주 문제의 본질과 진상이 밝혀지는 것을 원하지도 않을뿐더러 무조건 덮어두자는 식이다. 광주 문제를 빌미로 명분상 흠을 잡히지 않겠다는 속셈이다.

야당이라고 해서 이 문제 해결에 여당보다 적극적이냐 하면 그렇지도 않다. 야당은 광주 문제를 끝까지 물고 늘어져 6공화국의 입장을 난처하게 함으로써 정치적으로 우위에 서겠다는 계산을 하고 있다. 좀 심하게 말하면 정치인들은 아무도 광주 문제를 마무리 짓고자 하는 의지가 없어 보인다. 말로는 과거를 청산하고 새롭게 출발해야 한다고 떠들면서도 청산 방법이 당리당략에 어긋날 듯싶으면 여지없이 생트집을 잡고 돌아앉고 만다.

슬픔은 나눌수록 작아지고 기쁨은 나눌수록 커진다고 했다. 그러나 누구도 광주의 슬픔을 진정으로 나누려고 하지 않고 사람의 목숨값을 무슨 물건값 흥정하듯이 밀고 당기기를 계속하면서 그 언저리에서 자기 이익만 챙기려고 할 뿐이다. 저간의 형편이 이러하고 보면 광주 문제가 10년이 지나도록 해결의 실마리를 찾지 못하는 것도 어쩌면 당연하다고 할 수 있다. 이러한 작태는 죽은 사람들의 원혼을 달래지 않고 유가족들과 슬픔을 나누지 않는다는 단순히 도덕적인 이유로만 비난할 성질의 것이 아니다. 더욱 큰 문제는 그로 인해 높아진 불신의 벽과 삭여지지 않는 분노의 감정이다.

　광주에 가본 사람은 느끼겠지만 광주 문제가 10년째 공산의 메아리마냥 울리기만 하고 실체가 잡히지 않자 이제는 분노를 넘어 증오감으로 치닫고 있다. 이대로 가다가는 또다시 어떤 비극적 사태로 발전할지도 모른다는 생각마저 들 정도다. 광주 사람들은 차마 입밖에 이런 말을 내뱉지 않고 있지만 해도 너무 한다는 불만이 낙진처럼 누적되고 있다.

　일을 자꾸 어렵게만 만들어가서는 안 된다. 광주의 슬픔이 아무리 크다고 해도 10년을 거기에 매달려 역사의 수레바퀴를 헛돌게 해서는 곤란하다. 수많은 사람이 광주항쟁 때 쓰러져간 것은 길을 잘못 든 민주주의의 수레를 바로 가도록 하기 위해서였다. 그들은 민주주의를 위해 스스로 역사의 제단 앞에 공양물이 되었다. 진흙에 빠진 수레를 건져 올리기 위해 돌이 되고 다리가 되었다. 지금 살아남은 사람들이 할 일은 그 돌을 딛고 일어나 그 다리를 밟고 민주사회라는 피안에 도착하는 일이다. 그것이 죽은 사람의 죽음을 욕되지 않게 하는 길이요. 우리 모두가 사는 길이다. 만약 그렇지 않고 언제까지나 광주의 비극만 들먹인다면 광주의 역사적 의미인 민주화가 오히려 광주라는 걸림돌에 걸려 넘어지게 된다.

　당장 우리가 서둘러 해야 할 일은 우선 광주의 상처를 빨리 아물게 하는 것이다. 그러기 위해서는 먼저 용서하고 청산하는 길밖에 없다. 개인적 감정으로야 도저히 용납할 수 없고 용서가 안 될 수도 있다. 장승 같은 자식 잃고 기둥 같은 형제를 잃은 사람에게 용서하라고 말하는 것은 무례한 요구일 수도 있다. 하지만 어쩔 것인가. 용서하지 않는다고 죽은 사람이 다시 살아오는 것도 아니고 용서와 관용이 아니면 문제의 실마리를 찾아낼 수 없는 것을.

부처님은 《법구경》에서 우리 중생들에게 이렇게 가르친 바 있다.

"원망은 원망으로 갚아지지 않는다. 원망은 또 다른 원망을 낳기 때문이다. 원망은 용서함으로써만 갚을 수 있다."

어려운 때, 마음이 상하는 때일수록 우리는 성인의 말씀을 삶의 표준으로 삼아야 한다. 그분들의 가르침은 고난과 역경을 이겨내는 슬기가 담겨 있다. 광주 문제도 마찬가지다. 용서하고 관용하는 것만이 참으로 이기는 길이다.

그렇다고 무조건 과거를 잊자는 얘기는 아니다. 역사란 과거의 아픔과 경험을 바탕으로 전진하는 것이라면 간디의 말처럼 용서는 하되 잊지는 말아야 한다. 그리하여 다시는 10년 전 광주와 같은 비극이 일어나지 않도록 해야 한다. 죽음으로 맴도는 광주의 원혼들도 그래야 하루속히 정토왕생 이고득락하게 될 것이다.

조오현(스님, 전 불교신문 주필, 신흥사 주지)

<서울신문> 5·18 특별기고(1990.05.18.)

아귀의 어리석음

불교의 윤회설에 의하면 탐욕이 많은 중생은 죽어서 아귀의 과보를 받는다고 한다. 아귀란 몸집은 산보다 더 큰데 목구멍은 바늘귀보다 더 작아서 욕심껏 먹이를 먹지 못하는 중생을 말한다. 이들은 굶주림의 고통에서 벗어나기 위해 먹이만 보면 서로 차지하겠다고 아우성을 치다 못해 아수라장을 만든다. '아귀다툼'이란 말도 여기서 생겨났다. 그러나 아귀다툼을 벌여 먹이를 차지했더라도 목구멍이 작아서 그것을 다 먹어 치울 방법이 없다. 탐욕이 없어지지 않는 한 아귀는 늘 굶주림의 고통에서 벗어날 수 없다는 것이다.

종교의 가르침은 비유와 상징을 통해 '이 시대'의 사람들을 일깨운다. 탐욕을 못 버리는 중생은 아귀의 업보를 받아 고통을 치른다는 것도 그런 의미다. 따라서 아귀의 세계가 실재하느냐는 그다지 중요하지 않다. 그보다는 현실에서 우리의 삶을 아귀로 만들지 않는 것이 더욱 중요하다. 이것이 아귀의 업보를 말하는 본뜻이다.

그러나 우리의 모습을 돌아보면 이와는 정반대다. 최근 우리 사회에서 일어나고 있는 몇 가지 다툼만 봐도 그렇다.

근로자와 사용자는 임금 문제를 놓고 심각한 대립을 거듭하고 있다. 근로자들은 왜 고통 분담의 짐을 자신들만 짊어져야 하느냐는 것이고 사용자들은 기업의 경쟁력 강화를 위해 어느 선 이상은 곤란하다는 입장이다. 한의사와 약사는 한약 조제권을 둘러싸고 밥그릇 싸움을 벌이고 있다. 한의사들은 한약의 조제는 당연히 한의사가 해야 한다는 것이고 약사들은 약은 약사가 짓고 의사는 진료만 하라는 주장이다.

양쪽의 주장을 들어보면 거기에는 그럴만한 이유와 명분이 있다. 하지만 그 뒷면에 숨은 뜻은 한마디로 '밥그릇'을 더 크게 해야겠다는 싸움이다. 그리고 내가 더 많이 차지하기 위해서는 수출이 위축되고 국민경제가 곤두박질을 치든 말든, 국민의 건강이야 쓰러지든 자빠지든 상관없다는 태도다. 아니 도리어 생산 중단과 국민 건강을 담보로 투쟁을 하다 보면 결국 자신에게 유리한 결과가 올 것이라는 음흉한 계산이 깔려 있다.

이 같은 질 나쁜 아귀다툼, 그것도 집단화된 아귀다툼은 이해 당사자는 물론, 국민 모두에게 피해만 준다. 노사분규가 극단으로 치달아 일터가 폐쇄되면 기업은 망하고 근로자는 직장을 잃는다. 더 크게는 나라 경제가 흔들린다. 우리나라는 어느새 신흥공업국 경쟁력 순위에서 7위로 밀려났다지 않는가. 한약 조제권 분쟁도 마찬가지다. 국민 건강을 담보로 집단휴업하여 얻는 것이 무엇인가.

이 집단적 아귀다툼을 해결하는 방법은 한 가지뿐이다. 아귀다툼의 원인이 탐욕과 이기주의에서 비롯되었다면 그것을 치료할 방법은 양보와 이타주의를 실천하는 길밖에 다른 수가 없다. 다시 말해 근로자는 사용자의 입장으로, 사용자는 근로자의 입장으로, 또 한의사는 약사, 약사는 한의사의 입장으로 돌아가 서로가 이해하고 내가 먼저 양보하는 것이다.

양보와 이타주의는 종교인들이나 실천할 덕목이지 세속인들에게는 비현실적 대안이라고 일축할 사람이 있을지 모른다. 현실은 어디까지나 살벌한 생존 투쟁의 마당이고 보면 그럴듯한 반론인 것 같기도 하다.

그러나 다시 한번 생각해보라. 집단이나 개인이 모두 자기 욕심만을 채우기 위해 극단적 이기주의에 빠진다면 어떻게 되겠는가. 나 혼자만의 탐욕과 이기주의는 결코 충족될 수 없다. 욕심이 많으면 많을수록 욕심은 채워지지 않는다. 아무도 양보하지 않는데 내 욕심의 배를 채울 수 있을 것인가. 그것은 아귀의 세계에서나 하는 어리석은 노력이다.

236

반대로 양보와 이타주의는 서로를 살리는 길이다. 내가 먼저 양보할 때 상대방도 양보하고, 내가 먼저 남을 도울 때 남도 나를 돕는다. 이것이 인간의 길이다. 그래서 부처님은 "욕심을 버리고 남을 위해 보시하라"고 가르친다. 그래야 얽히고설킨 실타래가 풀린다는 것이다.

첨예한 이해관계가 얽힌 현실의 문제를 종교적 원리로 풀어내려는 것은 나이브한 감상주의라고 비판할지 모른다.

그러나 더 좋은 대안은 무엇인가. 뾰족한 묘수가 없다.

아귀처럼 혼자만 먹으려는 것은 어리석음이다. 어리석음에서 벗어나야 아귀적 삶에서 벗어날 수 있다. 아귀적 삶에서 벗어나지 못하면 먹을 것을 보고도 못 먹는 아귀나 진배가 없다는 것을 생각할 때다.

조오현(낙산사 회주·시인)

〈서울신문〉 일요아침 칼럼(1993.07.04)

부처님오신날 아침에

백담사 산문의 새벽은 좀 느지막이 찾아옵니다. 동해의 해돋이를 맨 먼저 내려다보는 설악이기는 하나, 해 뜨는 반대쪽 산자락이라 더욱 그렇습니다. 그리고 워낙 골이 깊은지라, 먼 아랫마을에서 홰를 치며 울어댈 닭 울음소리도 듣지 못한 채 새벽을 맞고는 합니다. 그럼에도 새잎들이 피어난 연녹색 숲이 마치 햇살이라도 받은 양 안개구름 사이로 눈부신 새벽입니다.

오늘은 '부처님오신날'이라서 산문의 새벽이 더욱 싱그러운지도 모릅니다. 2541년 전 불타가 고타마 싯다르타라는 이름으로 태어난 날입니다. 태어나면서 오른손은 올리고 왼손은 내렸다고 합니다. 며칠 전 전파가 가물가물 날아온 산골 텔레비전에서 서울 시청 앞에 세워 놓은 그 탄생불을 보았습니다. 고타마 싯다르타는 대강 그런

모습으로 태어나서 세간 사람들 틈에 자리 잡았을 것입니다.

　그때에 갓난아기 싯다르타는 "하늘 위, 아래에서 나 홀로 우뚝하다.(천상천하유아독존)"는 말로 첫 입을 열었다고 합니다. 불타의 전기격인 《서응경》에 그렇게 적혀 있습니다. 그 한마디는 바로 모든 속박으로부터 벗어나고자 한 자유선언입니다. 또 고통으로부터 해방의 의지를 드러낸 외로운 인간 선언이기도 했습니다. 싯다르타의 자유선언에서 자유는 19세기 서양의 사상가 존 스튜어트 밀 같은 이들이 주창한 자유와는 사뭇 다릅니다. 이는 형이상학의 자유인데, 불가에서는 자재라고도 말합니다. 그 자유를 얻은 이상은 싯다르타가 서른다섯 살이 되던 해에 생각하는 고행을 통해 실현되었습니다. 고행 6년 만의 깨달음, 곧 정각에 이어 해탈에 도달했던 것입니다.
　그리하여 자유롭고 막힌 데가 없는 자재무애한 길에 접어드셨습니다. 고타마 싯다르타는 드디어 깨달은 이를 일컫는 불타(붓다)가 된 것입니다. 그런데 올해 '부처님오신날'에 바라본 사바의 세상은 막힌 데가 너무 많습니다. 그래서 만화방창한 계절을 뒷걸음질 쳐 어두운 그림자만 던져주고 있습니다. 그야말로 삼 가닥이 뒤엉키듯 비리가 난마를 이루고 있습니다. 국정마저도 넉 달째 표류한다는 이야기도 들리고, 경제가 어렵다는 것은 이미 체험했습니다. 곳곳이 막혔으니, 필연적 현상일수밖에 없습니다.
　사람들이 즐거울 리가 없고, 신바람이 날 리 만무합니다. 즐거움이 없는 세상을 살게 되었습니다. 이를 불락이라고 합니다. 범어로 나라카, 곧 지옥을 뜻하는 말입니다. "삼계 모두가 고통인데, 어찌 즐거워할 수 있을까"라는 구절이 불타의 전기에 나옵니다. 그렇듯 불타의 시대에도 고통과 어둠이 전혀 없었던 것은 아닙니다.

그가 히말라야 산록 작은 왕국 카필라성을 떠나 고행을 자초하고 나선 것도 인간이 고통으로부터 자유로워지는 길을 찾기 위해서였습니다. 그가 태어나면서 약속한 다른 또 하나의 말이 있습니다. "이 생애에서 인천을 이롭게 하리라"는 말이 그것입니다. 인간을 하늘보다 더 소중히 여긴 인간주의 흔적이 엿보이는 대목이기도 합니다. 민주주의 시대가 아니어서 가만히만 앉아 있어도 왕위를 물려받을 세습 왕국의 태자 싯다르타는 그런 마음으로 왕국을 떠났습니다.

그러니까 싯다르타는 용기 있는 자유인이었던 것입니다. 오늘의 세태를 보면 자유로워야 할 부분 우선 몇 가지를 꼽을 수 있습니다. 권력과 명예의 집착으로부터 벗어나는 자유를 우선 생각해 봅니다. 그리고 돈을 많이 챙기려는 물욕으로부터 자유로워져야 합니다. 권력과 명예를 누리는 정치와 돈은 불가분의 관계입니다. 하룻밤을 자고 나면 날마다 터지는 비리는 모두 권력과 돈에 연유하고 있음을 익히 보았습니다.

지금 고도 경제사회에서 무소유의 삶을 강조한다는 것은 사실상 무리입니다. 그러나 넘치는 욕심은 금물이 분명합니다. 우리는 지금 있고(유) 없음(무)이 한쪽에 치우치지 않는 중도의 행법이 절실한 시대를 살고 있습니다. 오늘 등불을 밝힐 불자들이시여! 그 봉축 등에다 과욕으로부터 자유로워지는 지극히 청정한 지혜의 불을 댕기시기 바랍니다.

조오현(백담사 회주·시인)

〈서울신문〉 부처님오신날 특별기고(1997.05.14.)

부처님이 세상에 오신 곳

옛 선사가 이르기를 '자연법이(自然法爾)'라고 했습니다. 자연의 모습 그대로가 진리라는 것이지요. 산에 살다 보면 계절이 바뀔 때마다 정말로 실감 나는 것이 이 말입니다. 특히 봄 산이 변하는 모습은 활동사진보다 더 신기합니다. 겨우내 얼어붙었던 백담계곡에는 어느새 맑은 물이 소리 내어 흐르고, 부드러워진 땅에서는 온갖 이름 모를 풀들이 신비한 얼굴을 내밉니다.

산은 높고 물은 길게 흐릅니다. 버들은 푸르고 꽃은 붉습니다. 오늘 아침은 나뭇잎이 온산을 연초록으로 물들이며 피어나고, 내일 아침에는 온갖 꽃들이 벙글며 꽃망울을 터뜨립니다. 대통령이 들으면 섭섭하겠지만 대통령의 권력으로도 못 할 일을 소리소문없이 해내는 것이 자연입니다. 이처럼 위대한 부처의 모습이 또 어디에 있겠어요. 그래서 소동파는 이렇게 읊었습니다.

"계곡을 흐르는 물소리가 부처의 설법인데, 저 푸른 산이 어찌
법신부처의 몸이 아니랴."
(溪聲便是長廣舌 山色豈非淸淨身)

부처가 따로 있는 것이 아니라 오묘한 자연의 모습이 바로 부처이
니, 설법을 따로 들으려 하지 말고 계곡의 물소리에서 진리의 말씀
을 들어야 한다는 것이지요. 우리가 이렇게 자연에서 진리의 몸을
보고, 거기에서 부처의 설법을 듣는다면 더 이상 다른 곳에서 부처
를 찾을 필요가 없습니다. 그러나 사람들은 법신(法身)의 부처를 보
고도 부처를 알아보지 못합니다. 바로 이게 문제입니다.

부처님이 이 세상에 오신 뜻은 진리를 보고도 깨닫지 못하는 중생
들에게 삶의 진상을 가르쳐주기 위해서입니다. 부처님의 가르침이
란 가만히 뜯어보면 별것도 아닙니다. 모든 것은 쉬지 않고 변해간
다는 것[諸行無常], 그래서 어느 것도 독립된 실체를 갖고 있지 않다
는 것[諸法無我], 그러므로 삶은 괴롭다는 것[一切皆苦]이 핵심입니다.
그러니 어떻게 해야 하겠어요. 너무 집착하지 말고, 너무 많이 소유
하려 하지 말고, 조금씩 비우고 덜어내라는 것입니다. 세상은 너무
많이 가지려 하는 데서 싸움이 생기지, 덜어내려는 데서 싸움이 생
기지는 않기 때문입니다.

자연을 보면 이 점은 더욱 분명해지지요. 나무가 겨울을 나자면, 몸속의 수액을 다 내보내야 얼어 죽지 않습니다. 그러다가 봄이 되어 싹을 틔우려면 잔뿌리까지 힘을 다해 다시 물을 빨아들입니다. 사람도 마찬가지입니다. 채우기만 하고 비우지 못하면, 수액을 배출하지 못한 겨울나무처럼 얼어 죽기 십상입니다. 욕심을 비워내야 그 자리에 더 푸른 잎과 아름다운 꽃이 피는 거지요.

자연은 또 이렇게 가르칩니다. 바위와 흙, 소나무와 참나무가 서로를 인정하고 어울려 살듯 함께 살아가라고요. 이를 불가에서는 '용사동거(龍蛇同居)'라 합니다. 용과 뱀이 어울려 살아가는 것이지, 용만 살거나 뱀만 살 수는 없습니다. 여자는 여자끼리, 남자는 남자끼리 모여 살면 무슨 재미가 있겠어요. 싸우지 말고 화해하고 용서하며 살아야 한다는 말입니다.

사월 초파일은 부처님오신날입니다. 하지만 부처님은 이미 만개한 봄꽃 속에, 푸른 나뭇잎에, 달콤한 꽃바람 속에 와 계십니다. 마음의 눈이 열린 사람은 언제나 가슴속에 부처님을 모시고 살아가지만, 무명의 먹구름에 가린 사람은 사월 초파일을 3천 번을 맞아도 부처님을 볼 수 없습니다.

내 마음속에는 부처님이 와 계신지, 오늘 모두 한번 찾아볼 일입니다.

<불교신문> 부처님오신날 법어

3장 / 본지풍광

똥꾼의 손을 잡은 부처님

부처님이 어느 날 사위성으로 외출을 나갔을 때의 일입니다. 좁은 골목길에서 분뇨를 수거하는 일을 하는 똥꾼 니다이를 만났습니다. 그는 부처님이 오시는 것을 보고 길을 비키려다가 넘어지고 말았어요. 그 바람에 지고 있던 분뇨통이 쏟아지면서 부처님에게 똥물이 튀었지요. 그는 놀랍고 송구스러워 땅바닥에 주저앉았습니다. 그러자 부처님이 두려움에 떨고 있는 니다이에게 다가가 손을 내밀었습니다.

"괜찮다. 나와 함께 강물로 가서 목욕하자. 지금은 냄새가 너무 심하구나."

"부처님은 왕의 아들이지만, 저는 천한 똥꾼입니다. 저 같은 사람이 어찌 고귀한 분과 함께 목욕할 수 있겠나이까."

"그렇지 않다. 나의 가르침은 맑은 물과 같아서 온갖 더러움을 깨끗하게 씻어주느니라."

감격한 니다이는 부처님과 함께 갠지스강에 가서 목욕을 한 뒤, 머리를 깎고 수행자가 되었습니다. 이 소식을 들은 파세나디왕은 불만을 토로했습니다.

'부처님은 왕족이고 다른 사람도 귀한 신분이다. 불가촉천민을 제자로 삼으면 귀한 신분의 사람들이 어떻게 예배하고 공양할 수 있겠는가.'

그러자 부처님은 파세나디왕을 불러 이렇게 가르쳤습니다.

"나의 교단 안에서는 직업이나 신분이 문제 되지 않는다. 그 사람의 마음과 행실이 중요하다. 니다이는 이미 나의 가르침을 받아 성자가 됐다."

왕은 자신의 생각이 모자랐음을 사과하고 부처님과 니다이에게 예배했습니다.

《현우경》이라는 경전에 기록된 이 이야기에는 눈여겨볼 대목이 몇 군데 있습니다. 하나는 인도 사회의 고질적인 병폐인 계급구조가 부정되고 있는 점입니다. 인도에서 불가촉천민은 인간 이하로 버림받은 인생이지요. 《마누법전》에 의하면 그들은 바라문이나 왕족의 몸에 손발이 닿으면 그것을 잘라버리고, 쳐다보면 눈알을 빼버린다고 되어 있습니다. 이런 사람을 제자로 받아들인 것은 불교가 무엇을 지향하는 종교인가를 잘 말해줍니다.

또 한 가지 간과할 수 없는 것은 파세나디왕이 니다이에게 사과하고 예배한 사실입니다. 이 장면은 인권 의식이 발달한 요즘에도 쉬운 일이 아닙니다. 하물며 불가촉천민을 '말하는 짐승'으로 여겼던 2,600년 전이라는 점을 생각하면 놀랍고 획기적인 사건이 분명합니다.

일찍이 불교의 스승들은 '야차와 보살은 백지장 하나 차이'라고 가르쳤습니다. 남을 헐뜯고 욕심만 채우려는 순간 야차가 되고, 서로 돕고 배려하는 마음을 가지면 보살이 된다는 것입니다. 똥꾼이 수행자가 된 것이나, 파세나디왕이 그에게 사과하고 예배한 것은 백지장을 뒤집어 보살이 된 사례들입니다.

요즘 자주 거론되는 '양극화 현상'을 해결하는 방법도 뾰족한 해결 수가 따로 있는 것이 아닙니다. 모든 사람이 야차의 마음을 보살의 마음으로 바꾸어야 실마리가 풀립니다. 눈을 감고 생각해보면 이 세상 모든 것 중 본래 내 것은 아무것도 없습니다. 잠시 가지고 있다가 다 내놓아야 합니다. 아옹다옹 집착하다 보면 업보만 두터워집니다. 왕이 똥꾼에게 사과하듯이 한 생각 고쳐먹는 곳에서 진정한 상생의 문이 열립니다. 부처님은 이 길을 일러주고자 이 세상에 오셨습니다.

우리는 해마다 부처님오신날이 되면 마음의 소원을 담은 등을 내겁니다. 그러나 등을 켜기 전에 해야 할 일이 한 가지 있습니다. 무엇이 바르게 사는 것인지, 어떻게 해야 남의 눈에서 눈물을 흘리지 않게 하는 것인지를 생각해보는 것입니다. 유명한 잠언집인《법구경》에서 부처님은 이렇게 가르쳤습니다.

"선행을 한 사람과 악행을 한 사람이 앞으로 어떻게 될지 미리 알 수 있다. 선행을 한 사람에게는 복이 오고 악행을 한 사람에게는 화가 미친다. 이것은 하늘도 알고 귀신도 알고 미물도 아는 일이다. 사람이 이 도리를 모른다면 어리석은 일이다."

<한겨레신문> 부처님오신날 법어(2015.05.15)

천고에 빛날 명승도량 일구어야

　법계와 허공계가 법당 아님이 없으니 한 티끌에서 보왕찰을 나투고 미진 속에서 대법륜을 굴리는 도리가 그것이다. 그러나 중생계는 색법의 세계이니 형상이 아니면 볼 수 없고 성상이 아니면 들을 수 없다. 그러므로 고인이 이르기를 '실제 이치에서는 한 티끌도 받아들이지 않지만, 불법 문중에서는 한 법도 버리지 않는다'고 했다.

　해동제일의 관음성지 낙산사도 이와 같다. 해안고절처만이 관음 상주처가 아니요 양양 낙산사만이 천하제일의 영험 도량은 아니다. 하지만 중생의 마음을 섭수하고 귀의토록 하자면 승지를 택해 불당을 세우고 향을 사루어 법력이 충만하도록 해야 한다. 신라의 의상 조사가 동해의 절승지에 낙산사를 짓고 천년의 기도 도량을 삼은 것은 이런 까닭이다. 이후 낙산사는 조사의 깊은 뜻을 받들어 천수백 년간 향화가 끊어지지 않도록 방편문을 열었으니 이곳에 이르러 안심입명을 얻은 사람은 그 숫자를 헤아릴 수 없다.

그러나 인연이 다하면 보왕찰도 무너지고 대법륜도 멈추는 것이 사바세계의 일이다. 낙산사는 이 무진법문을 보여주고 들려주기 위해 때로는 스스로 무너지고 때로는 스스로 불타면서 중생을 경책해 주었다. 창건 이래 수없이 되풀이된 중창과 복원의 역사는 탐진치 삼독에 빠진 무명 중생의 어리석음을 일깨워주는 최상승 법문에 다름 아니다. 근년에 이르러 낙산사는 또 한 차례의 대화재로 전소되는 비운을 겪었다. 비록 자연재해라고는 하나 천년고찰이 일조에 불타는 모습을 보인 것은 전 국민을 슬프게 한 안타까운 일이었다.

땅에서 넘어진 자는 땅을 딛고 일어선다고 했다. 화재를 당해 전 국민을 슬프게 한 낙산사는 다시 복원돼야 전 국민을 기쁘게 할 수 있다. 낙산사는 그러한 원력을 모아 복원불사를 추진하고 있다. 모두가 기쁜 마음으로 동참하여 천고에 자랑할 명승도량을 일구어야 한다.

한 방울의 물이 모여 대해를 이루고 한 줌의 흙이 쌓여 태산을 이룬다 했다. 제방 단월의 수희동참을 바라고자 한다.

설악산 조실 무산 합장

낙산사 복원불사 권선문(2005.04)

낙산사 복원과 《신낙산사지》

불교는 기록의 종교다. 기록이 없으면 불교도 없다. 불교의 수많
은 경전과 어록은 부처님과 조사(祖師)들의 가르침을 기록한 것이
다. 뒷사람들이 불조(佛祖)의 언행을 기록하지 않았다면 세상에 불
교라는 종교가 존재하지 않았을 것이다.

불교가 이렇게 기록을 중시하는 것은 정통성과 전통성을 보존하
고 유지하기 위해서다. 불교는 오랜 역사를 통해 광범한 지역에서
다양한 문화와 접촉하면서 새로운 불교문화를 창조해왔다. 이 과정
에서 불교 고유의 자비와 지혜의 가르침이 훼손되지 않게 하려면 무
엇이 정통이고 전통인지 확인해둘 필요가 있다. 그래서 불멸 후 3백
년경에 인도를 통일한 아육왕(阿育王)은 석주를 세우고 부처님의 가
르침을 새겼다. 이 금석문은 지금도 불교의 역사를 상고(尙古)하는

중요한 자료가 되고 있다.

우리나라 고대사에서도 불교의 문헌과 금석문이 없으면 연구 자체가 어려울 정도다. 선대 고승들은 가람을 짓거나 종을 주조하거나 스승이 열반에 들면 사적비를 세우고 명문(銘文)을 새기며 행장을 기록했다. 이것이 모이고 쌓여서 역사가 되고 후대에까지 전통을 계승해가는 자료가 됐다. 불교의 설화를 모아놓은 《삼국유사》나 고승들의 행장을 기록한 비문들은 불교뿐만이 아니라 그 시대의 정치와 사회, 문화적 사정을 알게 하는 중요한 자료들이다.

낙산사(洛山寺)는 널리 알려진 대로 신라의 의상대사가 관음성지를 가꾼 이래 오랫동안 관음신앙의 영지(靈地)가 되어 왔다. 그러나 불행하게도 지난 갑오년 봄에 동해에서 일어난 산불로 천년고찰은 순식간에 잿더미로 변했다. 다행하게도 낙산사는 전 국민적 성원에 힘입어 다시 과거의 아름다움을 되찾게 되었다. 이는 관음신앙의 전통을 지키려는 사승(寺僧)과 불자들의 염원이 하늘에 사무쳤기 때문이다. 여기서 한 가지 간과해서 안 될 것은 이 염원의 성취가 있기까지에는 조선 중기의 화원인 단원(檀園) 김홍도(金弘道)가 그린 〈낙산사도(洛山寺圖)〉가 바탕이 되었다는 점이다. 복원된 낙산사는 단원의 〈낙산사도〉에 나타난 가람 배치를 기본으로 하되 현대적 해석과 조화를 이룬 아름다운 절로 재탄생했다.

이 과정에서도 알 수 있듯이 한 장의 그림과 한 줄의 금석문은 역

사와 전통을 계승해나가는 결정적인 자료다. 이런 점에서 우리는 백 년, 천 년 뒤의 낙산사를 위해 오늘의 모습을 정확하게 기록해둘 필 요가 있다. 앞으로 낙산사의 신앙적 전통을 계승하고 발전시킬 바탕 은 낙산사의 역사와 현재의 모습을 전해주는 사지(寺誌)일 것이기 때 문이다.

　낙산사 주지 정념(正念) 화상(和尙)은 이 점을 누구보다 잘 아는 사 람이다. 그래서 화상은 낙산사 복원이 끝나자마자 무엇보다 먼저 과 거의 역사와 현재의 모습, 그리고 복원 과정을 상세하게 기록한《신 낙산사지(新洛山寺誌)》발간을 서둘렀다. 이 책은 단순한 역사의 기 록이 아니라 낙산사의 어제와 오늘은 물론 미래의 이상까지를 담은 이정표다. 우리는 이 한 권의 사지를 통해 낙산사의 과거와 현재를 살펴보고 미래를 조망할 수 있다. 이것이야말로 과거의 불교도들이 부처님이 돌아가신 직후 미래의 불교를 위해 경전을 편찬하던 뜻과 조금도 다르지 않다고 할 것이다. 새삼 화상의 안목에 경탄과 상찬을 보내지 않을 수 없다.

그동안 낙산사 복원과 사지 발간에 애쓴 정념 화상과 용상방(龍象榜) 대중의 노고를 거듭 치하하며 그 무량공덕으로 법계중생 모두가 일시에 성불하기를 축원하는 바이다.

천겁이 지났다 해도 옛일이 아니요(歷千劫而不古)
만세를 지난다 해도 오늘 일이로다(亘萬歲而長今)

불기 2553년 12월
雪嶽霧山 합장

《신낙산사지》 발간(2009.12) 축사

온몸을 보시한 토끼처럼

석가모니 부처님은 연등불 앞에서 부처가 되기로 서원한 이래 3아승지겁 동안 수많은 생을 반복하면서 보살행을 닦았다고 한다. 《본생경》은 이 가운데 대표적인 이야기 547가지를 모아놓은 경전이다. 이에 따르면 부처님은 과거세에 보살로서 인행(忍行)을 닦을 때 사람은 물론 천신, 조류, 물고기, 짐승, 심지어는 곤충으로 태어나면서 갖가지 선행을 닦았다. 그런 까닭에 이 경은 시종 감동과 교훈을 주는 설화로 가득하다.

이 중에서도 우리에게 섬뜩한 감동을 주는 이야기는 제316화 〈토끼의 전생〉이다.

옛날 바라나시의 숲속에 토끼 한 마리가 살고 있었다. 토끼는 원숭이와 승냥이 수달과 친구가 되어 착하게 살아갔다. 서로 시기하지도 않고 어려운 일이 있으면 서로 돕고 음식이 있으면 나누어 먹으며 지냈다.

어느 날 이들이 사는 숲에 한 수행자가 나타났다. 그는 몹시 허기가 져서 음식을 먹지 못하면 죽을 지경이었다. 그는 숲속의 친구들에게 가서 음식을 구걸했다. 수달은 자기가 먹으려던 빨간 물고기를 내놓았다. 승냥이는 날고기 꼬치와 도마뱀을 내놓았고, 원숭이는 익지 않은 나무 열매를 내놓았다. 그러나 모두 날것이어서 먹기가 곤란한 것이었다. 수행자는 마지막으로 토끼를 찾아갔다. 줄 것이라고는 풀밖에 없는 토끼는 수행자에게 이렇게 말했다.

"내가 불 속에 뛰어들어 고기가 구워지거든 그것을 먹고 힘을 내 수행을 해서 도를 이루십시오."

토끼는 마치 '연꽃 속에 백조가 앉는 것처럼 기쁜 마음'으로 활활 타는 모닥불 속으로 뛰어들었다…….

이 토끼는 그 공덕으로 나중에 석가모니 부처님이 되었다.

남을 돕기 위해서는 내가 가진 것의 일부를 포기해야 한다. 수달이나 승냥이, 원숭이처럼 자기가 먹기 위해 마련해둔 음식의 일부를 내놓아야 하는 경우도 있다. 정말 어려운 일이지만, 참으로 아름다운 일이다.

그러나 더 어렵고 더 아름다운 행동은 자기의 생명, 또는 신체 일부를 남에게 제공하는 일이다. 이는 부처님이 보살인행을 닦을 때처럼 대가를 바라지 않는 무주상(無住相)의 보시심(布施心)이 아니고는 불가능한 일이다. 그런데 우리 주변에는 장기기증을 통해 '생명 나눔'을 실천하겠다는 사람이 수만 명이나 된다고 한다. 얼마나 장하고 거룩한 일인가. 토끼가 자기 몸을 던져 보시한 공덕으로 뒷날 부처님이 된 것과 같이, 이분들도 틀림없이 모두 부처님이 될 것이다. 더욱이 그 공덕으로 다른 사람들도 구제받게 될 것이니, 생각만 해도 머리가 숙어질 뿐이다.

《쥐가 고양이 밥을 먹다》(2006, 불교신문사)

백척간두에서 한 발 더

세속의 온갖 못 볼 사건을 쫓아 뛰어다니는 기자와, 속세를 떠난 깊은 산속 참선방에 앉아 면벽참선하는 선승(禪僧)은 일견 가는 길이 달라 보인다. 그러나 조금만 자세하게 상량(商量)해 보면 기자나 선승은 참으로 비슷한 데가 많은 사람들이다.

기자와 선승은 우선 성격이 비슷하다. 선승은 일체의 우상과 권위를 부정한다. 부처를 만나도 부처의 권위를 부정한다[逢佛殺佛]. 그렇게 해야 언구(言句)에 속지 않기 때문이다. 기자도 그렇다. 권력에 눌리거나 돈에 매수되면 그날부터 진실을 캐는 기자 일은 끝장이다.

또 하나의 공통점은 기자나 선승 모두 화두(話頭)를 쫓는 사람들이라는 것이다. 기자는 우리 시대의 화두를 기자 수첩에 적어놓고 그것을 캐기 위해 밤낮없이 뛰어다닌다. 선방 수좌는 인생의 근본 문제를 해결하기 위해 가슴속에 화두를 묻어놓고 밥 먹고 잠자는 시간까지 매달린다. 화두를 캐는 방법도 비슷하다. 서산대사는 선승이 화두를 참구할 때 큰 믿음(大信心), 큰 의심(大疑團), 큰 용기(大憤心)가 있어야 한다고 했다. 기자도 취재를 할 때 해낼 수 있다는 자신감, 왜 그렇게 됐는지를 캐는 의심, 그리고 자존심을 걸고 덤벼드는 용기가 있어야 한다. 그게 없으면 기자를 그만둬야 한다.

기자나 선승이 똑같이 해서는 안 될 행위가 있다. 자격도 없이 기자라고 으스대거나 공부도 안 하고 선승인 척하는 일이다. 권력의 눈치나 살피고 돈에 매수돼서 진실을 묻어놓는 기자나, 세속의 명리나 쫓고 남이 못 알아듣는 법어나 홍얼거리는 선승이 자격 없기는 매한가지다.

물론 기사 잘 쓰는 기자도 많고, 참선 잘하는 선승도 많다. 그러나 그것만으로 봉급을 타고 시주 밥 먹을 자격이 있는지는 다시 생각해야 한다. 기자나 선승은 독자나 불자들로부터 '현재 이상의 무엇'을 요구받고 있다. 이에 응답하기 위해 기자나 선승은 새로운 각오를 다져야 한다. 이 말이 뜻하는 낙처(落處)를 모른다면 기자든 선승이든 모두 사표를 내야 할 것이다.

百尺竿頭不動人
雖然得入未爲眞
百尺竿頭須進步

十方世界是全身

백 척 장대 끝에 꼼짝 않고 앉아 있는 사람이
비록 무엇인가 이뤘다 해도 아직 참은 아니다.
 백 척 장대 끝에서 모름지기 한 발 더 내디뎌야
시방세계가 모두 자기의 온몸이 되었다 하리.

한국기자협회 창립 30주년 축사(1994)

남과 북은 본래 한 몸

天地與我同根
萬物與我同體
천지는 나와 한 뿌리요
만물은 나와 한 몸이니라.

경주 석굴암에 가면 본존불 앞에 금강역사상이 좌우 양쪽에 버티고 서 있다. 금강역사(金剛力士)란 불보살을 수호하는 호법신장이다. 그런데 이 금강역사 중 오른쪽에 있는 역사는 팔이 부러진 상태다. 말하자면 경호원이 부상을 입은 채 근무를 서고 있는 셈이다.

나는 이 부상당한 금강역사상을 볼 때마다 아주 재미있는 상상을 해보곤 한다. 오른쪽 금강역사가 다쳐서 제 임무를 다하지 못하는 사이 마왕(魔王)이 침입한 것이다. 그러자 왼쪽의 금강역사는 혼신을 다해 오른쪽 역사의 몫까지 다해서 마침내 마왕을 물리쳤다. 이를 본 오른손이 미안한 마음이 들어 왼쪽의 금강역사에게 말했다.

"미안하네. 그리고 수고 많으셨네."

이때 인사를 받은 왼쪽 금강역사는 잘났다며 거들먹거리기는커녕 도리어 공손하게 이렇게 말하며 뒤통수를 긁었다.

"뭘 그걸 가지고 그러시나. 당연히 할 일을 했을 뿐인데……"

예로부터 불교에서는 남을 돕거나 자비를 베풀되 그 일을 가지고 잘했다는 생각을 하면 안 된다고 가르쳐왔다. 저 유명한 《금강경》에 따르면 보시(布施)를 하되 무주상(無住相)의 보시라야 이야말로 불가칭(不可稱) 불가사량(不可思量)의 공덕이 있다고 했다. 남에게 자비를 베풀고도 베풀었다는 생각을 하지 말아야 말할 수도 없고 생각할 수도 없는 진정한 보시공덕을 성취하게 된다는 뜻이다. 어째서 그런가.

오른손이 다쳤을 때 왼손이 그 일을 대신하는 것은 서로가 한 몸이기 때문이다. 오른쪽 눈을 다쳤을 때 왼쪽 눈이 심통을 부리거나 귀찮다고 보는 일을 대신해주지 않으면 함께 넘어지고 만다. 그러므로 천하 만물은 서로 돕고 살아야 한다. 너와 나를 나눠 싸우면 공멸의 길을 걷게 되고, 너와 내가 하나임을 알고 서로 도우면 상생의 길을 가게 된다. 부처님이 가르친 동체대비(同體大悲)란 이렇게 서로가 한 몸임을 깨달아 서로가 서로에게 자비를 베풀어야 한다는 말이다. 이것이야말로 헤아릴 수 없는 공덕이 아니고 무엇이랴.

　한국기자협회가 북한의 평양과학기술대학을 지원하기로 하고 그 기금을 모으는 것은 바로 이 같은 동체대비를 민족적 차원에서 실천하려는 것에 다름 아니다. 북한을 돕는 것은 남을 돕는 것이 아니라 동포를 돕는 것이고 나 자신을 돕는 것이다. 이 어찌 자타불이(自他不二)와 남북동체(南北同體)를 깨달은 사람이 하는 자비행이라 하지 않을 수 있겠는가. 더욱이 이번 평양과학기술대 지원사업은 궁극적으로 민족의 통일을 견인하는 첫발이 될 것이니 그 공덕이 어찌 무주상 보시를 실천한 사람의 공덕과 다르다고 하겠는가. 이런 공덕들이 모이고 쌓이면 민족의 통일문제는 이렇게 해결될 것이로다.

雪消泥上滅蹤迹
白象行處絶狐踪
눈이 녹으면 그 위의 발자국마저 사라질 것이고
흰 코끼리 가는 곳은 여우 발걸음이 끊어지리라

한국기자협회 특별법어

曹溪宗 救宗扶法宗匠 聲準和尙 塔碑銘

　여기 古佛古祖가 걸어간 吹毛劍 끝에서 救宗扶法에 順逆縱橫하고 宗風振作에 一埃一拶하고 攝化利生에 當機物盒한 不落賓主의 獨坐大雄峰이 있으니 雪嶽大虎 聲準和尙이 그분이다.

　和尙의 法諱는 聲準이요 法號는 晶號이며 俗名은 炳迹이니 檀紀 四二六五年 五月 二十日 全北 沃溝郡 澮縣面 院隅里에서 南平文公 士執居士와 潭陽田氏 順吉女史의 四男一女中 次男으로 태어났다. 塵世에 落地하면서부터 大器의 氣象을 具有했으니 鄕井의 群山商高와 圓光大學 勉學時부터 一騎當千의 膽智와 義人의 風貌를 보여 同學間의 信義가 重厚했다.

　그러던 중 韓國戰爭의 勃發로 國軍에 徵集돼 洛東江戰鬪에 參戰하니 一日一夜에 萬死萬生하는 生死關頭가 거기에 있음이라 三界

輪廻를 超脫하는 不死無生의 大法을 찾지 않을 수 없었다. 이에 釜山 梵魚寺에서 古庵老師를 恩師로 祝髮하고 東山宗師를 戒師로 俗塵을 씻고 受戒得度하니 世臘 二十三歲의 일이었다.

出格丈夫로서 方袍圓頂의 威儀를 갖춘 和尙은 그곳 梵魚學林에서 不眠不休하고 佛味祖味에 맛들어 經論을 讀破하던 중 起信論의 淸淨本然 云何忽生 山河大地라는 大文에 이르러 目前이 銀山鐵壁이 되었다. 祖室에 參問하니 黃券赤軸은 濟世之醫方이요 西來密旨는 良藥이라 下敎하매 捨敎入禪의 門庭에 入榜하여 出身活路를 찾으니 처음은 金山寺 龍鳳會上이요 다음은 仙巖寺 昔巖會上과 華溪寺 高峰會上이었다. 和尙의 求法精神은 針箚不入處라 언제나 默言牌를 목에 걸고 勇猛精進하니 龍鳳祖室이 處非處智力과 降魔利劍과 掃除凡聖棒을 지닌 踞地獅子라 讚嘆하시었다.

그 무렵 僧伽에는 淨化佛事가 일어나 叢林靜默이 騷擾하매 諸方龍象이 和尙에게 百尺竿頭에 나설 것을 慫慂하매 不陷是非가 出家本分事라며 謝絶했으나 宗風이 바로서야 佛法이 興隆하리라는 昔巖律師의 小懺法門을 듣고 全機獨露한 不犯棒鎗의 勇猛心으로 上京케 되었다. 먼저 曉峰 東山 金烏 靑潭 등 作家宗師를 拜謁하고 智曉 慶山 行願 光德 月灘 等 持金剛者를 만나 把手上高山할 淨化大衆의 一員이 되었다.

이때 和尙은 理事分明한 金法과 一鏃破三關의 機用으로 大衆을 耳聾吐舌케 했으니 그 當機直截한 伎倆이 有名한 大法院殉敎割腹

事件이었다. 此로 因해 投獄의 苦楚를 겪었으나 宗團은 淨化初志를 貫徹케 됐으니 어찌 그 功德이 작다 하리오. 淨化道伴 行願禪師는 獄中에서도 撥草膽風의 氣像을 不喪한 飛騎將軍에게 善惡元無性 聖凡是虛名 門前寂光土 春來草自生이라는 禪偈를 보내 賞讚하고 慰勞하였다.

마침내 統合宗團이 出帆하매 和尙은 出家本然으로 돌아가 康津 萬德寺에서 龍城禪師의 禪農一致를 範典삼고 一向專修로 芻草除根하니 擧宗法侶의 龜鑑이 되었다. 不然이나 宗門은 淨化佛事後遺症으로 混亂이 不少하매 宗團은 和尙을 召喚해 監察部長에 任命하고 僧風確立을 當付했다. 이에 和尙은 股肱之力을 다하는 一方 僧伽의 百年之大計를 爲해 靈鷲會를 發起하는 等 第二淨化에 拍車를 加했다.

그러나 小利輩들이 觸象之醉로 發餓鬼心하고 謗法하는 兩舌과 讒口를 일삼으매 默賓對處로 攝心한 뒤 西來祖道를 찾아 遊方頭陀의 錫杖을 짚었다. 然後에 鏡峰 耘虛 秋潭 昔岩 性徹 西翁 春城 等 諸方善知識을 參詣하여 擧揚交遊하니 四家語錄의 妙旨도 掌中이었다.

春夏秋冬이 지나 世臘 三十五歲에 이르러 放身命處였던 逍遙山 自在庵에서 面壁禪寂中에 山河大地와 山盡水廻處의 不響山谷이 方寸之內에 있음을 證得하고 이렇게 吟味하시었다. 逍遙山은 古今으로 푸르고 푸른데 白雲은 刹那도 머물지 않는구나. 그 가운데 사람

266

들은 白雲도 좋아하고 靑山도 좋아하더라. 이로부터 三年後에는 隨順因緣하여 雪嶽萬嶽의 猿鶴主人이 되매 放參과 齋粥으로 佛糧을 늘리고 新興寺를 重創하여 本寺로 昇格시키니 宗團은 褒賞하였다.

때에 古庵老師가 解夏上堂後 威音王以前의 消息을 下問하매 和尙은 斬釘截鐵하고 當體分明한 一拳을 들어 보이며 三世諸佛이 此拳에서 頭出頭沒한다고 答話했다. 老師는 默傳密付의 微笑로 靈知不昧라 하시고 揚眉瞬目으로 開拳復成掌함에 操心하라 釣語한 다음 上古之風規대로 佛法正法眼 本無傳與受 趙州茶一味 南泉月自明이라 揮毫한 傳法偈를 내려 皮肉骨髓를 傳하시매 和尙은 兩展三拜로 稟持하시니 이 때가 世臘 四十一歲였다.

以後 世臘이 四十五歲에 이르렀을 때 宗團은 다시 監察院長 職任을 補했으나 重創佛事의 大尾에 盡力코자 달포만에 辭任하고 더욱 願力을 모아 堂宇를 莊嚴하고 寺格陞敍를 이루니 新興寺가 關東의 中心伽藍이 된 것은 和尙의 功德之力이었다.

그러던 어느 날 和尙은 無心하게 達磨峰을 望見하심에 侍子가 지금 무엇을 생각하십니까 하고 물으니 思量底不思量이라고 楷書했다. 다시 며칠 뒤에는 門徒들을 모아놓고 大疑大悟라 했으니 너희들은 發足超方하여 參徹할 것이며 宗團의 一柵傀儡는 되지 말라고 當付했다. 또 丈夫가 世上에서 할 일은 중노릇뿐이다. 그러나 世上에서 가장 힘든 일이 중노릇하는 일이다. 處處魔障이요 事事魔障이니 操心하라고 示誨했다.

和尙의 家風은 諸善奉行으로 一塵不染하며 正念當行으로 接人一路하며 應機接物에는 拂拳棒喝하며 接渠上佐함에 辨機提正하되 언제나 末後一句는 破邪顯正 爲法忘軀였다. 平生 동안 全機를 다하여 이 一句로 正法幢竿을 세우고 攝受折伏하며 願行具足했으니 海東 聖法의 隆昌이 여기에 있었다.

그러나 嗚呼 惜哉라. 佛祖大機를 自得之妙한 聲準和尙은 檀紀 四三九十年 九月 二十四日 頓然放捨諸緣하시니 享年은 겨우 四十六歲 法臘은 二十三歲였다. 宗門明星이 落星하고 正法寶樓가 무너짐에 雪嶽靑峰은 鳴鐘으로 涕泣하고 東海滄波는 落照로 歸寂을 알렸다. 擧宗이 哀悼하고 雲兄水弟가 모여 火浴하니 和尙은 掃蹤滅寂을 보이며 한줌의 재로 無常法을 說했다.

憶이라. 和尙이시여. 돌에다 먹줄 놓고 징 먹이니 돌에서 피가 납니다.

佛紀 二五四五년 九月 二十四日

不肖門人 雪嶽霧山 抆淚 謹撰

聲準和尙 塔碑銘(2001)

간담상조 (肝膽相照)

발(跋)

고인(古人)이 이르기를 봉불살불(逢佛殺佛)하고 봉조살조(逢祖殺祖)
하며, 봉아라한살아라한(逢阿羅漢殺阿羅漢)하고 봉부모살부모(逢父母
殺父母)하라고 했다. 이는 부처와 조사와 아라한과 부모를 모두 죽이
고 뛰어넘어야 수행자의 출신활로(出身活路)가 열린다는 뜻이다. 그
리하여 등은봉(鄧隱峰)은 마대사(馬大師)의 다리를 부러뜨렸고, 임제
(臨濟)는 황벽(黃檗)의 뺨을 때렸으며, 조주(趙州)는 남전(南泉)의 코를
잡아 비틀었다. 이렇게 하여 종문(宗門)의 법등(法燈)은 면면히 끊어
지지 않았으니 청출어람(靑出於藍)이란 바로 이런 경우를 두고 하는
말일 것이다.

돌아보건대 선은사(先恩師) 성준화상(聲準和尙)이 제자들에게 베푼
자비는 참으로 무량대해(無量大海)와 같았다. 발우(鉢盂)를 펼 때나 제

설(除雪)을 할 때나 산행(山行)을 할 때나 수시로 조사(祖師)의 심지(心地)를 드러내 보였으나 이를 제대로 알아챈 사람이 없었다. 오히려 가편(加鞭)을 두려워하여 준마(駿馬)에서 뛰어내리려 하였으니 그 무지몽매(無知蒙昧)가 천지(天地)를 뒤덮고도 남음이 있었다. 더하여 선은사(先恩師)가 원적(圓寂)을 보인 이후 20여 성상(星霜)을 지나도록 삼랑급수(三浪級水)를 뛰어넘어 용문(龍門)에 오르지 못했으니 오직 이마에 물든 푸른 멍이 아프기 그지없을 뿐이다.

그러나 이제 졸도(拙徒)들도 벌써 귀밑에 상강(霜降)이 보이고 무릎에 힘이 빠지는 심신탈락(心身脫落)의 세월을 살고 보니 그간의 허장성세(虛張聲勢)가 부끄러운 줄 알게 되었다. 더욱이 스승이 흘려 보냈던 유수(流水)보다 더 많은 물을 흘려 보내고, 스승이 연좌(宴坐)하던 자리보다 더 좋은 포단(蒲團)에 앉아서도 아직까지 구상유취(口尙乳臭)의 신세를 벗어나지 못한 데 대한 안타까움은 필설(筆舌)로 형언(形言)하기가 민망할 지경이다. 다만 위안(慰安)이 된다면 이제나마 작은 동경(銅鏡)을 꺼내 자기 얼굴을 들여다보며 부끄럽다는 것을 알게 되었다는 사실이다.

그리하여 우납(愚衲) 등은 선사(先師) 20주기를 맞아 스승의 행화(行化)를 문자(文字)로 옮겨 문인(門人)들로 하여금 귀경(龜鏡)으로 삼는 한편, 강호(江湖)에 널리 알려 선사(先師)의 대자은(大慈恩)에 만분의 일이라도 보은(報恩)키로 의견을 모았다. 그러나 강산(江山)이 두 번씩이나 바뀌고, 또 설악산(雪嶽山) 신흥사(新興寺)에도 그간 적지 않은 풍파(風波)가 있어 자료가 불비(不備)했다. 다행한 것은 상당(上堂)하여 법어(法語)를 할 때면 초안(草案)하는 습관이 있던 스님의 초안초(草案抄)가 유품(遺品)을 정리할 때 발견된 것이다. 또 자료수집 과정에서 당시로서는 드물게 스님의 설법을 녹음(錄音)한 테이프도 다수 찾아냈다. 이를 근거로 마치 칠엽굴(七葉窟)에서 성전(聖典)을 편찬하듯 기억(記憶)을 되살려가며 몇 차례 편집회의를 하여 구고(構稿)를 하여 엮은 것이 이《성준화상목우록(聲準和尙牧牛錄)》이다.

그러나 이제 한 권의 책을 엮고 나니 무엇인가 아쉽고 부족한 것이 한두 가지가 아니다. 어떤 것은 내용을 잘못 전달한 것도 있고, 첨삭(添削)과 가감(加減), 과장(誇張)과 축소(縮小)가 제멋대로인 것을 숨길 수 없다. 이는 순전히 우납(愚衲) 등이 불민(不敏)한 탓이요 스님에게는 허물이 없는 일이니 너그러운 양해(諒解) 있으시기를 엎드려 청하는 바이다.

利塵心念可數知
大海中水可飮盡
虛空可量風可繫
無能盡說佛功德
이 세상의 티끌을 다 헤아린다 해도
바다의 물을 모두 마셔 버린다 해도
허공을 헤아리고 바람을 묶는다 해도

부처님의 공덕은 말로 다 할 수 없다

   이 게송(偈頌)은 중생의 큰 스승인 부처님의 은혜를 기리는 것이어니와 우납(愚衲) 등이 스승을 기리는 마음 또한 이와 다르지 않다. 모쪼록 이《목우록(牧牛錄)》을 읽는 강호달사(江湖達士)들의 기발지시(機發之時)에 도움이 된다면 그 공덕(功德)으로 우리의 허물이 덮어지기를 바랄 뿐이다.

   끝으로 옛적의 인연(因緣)을 잊지 않고 기꺼이 서문(序文)을 보내주신 전 조계종 종정 서옹대종사(西翁大宗師)와 화계사 조실이신 숭산대선사(崇山大禪師)의 후의(厚意)에 깊은 감사를 올린다.

불기 2543년 晚秋

門人 霧山 和南

《성준화상목우록(聲準和尙牧牛錄)》(1999, 불교시대사) 발문

굴방(屈棒)
— 백수(白水) 선생 '시조전집'에 부쳐

고인(古人)이 이르기를 도득(道得)하여도 30방(棒), 부도득(不道得)하여도 30방이라 했다. 낙승(落僧)이 이 글을 써도 30방, 쓰지 않아도 30방의 매를 피할 길이 없다. 왜냐하면 이 낙승이 칠십 평생 살아오면서 만난 사람 중에 존경하는 분이 계신다면 백수(白水) 정완영 선생이기 때문이다.

이 낙승의 마음속에 백수 선생은 바다에 가면 함장(艦長)이 되고 산에 들면 선장(禪匠)이 되고, 정좌하면 일개거화인(一箇擧話人)이 되고, 거리에 나서면 불락빈주(不落賓主)가 되신다.

선생은 삶도 생애도 민족도 조국도 시조이고, 작품의 본체는 전제불기(全提不起)의 신운(神韻), 무작묘용(無作妙用)의 세계이다. 깊은 밤 마적(魔笛)인가 하면 먼바다의 울음이다. 불권방할(拂拳棒喝) 같고 가

불매조(呵佛罵祖)와 같다. 전기독로(全機獨露)한 해탈의 모습을 보여 주는 염화미소(拈花微笑)라 하겠다.

선생은 참으로 원(願)도 많고 한(恨)도 많은 어른이시다. 백랑도천(白浪滔天) 같은 분노도 산진수회처(山盡水廻處)의 석간수 같은 설움도 시조 3장에 다 담으셨다. 이 세상 어떤 말로도 백수 선생을 다 표현할 수 없다. 입을 잘못 열면 설두낙지(舌頭落地), 혓바닥이 땅에 떨어질 것이다. 누가 있어 명탄자의 역순종횡(逆順縱橫)에, 몰자미(沒滋味)의 신운에 맞추어 춤을 추고 그 일기일경(一機一境)의 기봉(機峰)을 얻겠는가, 꺾겠는가. 선생의 지조의 심천(深淺)은 사량(思量)하려야 다 사량할 수 없고 증득(證得)하려야 다 증득할 수 없다.

이제 선생은 이 《전집》으로 천천하인비공(穿天下人鼻孔), 천하 사람의 코를 다 꿰맸다 할 것이다.

낙승은 죄과미천(罪過彌天, 남다른 지도를 받고도 선생의 시조를 따라잡지 못했으므로) 하여 오늘 다시 60년대로 돌아가 선생의 일전어(一轉語) 〈강(江)〉을 읊조리고 30방의 매를 맞는다.

강(江)

설움도 애정인 양 멍이 드는 가슴 안고
손짓하는 하늘 따라 울어예는 연연한 강아
푸른 꿈 펼친 옷자락 거둘 길이 없구료.

갈수록 설레이는 허구한 나달이요
그 누가 엎질러 논 죄 모습의 거울 앞에
어룽진 구비를 돌아 나 여기를 왔구나.

스스로의 목메임을 다스리는 인고런가
푸나무도 못 자라는 불모의 유역에도
뉘우침 뉘우침처럼 돋아나는 민들레꽃.

2006년 3월

落僧 雪嶽霧山 合掌

《정완영 시조전집》(2006, 토방) 서문

4장 / 간담상조

시조에 평생을 바친 어른
―《이태극 시조전집》에 부처

    월하 이태극 선생은 해방 후 한국 시조사의 백두대간이다. 선생은 시조를 학문적으로 연구하여 이론을 정립하였고, 진솔하고 단아한 작품을 창작하여 대중들이 시조에 쉽게 다가가게 했고, 시조 전문지를 40년간 간행하여 작품 발표의 무대를 확장하였다. 가람 이병기와 노산 이은상에 의해 시작된 시조 부흥의 기치를 이어받아 해방 후 현대시조 중흥에 앞장선 시조단의 선구적 거목이다.

    커다란 산맥이 있으면 여러 갈래 산줄기가 벋어나가 온갖 조수(鳥獸)가 뛰놀고 수목이 창성하여 백화가 난만하다. 큰 나무가 있으면 가지마다 신선한 잎과 연연한 꽃이 피어나고 그 그늘에 여러 가지 생명이 깃든다. 월하라는 거목이 시조의 산맥을 이루었기에 오늘날 시조단의 인구가 이렇게 늘어나고 시조 창작이 활성화된 것이다.

　나도 40여 년 전 월하 선생의 추천으로 《시조문학》을 통해 시조 문단에 나왔고, 그분의 가르침과 은혜를 입어 시조 창작의 길을 닦아 오늘에 이르렀다. 몇 년 전 만해축전 행사의 하나로 현대시조 100년을 기념하는 세계민족시대회를 성대하게 개최한 것이라든가, 만해축전에 매년 시조세미나를 여는 것도 모두 다 시조를 민족의 문학으로 정착시키려고 애쓴 월하 선생의 큰 뜻을 이어받고자 하는 것이다.

　외국의 문인들이 한국의 자유시보다 시조에 더 큰 관심과 흥미를 갖는 것은 시조가 다른 어느 나라에도 없는 우리만의 고유한 양식이기 때문이다. 시조가 우리만의 고유한 양식이라는 점을 제대로 인식시키고, 시조를 창작하고 보급하는 데 평생을 바친 어른이 바로 월하 이태극 선생인 것이다.

　이런 점에서 월하 선생이 남긴 다섯 권 시조집을 묶어 새롭게 교정하여 전집으로 펴내는 것은 매우 중요하고 의미심장한 일이다. 나무가 가을바람을 맞아 잎을 떨구니 비로소 본체가 드러난다 하였다. 이 전집의 간행으로 월하 시조의 본령이 제대로 파악되고 시조 창작과 보급에 평생을 바친 열의와 정성이 어디서 나온 것인지도 분명히 알게 될 것이다.

　예스러운 정서와 형식을 끌어안아 새로운 방법으로 생활의 단명을 표현한 월하 시조의 풍채가 한 몸으로 드러나게 된 것은 대단히 경사스러운 일이다.

　이에 그 감축과 경하의 뜻을 몇 자 글월로 남기는 바이다.

2010년 4월

雪嶽霧山

《이태극 시조 전집》(2010, 태학사) 머리말

삼천대천에 가득한 훈향
— 월암당 정대대종사(月庵堂 正大大宗師) 5주기에 부쳐

고인(古人)이 이르기를 "옥은 불로 가려내고, 금은 돌로 알아내며, 칼날은 터럭으로 시험하고, 물의 깊이는 지팡이로 재어 본다."고 했습니다. 그러나 대해(大海)를 일할(一喝)에 뒤집고, 수미산(須彌山)을 일방(一棒)에 거꾸러뜨리며, 다시 허공(虛空)조차 일탄지(一彈指)로 무너뜨리는 기량(技倆)을 가진 작가종사(作家宗師)의 경계(境界)는 이런 잣대로는 잴 수 없습니다. 그분은 모든 시비(是非)와 분별(分別)과 속박(束縛)에서 벗어나 겁외천지(劫外天地)에서 자유롭게 노니는 까닭입니다.

우리 종문(宗門)에도 이와 같은 풍모(風貌)를 보여준 출격대인(出格大人)이 있었으니 바로 월암당(月庵堂) 정대대종사(正大大宗師)가 그분입니다.

대종사께서는 일찍이 근대 선문(禪門)의 고봉정상(孤峰頂上)이었던 전강영신(田岡永信) 선사의 문하에서 축발(祝髮)한 이래, 평생 이사무애(理事無碍)한 원융의 삶을 살아간 대종장(大宗匠)이었습니다. 선림(禪林)에 머물 때는 불조(佛祖)의 혜맥(慧脈)을 이어 지인무명(至人無名)에 이른 백납(百衲)의 운수(雲水)였으며, 사판(事判)에 이르러서는 행역선 좌역선(行亦禪 坐亦禪)의 자세로 당간(幢竿)을 세우고 사방(四方)을 종횡(縱橫)으로 살펴 종지(宗旨)를 선양한 일개거화인(一箇擧話人)이었습니다.

대종사가 우리 곁에 계실 때 보여준 법풍(法風)은 정대(正大)라는 법위(法諱)에 상응(相應)하여 항상 바르고 큰살림을 사는 모습이었습니다. 종단의 총무원장으로 봉직하면서는 오늘의 총무원 청사인 역사문화기념관의 초석(礎石)을 놓았고, 종도들을 화합으로 이끌었으니 방외(方外)의 경지에 이른 분이 아니면 할 수 없는 대기대용(大機大用)의 응화접물(應化接物)이었습니다. 대종사는 또한 정반왕(淨飯王)과 대애도비구니(大愛道比丘尼)의 상여(喪輿)를 멘 석가문불(釋迦文佛)의 구래(舊來)를 따라 오래도록 자당(慈堂)에게 효도를 다했으니 이는 말세 중생에게 대효(大孝)의 범본(範本)을 남긴 것이었습니다. 입멸(入滅)에 즈음해서는 가래(家來)의 금은(金銀)으로 은정장학재단을 세워 삼처회향(三處廻向)으로 요익중생(饒益衆生)의 자량(資糧)이 되도록 했으니 이는 대종사의 대자대비가 측량할 수 없이 심중(深重)함을 보여준 것입니다.

이런 소이(所以)로 오늘 우리 거종법려(擧宗法侶)들은 한자리에 모여 비록 체모(體貌)는 오척단구(五尺短軀)였으나 항상 광명정대(光明正大)한 길을 걸어간 대종사의 도예(道譽)를 그리워하지 않을 수 없습니다. 비유하면 본사(本師)를 화욕(火浴)한 뒤 영취(靈鷲)의 칠엽굴(七葉窟)에서 삼장(三藏)을 결집(結集)하던 성문제자(聲聞弟子)들처럼 대종사가 걸어간 불조정로(佛祖正路)를 거듭 더듬어서 그 뒤를 조금도 소홀함이 없이 추종(追從)하고자 함과 같은 마음입니다. 그리하여 마침내는 초목군생(草木群生)에까지 이로움을 줄 것을 흉중(胸中)으로 서원(誓願)하기 위함입니다. 이 또한 대종사가 남긴 삼천대천(三千大天)에 가득한 훈향(熏香)이라 할 것입니다.

이에 낙승(落僧)은 5주기를 맞은 월암당(月庵堂) 정대대종사(正大大宗師)의 진용(眞容) 앞에 옷깃 여미고 꽃 한 송이 올려 생전(生前)에 남긴 큰 가르침과 공덕(功德)을 거찬(擧讚)하고자 합니다.

울고 가는 거냐 웃고 가는 거냐
갈대 숲 기러기들 떼 지어 날고 있다
하늘도 가을 하늘은 강물에 목이 잠겨 있다

雪嶽霧山 合掌

정대 스님 5주기(2008.11.22) 추도사

4장 / 간담상조

천성미답의 길을 간 출격장부
— 도명선사 법어집에 부쳐

고인(古人)이 이르기를 금기불여석(今旣不如昔)이요 후당불여금(後當不如今)이라 했습니다. 지금이 벌써 옛날과 다르지 않듯 뒷날도 당연히 지금과 같다는 이 말씀은 오늘 우리가 어떻게 살아야 하는가를 엄중 숙고하게 합니다.

이에 답하려고 무수달마(無鬚達磨)는 숭산(嵩山)의 소림굴(少林窟)에서 9년을 면벽(面壁)했고 역대제조(歷代諸祖)는 스스로 문을 걸고 사관(死關)에 들어가 턱밑에 송곳을 괴었습니다. 그리하여 건곤(乾坤)을 일축(一蹴)으로 무너뜨린 뒤에는 천봉만학(千峰萬壑)을 활보(闊步)하며 파수상행(把手上行)하니 창생(蒼生)들은 이를 견문각지(見聞覺知)하여 이전(泥田)에서도 연꽃을 피우는 기연(奇緣)을 얻게 되는 것입니다. 이처럼 진정한 출격장부(出格丈夫)는 고불고조(古佛古祖) 이래로 하나같이 천성미답(千聖未踏)의 길을 걸어갔습니다. 만성(萬聖)이 출세(出世)하되 그 두두면상(頭頭面相)이 별상(別相)이듯 그 접물섭화(接物攝化)가 또한 여시(如是)하니 드디어 눈먼 사람이 백화(百花)를 보고 귀먹은 사람이 주악(奏樂)을 듣게 되는 것은 오로지 선각(先覺)들이 베푼 무량자비지은(無量慈悲之恩)이라 할 것입니다.

우리 종문(宗門)에도 이와 같은 방외대인(方外大人)이 있으니 담연당(湛然堂) 도명선사(道明禪師)가 그렇습니다. 강원도 고성 땅에서 탁태(托胎)한 선사는 어려서 부친과 별리(別離)하자 무생무멸(無生無滅)의 법(法)을 찾아 팔공산 파계사의 고송장로(古松長老)에게 축발(祝髮)하고 출가(出家)의 길을 걸었습니다. 일찍이 남다른 정진력으로 진제(眞諦)의 오묘(奧妙)를 알아차린 뒤에는 강호를 넘나들며 대해(大海)를 뒤집고, 수미산(須彌山)을 거꾸러뜨리며, 허공을 부수는 기량을 보여주었습니다. 한때 오대산주(五大山主)가 되어서는 도속(道俗)을 인로(引路)하되 태백준령을 오가는 별과 달과 구름과 바람이 서로 불상관(不相關)이나 또한 함께 어우러지는 이사무애(理事無碍)한 도리(道理)를 보였습니다. 하나를 물으면 열을 가르쳐주고, 토끼를 보면 매를 날리며, 바람을 보아 불을 놓으니 그 선교방편(善巧方便)은 천하 대중을 안지(安之)케 하려는 것이었습니다. 그러다 어느 날 홀연히 청산으로 몰종적(沒蹤迹)하니 운납(雲衲)의 행리(行履)란 이렇듯 어초문월(語超文越)의 기봉(機鋒)을 보여주어야 비로소 완생(完生)이라 할

것입니다.

이 법어집은 이렇게 살다 이렇게 떠난 도명선사가 평소에 행역선 좌역선(行亦禪 坐亦禪)으로 가르친 유교(遺敎)를 모아 오래도록 봉지 (奉持)코자 문인(門人)들이 단심(丹心)으로 상재(上梓)한 보장(寶藏)입니다. 낙승(落僧)과는 장야(長夜)의 인연이 있어 그 초고(草藁)를 받아 미리 읽으매 일언일구(一言一句)가 어처구니와 같아서 장차 맷돌을 돌려 법량(法糧)을 증익(增益)게 할 방할(棒喝)이 여기에 전귀장악(全歸掌握)되었음을 보았습니다.

이로 인해 담연당 도명선사의 도예(道譽)는 천세(千歲)에 빛나고 만세(萬歲)가 다하도록 초목군생(草木群生)에게 이근(利根)이 될 것입니다. 어찌 산화(散花)하며 그 공덕을 찬탄하지 않을 수 있겠습니까. 이에 귀적(歸寂) 20주기를 맞는 도명선사의 진위(眞位) 앞에 일주향(一柱香)을 사루며 졸시(拙詩) 〈고목 소리 들으려면〉을 올려 구정(舊情)을 기리는 바입니다.

　　한 그루 늙은 나무도
　　고목 소리 들으려면

　　속은 으레껏 썩고
　　곧은 가지들은 다 부러져야

　　그 물론 굽은 등걸에
　　매 맞은 자국들도 남아 있어야

　　　　　　　　　　　　乙未元旦 於無今禪院 祖室

　　　　　　　　　　　　雪嶽霧山 和南

도명선사 법어집 《봄은 가도 꽃은 남아 있네》(2015, 우리출판사) 서문

마음 가는 대로 붓 가는 대로
— 지혜스님 화집(畵集)에 부쳐

산승은 솔직히 말해 그림을 잘 모른다. 그러나 지혜 스님의 그림을 대하면 온몸이 흔들리는 전율을 느낀다. 산승이 칠십 평생을 살아오면서 보고[見] 듣고[聞] 깨닫고[覺] 안다[知]는 것이 얼마나 허망한 것인가를 뼈저리게 절감한다.

언제부터인가 절집 부근에 가면 선시(禪詩)니, 선서(禪書)니, 선화(禪畵)니 하는 작품들을 쉽게 만나게 된다. 하지만 스님이 지었다고 다 선시가 되고, 스님이 썼다고 다 선서가 되고, 스님이 그렸다고 해서 다 선화가 되는 것은 아니다. 오히려 《종용록(從容錄)》에서 말하는 일장마라(一場懺羅), 즉 부끄러운 한 장면, 한바탕 웃음거리가 되는 경우가 더 많다.

그 유명한 《임제록》에 무문채인(無文綵印)이란 선어(禪語)가 있다.

무문채인은 '글발 없는 인장'이라는 뜻으로 선법(禪法)의 뜻을 세 가지 도장 찍는 것에 비유한 말이다. 즉 진흙에 도장을 찍으면 그 무늬가 남아 있는 것처럼 아직 의리가 남아 있다 하여 의리선(義理禪)이라 한다. 그러나 그 의리와 이치의 길은 끊어졌지만 그 끊었다는 생각이 붙어 있으면 구경의 선은 아니다. 그것은 마치 물에 도장을 찍는 것과 같다 하여 여래선(如來禪)이라 한다. 이에 비해 참된 구경의 선은 끊었다는 생각도 없고 무애자재로 일체에 걸림이 없다. 그것은 허공에 도장을 찍는 것과 같다 하여 이를 조사선(祖師禪)이라 하고 무문채인이라고도 하는 것이다.

사실 선의 요체는 현묘불가사의하여 전제불기(全提不起) 일자불설(一字不說)이다. 그런데도 불구하고 선 이야기를 지상가상없이 장황하게 늘어놓은 것은 우리가 진실로 선시니, 선서니, 선화라고 하면 조사선의 무문채인 세계여야 한다는 것을 거듭거듭 되풀이하여 강조하기 위해서다. 이런 점에서 보면 우리 지혜 스님의 시·서·화는 그야말로 구경의 선인 무문채인의 경지를 보여주는 작품이라 할 수 있다.

한마디로 말해 지혜 스님의 작품에는 그 어떤 인위적인 작태가 없다. 천연(天然) 그대로이다. 마치 허공에 도장을 찍은 것처럼 어떤 흔적이 없다. 혹시 있다면 오직 불범봉망(不犯鋒望)의 기용이 있다 할 것이다. 전기독로(全機獨露)한 해탈의 모습만을 나타내고 있다 할 것이다. 무심히 그린 풀 한 포기, 나무 한 그루, 심지어 비스듬히 놓인 돌덩이 그 하나에도 생동하는 숨결이 감지되는 것이 지혜 스님의 작

4장 / 간담상조

품이다. 산승이 앞에서 지혜 스님의 작품을 대하면 온몸이 흔들리는 전율을 느낀다고 말한 것은 이러한 느낌 때문이다.

　사실 지혜 스님의 작품은 우리가 사량(思量)하려야 다 사량할 수 없고 증득(證得)하려야 다 증득할 수 없다. 왜냐하면 스님의 작품은 그 모두가 무문채인의 경지에서 나온 것들이기 때문이다. 이러한 산승의 주장이 과장이 아니라는 것을 스님의 삶이, 스님의 작품이 잘 증명해주고 있다.

　돌이켜 생각하면 지혜 스님의 삶은 반(半)은 눈물이요, 반은 비원(悲願)이다. 철부지 때 삭발염의하여 발족초방(發足超方)으로 명사(明師)를 찾아 이력(履歷)의 종장(宗匠)이 되었고, 이력 종장이 되어 또다시 발초참현(撥草參玄)하여 선관(禪關)을 투탈하였으니 그간의 고통을 어찌 말로 다 할 수 있으리요. 그래서 산승은 누가 지혜 스님이 어떤 스님이냐고 물으면 주저 없이 일촉파삼관(一鏃破三關)한 일개간화인(一箇看話人)이라고 대답한다. 일촉파삼관이라는 말은 선이라는 붓한 자루로 시(詩)의 관문, 서(書)의 관문, 화(畵)의 관문을 한꺼번에 투탈한 선장(禪匠)이라는 의미이고, 일개간화인이라는 것은 그처럼 대오(大悟)했으므로 세상 밖에 내놓을 말도 좀 있는, 진리를 바르게 말할 수 있는 총림의 방주(房主)쯤 되는 출격장부라는 뜻이 담겨 있다.

　그렇다. 종문(宗門) 최고의 선서(禪書)로 일컬어지는 《벽암록》에 등장하는 선장들이 선을 설할 때 주장자 그 하나로 불권방할(拂拳棒喝)하고 가불매조(呵佛罵祖)하듯, 지혜 스님은 붓 한 자루로 앉아서 천하 사람의 혀를 자르고[坐斷天下人舌頭], 천하 사람의 코를 꿰었다[穿天下人鼻孔] 할 것이다.

옛사람들이 불수일진(不受一塵) 불사일법(不捨一法)이라 했듯이 이제 지혜 스님의 오경(悟境)에는 꺼려야 할 미계(迷界)도 없고 또 보리(菩提)로써 구해야 할 것도 없다. 그냥 오늘 모습 그대로! 먹어도 먹어도 다함이 없는 불미조미(佛味祖味) 일미(一味) 그대로! 일화개세계기(一花開世界起) 그대로! 붓 가는 대로다.

작가종장(作家宗匠)이여, 지혜 스님이여. 이제 우리가 할 일이 있다면 서로가 마주 보고 허공이 찢어지게 한바탕 너털웃음을 터뜨릴 일이 아니겠는가. 그 밖에 무슨 일이 또 있겠는가.

산승은 청허 대사의 〈자락가(自樂歌)〉를 읊조리는 것으로 붓을 놓고 통곡한다.

머무니 여여(如如)하고 행하는 서서(徐徐)하다.

우러러 웃고 굽어보며 탄식한다.

나고 드는 데 문이 없거니

천지가 하나의 나그네다.

설악산인 무산오현

지혜 스님 화집 《대나무 그림자로 달빛을 쓸며》(2005, 무영당) 발문

임운자재(任運自在)의 법주(法主)

그는 몸과 마음에서 무애(無碍)의 자유를 풀어내는 운수(雲水)
이다.

납승(衲僧)과는 평생 파수공행(把手共行)한 도우이다.

일찍이 선교(禪教)를 전귀장악(全歸掌握)한 종문(宗門)의 성골(聖
骨)이나 범추를 박대하지 않으니 그 법의(法衣)는 강호를 덮고 남
았다.

누항(陋巷)에 머물 때는 승단이 불조혜명의 구심처가 되도록 온몸
을 던지고 난야(蘭若)에 들어서는 생사의 관두(關頭)에서 임운자재(任
運自在)를 보여준 법주(法主)가 바로 선사(禪師)다. 거년에는 설악산
무문관(無門關)에서 보림(保任)하더니 문(門) 없는 문을 부수고 나와
서는 드디어 천하에 한 물건을 내놓았다. 그 말후구(末後句)는 일척

안(一隻眼)을 얻은 작가 종사(宗師)라 할지라도 혀를 빼물게 하는 것이니, 어찌 경악하지 않을 수 있겠는가.

납승은 더 이상 보아야 할 눈도 말해야 할 입도 없다. 왜 그런지는 책을 펴는 순간 알게 될 것이다.

설악산 백담사 무문관

조실 무산

정휴 스님《백담사 무문관 일기》(2017, 우리출판사) 추천의 말

4장 / 간담상조

머리맡에 두고 읽고 또 읽겠습니다

계배(啓拜)

《선가귀감(禪家龜鑑)》에 "마조(馬祖) 스님의 일갈(一喝)에 백장(百丈) 스님은 이롱(耳聾)하고 황벽(黃蘗) 스님은 토설(吐舌)했다"는 선화(禪話)가 있습니다.

산승은 업식망망(業識茫茫)하여 선생의 시(詩)의 심천(深淺)은 사량(思量)할래야 다 사량할 수 없고 증득(證得)할래야 다 증득할 수는 없습니다.

그러나 시집을 배독하고 나서 감히 드릴 수 있는 말씀은 "사천(沙泉)은 이번의 시집(詩集)으로 천하음객(天下吟客)들의 혀를 다 자르고 코를 다 꿰맸다"입니다.

머리맡에 두고 명상에 잠겨 잠들고 싶을 때나 시(詩)가 무엇인가 이런 물음이 떠오를 때 읽고 또 읽어보겠습니다.

2004. 4. 24.

내설악 無今禪院에서 霧山 합장

沙泉 先生 尊前

이근배 시집 《사람들이 새가 되고 싶은 까닭을 안다》(2004, 문학세계사) 독후감

종지기 같고 부목 같은 너른뫼 선생

너른뫼 선생은 명동성당 같은 곳에서 만나면, 앞면은 그곳 종지기 같고 뒷모습은 추기경 같다. 그런가 하면 가야산 해인사 같은 곳에서 만나면, 앞면은 그곳 방장(方丈) 같고 뒷모습은 부목(負木) 같다. 선생의 서화는 산진수회처(山盡水廻處)의 정자와 묵향이고, 장구(章句)는 함몰만(陷沒灣) 모래펄에 앉았던 기러기 떼가 날아간 자리에 남아 있는 울음이다.

설악산 낙승(落僧) 조오현

구중서 기행집《면앙정에 올라서서》(2006, 책만드는집) 추천의 말

늙은이 자꾸 놀래키지 말게

　밀양아리랑에 "날 좀 보소. 날 좀 보소. 동지섣달 꽃 본 듯이 알좀 보소."라는 대목이 있다. 사실 시인이 시를 쓰고 작가가 소설을, 화가가 그림을, 나무가 꽃을 피우고 열매를 맺는 것 이 모두가 '날좀 보소'이다.

　일찍이 두보는 '사람들을 놀라게 하기 위해' 시를 쓴다고 했다. 이 또한 다른 말로 표현하면 '날 좀 보소' 날 좀 알아달라는 뜻이다. 책만드는집에서, 참 오랜만에 김영재 시인이 "날 좀 보소" 하고 내어놓은 작품집《화답》을 읽었다. 그 어떤 생각, 그 어떤 느낌으로도 말할 수 없는 기봉(機鋒)을 보고 놀라지 않을 수 없었다.

　수상 작품집 중 〈얼음의 속성〉은 빙릉상행(冰凌上行), 얼음 위로 달리는 이의 기봉이다. "영재야, 늙은이 자꾸 놀라게 하지 마라."

제14회 고산문학대상 시조부문 수상자 김영재 시인 심사평(2014)

쌀밥 위에 꽁보리밥 덮던 이모 같은

　사는 일 하도 우스워 웃지 않고 사는 나를 돌아보게 하는 이경 씨의 시집을 어제 오늘 두 날 읽어보니, 그러니까 한 40년 전 배가 고팠던 내 도시락 속에는 쌀밥을 꾹꾹 살며시 꽁보리밥으로 덮고 부지깽이 들고 학교로 내쫓았던 내 누님 뻐드러진 앞니와 도리깨 휘두르던 재종형 팔뚝 보이고 작은 고모 도리암직한 다듬잇살 어른거리고 그리고 또……

1995. 1. 23.

설악산인 무산오현 합장

이경 시집 《소와 뻐국새 소리와 엄지발가락》(1995, 시와시학사) 독후감

귀기(鬼氣) 흐르는 장구(章句)

이홍섭 몸에 마(魔)가 붙었으니 이름하여 시마(詩魔)다. 이규보도 이 시마를 쫓아내려고 〈구시마문(駆詩魔文)〉을 지었으나 쫓아내지 못하고 고음(苦吟)했는데, 그 고음은 신운(神韻)을 얻어 귀신이 되었다.

미당 선생 고희 때 "선생님은 귀신이 다 되셨습니다." 했더니 "난 아즉 귀신은 못 됐고 잡귀마군은 되었을지 몰라." 하시는 것이었다.

이홍섭 장구(章句)에 벌써부터 귀기(鬼氣)가 많이 흐른다. 이 시권(詩卷)의 일전어(一轉語)에 이롱(耳聾)하고 토설(吐舌)하는 자가 많을 것이다.

무산오현

이홍섭 시집 《숨결》(2002, 현대문학북스) 추천사

바위 밑 물소리 같은 소설

심청 이야기는 산이 다하고 물이 다한 곳에 굽이쳐 흐르는 물소리다. 그림자 없는 나무 밑에 앉아 듣는 이야기다. 읽을수록 별천지다. 지금까지 못 보던 세상을 구경하고 있다. 깊은 골 바위 밑으로 흐르는 물소리를 듣는 것 같았다.

설악무산 조오현

방민호 소설집 《연인 심청》(2015, 다산책방) 추천의 말

절학도인(絶學道人) 오세영

　오세영, 이분은 절학도인(絶學道人)이다. 일백년간출시인(一百年間出詩人)이다. 장자(莊子)는 함덕지후(含德之厚) 비어적자(比於赤子)라 하여 덕을 두텁게 지니고 있는 사람을 갓난아이 같다고 했다. 서화가(禪畵家) 중광(重光) 스님이 살아계실 때 오세영 이분을 장자가 말한 갓난아이라 했다. 그러면서 이분의 시를 문자향(文字香)이라 했다. 멋스러운 시어에 현묘 불가사의한 향내가 배어 있다는 것이다. 그리고 이분의 시집은 사람을 이끄는 기운, 서권기(書卷氣)가 있기 때문에 무가대보(無價大寶)라 했다.

　그래서 그랬는지 오세영 이분은 10여 년 전부터 해마다 겨울 방학만 하면 내설악 백담사(百潭寺)에 와서 한두 주일 쉬어 가는데, 중광 스님은 이분과 겸상하여 공양하기를 좋아했다. 스님 건강을 생각해

선열당의 공양주 보살이 다른 대중과 달리 잣죽 같은 것을 끓여드리면 스님은 꼭 오세영 이분을 찾았다.

사실 중광 스님의 말이 아니더라도, 이 무치승도 방일종탕(放逸從蕩)한 생활로 인하여 마치 맹인이 울타리나 벽을 더듬어 길을 가듯 남의 글이나 말을 따라다니는 할독자(瞎禿子)로 떨어져 마음이 시끌시끌 세상사가 귀찮을 때가 많지만, 오세영 이분을 만나면 마음이 편안해진다. 오래오래 살고 싶어진다. 이분은 언제 어디서 만나도 사람을 편안케 한다. 남의 마음을 평안하고 고요하게 깊은 명상에 잠기게 하기는 어렵다. 오욕락(五欲樂)으로 가득 찬 세속 생활을 해도 오욕락에 물들지 않은 사람만이 남을 편안케 할 수 있다. 중광 스님이 오세영 이분을 '갓난아이'라고 한 연유도 거기에 있었다 할 것이다.

세속 생활에서 오욕락에 물들지 않은 '갓난아이'를 불교에서는 절학도인(絕學道人)이라 하고, 절학도인의 경계는 벽립만인(壁立萬仞)이란 말로 나타낸다. 벽립만인이란 아무나 가까이 다가갈 수 없는 절벽(絕壁)이라는 뜻으로, 그 인품이나 정신이 높고 높아서 그 누구도 그러한 인품, 그러한 정신에 도달할 수도 흉내 낼 수도 없음을 표현한 말이다.

또 다른 말로는 무치대충(無齒大蟲), 무사한인(無事閑人), 무사귀인(無事貴人)이라고도 한다. 이 말들의 표현은 서로 달라도 그 깊고 절묘한 뜻은 똑같다. 세속의 모든 시시비비 사량분별(思量分別)을 초월

한 사람이 참사람 진인(眞人), '갓난아이'라는 것이다.

이 '갓난아이'는 그 언제 그 어떤 자리에서도 그 자리의 주인이 된다. 언제 어디서 상대가 누구이든 응기접물(應機接物)함에 남다른 부기방도(扶起放倒)가 있고 방참방제(旁參旁提)함에 남다른 표전차전(表詮遮詮)이 명명백백하다. 그 어떤 경우에도 본분시처(本分是處)를 잃지 않고 종횡자재(縱橫自在)한 묘용(妙用)을 보인다. 그러나 그 누구의 눈에도 그러한 종횡자재한 묘용이 보이지 않는다. 그저 평범하다 못해 모자라 보인다. 장자는 대변약눌(大辯若訥)이라 하여 매우 잘하는 말을 더듬거리는 것 같다 하지 않았던가.

'갓난아이'의 이 종횡자재한 묘용이 남의 눈에 보이면 그것은 묘용이 아니다. 그것은 인위적 막작이다. 본인 자신도 마찬가지이다. 벽립만인의 경지에 도달했거나 스스로 종횡자재하다거나 무한서처(無限署處)에, 무불처(無佛處)에서 놀고 있다는 생각이 있으면 그 역시 인위적 막작이다. 그야말로 모두 내려놓았다는 생각까지 내려놓아 버린 방진환방(防盡還紡)의 경지에 다다라야, 방진환방에 다다랐다는 생각마저 끊어야 무념무작(無念無作)이라 할 수 있다. 이 무념무작이 곧 착의끽반(著衣喫飯)이요 평상심시도(平常心是道)인데, 이 가운데 진상독로(眞常獨露)가 있다. 그래서 옛사람들은 세속에 살면서 오욕락에 찌들지 않은 사람을 목마(木馬)라 했고 목마의 삶을 유춘(遊春) 즉 봄소풍 놀이라고도 했던 것이다.

아무런들 오세영, 이분을 중광 스님이 왜 '갓난아이'라고 했느냐

하면, 정말로 아무나 다가갈 수 없는 절벽 같은 시 세계와 인품을 갖고 있으면서도 정작 오세영 본인이 그 경지까지 도달했음을 모르고 있으므로 그것을 높이 평가했기 때문이다. 예를 들면 오세영 이분은 한국 시단에서나 학계에서나 알 만한 사람은 다 알아주는데도 전혀 그러한 신분 과시 같은 것이 없고 절간에 오면 꼭 불목하니 같다는 것이다. 그것은 일부러 그렇게 하고자 해도 아무나 그렇게 할 수 없다는 것이다. 타고난 인품이 벌써 세속의 오욕락에서 벗어난 절학의 도인, '갓난아이'라는 것이다. 절학도인이라 해서 도덕군자로 근엄할 필요도 없다. 백운유수(白雲流水)에 발 담그고 앉아 멋없는 세상사 나 몰라라 한다면, 절학도인이 아니고 그야말로 술맛은 보지 못하고 술지게미에 취한 당주조한(噇酒糟漢) 같은 놈이라는 것이다. 시를 쓸 때는 시를 쓰고, 후학을 지도할 때는 지도하고, 지도를 받을 때는 받고, 싸우고 찢을 때는 싸우고 찢되 거기에 둘러빠지지 않는 사람, 배고프면 밥 먹고, 배설하고 싶으면 배설하는 사람, 그저 평범한 범인(凡人) 같지만 남이 보지 않는 곳에서도 부끄러운 행동을 하지 않는 사람, 그런 만큼 그 누구나 가까이 다가갈 수 있는 것 같지만 그 누구도 가까이 다가갈 수 없는 절벽 같은 사람.

세상에는 용사(龍蛇)가 혼잡하다. 그러니 누가 용이고 누가 뱀인지 모른다. 용도 자기가 용인지 모르고 뱀도 자기가 뱀인 줄 모른다. 장자가 매우 인자한 사람은 인자하지 않은 것과 같다(大仁不仁)고 한 것처럼, 인자함이 보이면 인자하지 않은 것과 같다. 현실적으로 오세영 이분도 갓난아이 같지 않다. 본인도 갓난아이라 생각하지 않는다. 그러나 누구도 함부로 할 수 없는 천진무구한 갓난아이의 성품을 갖고 있다. 누구도 꺾을 수 없는 불범봉망(不犯鋒鋩)의 시 세계를 가진 사람이 바로 오세영 이분이라는 것이 중광 스님의 설명이다.

무치승이 오늘 여기에 중광 스님 이야기를 왜 중언부언 길게 늘어놓았는가 하면 무치승은 간착즉할(看著則瞎), 눈에 보이는 것마다 집착하여 안목이 흐려졌지만, 스님(중광)은 일찍이 경전이나 어록의 문구 하나하나에 불법의 요체를 보고 그 문구들을 뛰어넘어 사람을 보는 데는 불통범성(不通凡聖)의 일척안(一隻眼)을 갖고 있기 때문이다. 사실 중광 스님은 동진출가하여 10여 년간 매두몰신(埋頭沒身) 정진하였고 발초참현(撥草參玄)으로 제방의 선지식을 찾아 참문(參門)하여 선교관문(禪敎關門)을 투탈한 우리나라 불교계의 종장(宗匠)이었다. 스님은 '깨달음의 세계'는, 불조밀의(佛祖密意)는 언어 문자로는 나타낼 수 없음을 안타까워하다가 먹을 짓이겨 '깨달음의 세계'를 그림으로 보여준 선지식(善知識)이었다.

2002년 3월 중광 스님은 원적(圓寂)에 들 때까지 오세영 이분의 시집을 머리맡에 두고 읽고 있었다. 스님은 당신의 선화(禪畵)에서 보여주지 못한 또 다른 세계를 오세영 이분의 시집에서 보았던 것이다. 언젠가 무슨 말끝에 중광 스님은 "오세영 그분의 시 속에는 초불월조(超佛越祖)도 있고 팽불하조(烹佛煆祖)도 있습니다. 따라서 불미조미(佛味祖味)도 맛 들어 잘 삭아 있습니다." 라고 말한 바 있다.

일척안을 갖고 있는 중광 스님만 볼수 있는 별유천지(別有天地)이고 중광 스님만 말할 수 있는 벼락 치는 법뢰(法雷)이다.

  오세영 이분은 무치승이 보기에는 이 글의 서두에서 일백년간출 시인이라 했듯이 일백 년 만에 태어난다는 단 한 사람의 큰 시인이다. 이분의 시는 짧다. 그러나 읽고 나면 광대무변한 대하소설처럼 긴 여운과 감동이 오래오래 남는다. 대도무문(大道無門)이다. '문 없는 문'을 오세영 이분이 활짝 열어 젖뜨렸다.

무치승(無恥僧) 조오현(曺五鉉)

《오세영, 한 시인의 아름다운 사람들》(2007, 작가) 기고

김재홍 박사는 만해 연구의 대가

　김재홍 박사. 감흙을 물에 일어 금을 찾듯이 오늘도 좋은 시 한 편을 찾아내기 위해 얼굴 한 번 본 일이 없는 시인의 시집을 찾아 읽는 분, 한평생 외로이 시를 쓰다 이름 없이 사라져간 박정만 시인의 영전에 '정지용문학상'을, 민족지사 고(故) 김남주 시인에게 '영랑문학상'을 바치고, 가신 지 20년 가까운 스승의 허물은 덮어주는 분, 당신이 주관하고 그 공덕은 선배·동료·후배들에게 다 회향하는 분, 박용래, 박봉우, 이성선 시인을 새롭게 조명하여 서정시의 상석에 앉힌 분, 미당 선생 혼절해 계실 때 병문안을 가서 힘내시라고 금일봉을 쥐어 드리자 미당 선생께서 혼미한 가운데도 "두툼한데" 하면서 얼굴에 홍조를 돌게 만들었다던 그분, 다 팔아야 단돈 만 원도 남지 않지만 서점에서 《시와 시학》을 갖다 달라는 전화를 받고 몸소 양손에 그 무거운 책을 들고 거리를 걸어가시는 분, 자기 제자의 잘못을 자기의 허물로 받아들이는 분, 대학교수의 월급으로 가족을 부양하면서 고료, 인세, 각종 강연, 강의 등 목이 터져라 정직하게 벌어서 연간 수천만 원이라는 생돈이 들어가는 《시와 시학》을 발행하여 이 나라 외로운 진짜 시인들을 기쁘게 하는 분, 장애인문인협회 등 형편이 어려운 시인을 만나면 남몰래 여러모로 도와주는 분, 만해선사 사상을 널리 알리기 위해 한 생애 목숨을 걸은 분, 나 개인에게 있어서는 피육골수(皮肉骨髓) 같은 분, 산승이 70 평생 살아오면서 만난 사람 중에 가장 의로운 일을 하는 분. 옛사람이 이르기를 자신을 위해 하는 일은 이익을 따르는 것이고 남을 위해 하는 일은 의를 좇는 외로운 행위라고 하지 않았던가.

김재홍 박사는 운당(雲堂)에 명창(明窓)을 내어주고 내 편력(遍歷)의 길목에 무진등(無盡燈)을 켜주었는가 하면 내 삶의 뜨락에 방풍림(防風林)이 되어준 분이다.

내가 이분을 처음 만난 것은 1981년 초반쯤으로 기억된다. 당시 황악산주가 제정한 '녹원문학상'을 수상했던 것 같다. 그러나 그때는 서로 간에 별다른 대화도 없었고 한두 번 마주치거나 직지사, 청암사를 여럿이 함께 다녀온 정도이다.

정작 이분을 서로 간에 관심을 갖고 알게 된 것은 1990년대 초 내가 동해안 해안 고절처 낙산에서 타고난 게으름으로 죽반두(粥飯頭)

가 되어 있을 때, 이분이《시와 시학》을 창간할 무렵이었다. 그 창간
호에 졸시를 싣겠다고 원고청탁서를 가지고 먼 길을 찾아왔다. 그
런데 그때는 고맙다는 생각보다는 조금은 짜증스러웠다. 중은 부처
도 깨달음까지도 내버리고 자기로부터 무한정 떠나고 떠나야 하는
것, "김 박사님 시가 뭐요? 날 미치광이 만들 참이요?" 하고 삐뚜름
하게 면박을 주었다. 하지만 이분은 정중하게 '절간 이야기'라고 했
다. "절간이야, 절간 이야기가 시라." 한바탕 웃어젖히고 싶었지만
이분의 표정이 너무도 곡진하여 결국 이분의 청을 받아들여 연작시
〈절간 이야기〉를 쓰게 되었다. 이것이 이분이 내 운당(雲堂)에 내어
준 명창이라 할 것이다.

그 후, 내가 방신명처(放身命處)를 찾아 내설악 백담사로 와서 계곡
의 바위 밑으로 흐르는 물소리나 아득히 듣다가 죽을 생각으로 어영
부영 지내고 있던, 진눈깨비가 올 듯 말 듯 잔뜩 찌푸린 초겨울 어느
날 이분이 찾아와 백담사와 만해 선생 이야기를 꺼냈다. 만해의 생
명 사랑, 나라 사랑, 민족 사랑, 평화 사랑은 높고 높은 절벽(絶壁) 같
아서 아무나 가까이 갈 수 없는 사상이라고 침을 삼켜가며 설명했지
만, 나는 동남풍의 뱃사람 말로만 듣고 말았다. 그도 그럴 것이 당시
만 해도 조계종 내부에서는 만해를 선사니 스님이라는 칭호를 쓰는
것조차도 그의 〈불교유신론〉 때문에 허락하지 않았다. 불교는 계
율이 생명이다. 중도 장가를 가야 한다고? 등불이 다음 등불로 이어

지듯 계속 이어가는 불조(佛祖)의 계맥을 끊겠다는 놈, 그의 사상이 아무나 가까이 갈 수 없는 절벽 같다 해도 조계종 입장에서 보면 마구니 권속에 속한다 할 것이다. "김 박사님, 다시는 만해 이야기를 내 앞에서는 꺼내지 마십시오. 옛날 통도사 경봉 스님이 만해에게 《화엄경》을 배운 은혜를 갚기 위해 만해의 비(碑)를 만들어 조계사 앞마당에 세우려고 하자 스님들과 신도들이 반대하여 오랫동안 아이들 미끄럼틀이 된 일이 있습니다. 지금 파고다 공원에 있는 만해의 비가 그것입니다. 결국 제자리를 찾아갔지만 말입니다."

그런데 그 후 몇 차례 이분을 더 만나다 보니 불학무식하여 고집불통인 나도 스스로 당황할 만큼 만해와 이분에게 둘러빠지게 되었고, 결국은 이분의 본원(本願)대로 '만해사상실천선양회'를 조직하고 말았다. 이것이 내 편력의 길목에 이분이 켜준 무진등이라 할 것이다.

하지만 막상 선양회를 만들어 놓고 보니 호육완창(好肉宛瘡)이라 멀쩡한 살에 쓸데없이 상처를 낸 것처럼 하지 않아도 좋은 것을, 아무리 좋은 일도 없었던 것보다 못한 것을 괜히 시작해서 욕만 얻어먹는 것 같았다. 거기에 어디서 무슨 일부터 시작해야 할지, 목수가 많으면 집을 무너뜨린다고 참여한 분들의 말만 무성할 뿐 되는 일이 없었던 것이다. 인생은 어차피 걸어 다니는 허깨비 아니더냐. 일장마라(一場懺羅) 한바탕 웃음거리가 된들 어쩌랴. 적당한 기회에 간판을 내리려고 벼르고 있던 그해 1996년 여름, 김재홍 이분이 만해

시인학교를 개최하여 초지를 관철하겠다고 발 벗고 나섰다. 하지만 나는 세상만사가 귀찮아 절학도인이 되어 가고 있었다. 방진환방(放盡還放), 모두 내려놓았다는 생각까지 다 내려놓고 말았다. 시인학교를 하든 말든 서해안 한 섬에 가서 며칠을 해조음 소리만 듣고 돌아왔다. 그런데 그 사이 김재홍 이분은 때마침 백담사 만해시인학교를 방문한 김진선 강원도지사에게 만해정신의 세계화를 위하여 해마다 '만해축전'을 개최할 것을 제의하여 김지선 도지사의 동의와 협조를 받아놓고 있었다.

이리하여 1999년 여름 제1회 만해축전이 이분의 주관하에 3박 4일 동안 세계적인 석학들과 무려 1,500여 대중들이 참여한 가운데 성대히 거행되었다. 축전의 주제는 '현대시의 반성과 만해문학의 국제적 인식'이었는데, 한국 문단을 대표하는 원로·중진·신진문인 100여 명이 참여하였다. 이로 인하여 '만해사상실천선양회'는 비로소 만해라는 범선을 세계의 바다로 띄워 보내게 되고 출신활로(出身活路)를 찾게 되었던 것이다.

세월은 흘러 어느새 만해선양회가 10여 년을 넘기고, 올해 제9회 만해축전을 맞는다. 여기까지 오는 동안 크고 작은 시비가 있었다. 세상살이는 원래 시비니까 잘해도 시비, 못해도 시시비비는 따르기 마련인지라, 시비의 중심에 서 있는 나는 축전이 끝날 때마다 된바람을 맞는 것처럼 기진맥진하여 몹시 흔들렸다. 내가 흔들릴 때마다 이분이 만해네 집 머슴이 되어 된바람을 막아주지 않았다면 어떻게 되었을까.

지금 이 순간 지난 10여 년간 일구월심 언제나 처음처럼 방풍림이 되어주고 있는 김재홍 이분에게 내 변덕과 무지 소치로 많이 섭섭하게 한 일들이 떠오른다. 마음속의 부끄러움이 내 온 얼굴을 저녁놀처럼 붉게 물들이고 있다. 온몸의 털구멍에서 피가 나올 것 같다.

만면참황(滿面慚惶), 내 얼굴 가득히 실린 이 부끄러움을 어찌할꼬.

창천(倉天) 창천(倉天)!

조계종 제3교구 신흥사 회주 설악 조오현

김재홍 화갑문집 《선연선과를 찾아서》(2007, 시학사) 서문

한거호래(漢去胡來)

언제부터인가 한천사 한천 스님은 노골(老骨)더러 노망기가 들었다고 한다. 《임제록》에 "금설수귀(金屑雖貴) 낙안성예(落眼成翳)"라는 말이 있다. 금가루가 귀하기는 하나 눈에 들어가면 장애가 된다. 깨달음도 집착하면 사람을 속박하는 것이다. 산중 늙은이가 만해축전이 뭐냐? 그 다 몽환포영(夢幻泡影) 꿈, 환상, 물거품, 그림자 아니냐? 그 몽환포영에 집착하는 이유가 뭐냐는 것이다. 이제 모든 일을 후학들에게 맡기고 참정절철(斬釘截鐵), 망상의 못을 자르고 쇠를 끊고 죽을 준비나 하라는 것이다. 천각비공(穿却鼻孔), 죽는 날까지 스스로 코를 꿰어 동서 사방 끌고 다니며 마음을 조복 받으라는 것이다. 매일처럼 했던 말 또 하고 했던 말 또 하고, 해마다 만해축전, 만해축전 하고 씨떠벌리는 꼬락서니를 보니 피가대쇄(披枷帶鎖), 자기 자신의 몸에 칼과 족쇄를 씌워서 몸을 움직이지 못하는 미오언구(迷悟言句)에 얽매인 놈이라는 것이다. 이것이 다 설악무산의 노망이라는 것이다.

아닌 게 아니라, 한천 스님의 욕지거리가 아니더라도 내가 나를 쳐다봐도 마치 나구계고춘(癩狗繫枯椿), 병든 개가 말라붙은 담쟁이덩굴에 묶여 있다는 말과 같이 이 하찮은 것에 얽매인 자신이 부끄러울 때가 한두 번이 아니었다. 만면참황(滿面慚惶), 마음속의 부끄러움이 온 얼굴에 가득히 드러날 때마다 노골은 단식을 하는데, 2012년 만해축전 때부터 지금까지 이번에는 한 8개월간 단식이 좀 길어져 정신이 이몽가몽 빈주불분(賓主不分), 주객을 구분하지 못하고 있을 때 그 풍전한(風顚漢) 미친 중 한천 스님이 또 찾아왔다. 이번에는 미두인영(迷頭認影), 노골의 삶이 미혹하여 머리가 있는데도 그림자만을 보고 부리모벽(扶籬摸壁), 마치 맹인이 울타리에 매달리기도 하고 벽을 더듬기도 하며 길을 가는 것 같다고, 미모재마(眉毛在麼), 눈썹이 떨어지지 않고 붙어 있는가? 이렇게 말후일구(末後一句)를 주고 간 일이 있었다.

그날 해 질 무렵 최동호 박사님이 《정지용 시와 비평의 고고학》이라고 제한 명저를 갖고 모처럼 찾아왔다. 노골이 이날 평생 살아오면서 만난 사람 중에 파수상고산(把手上高山), 손을 마주 잡고 높은 산에 오르고 싶다고 생각한 도반이 있다면 최동호 박사 이분이다. 그렇다고 이분이 갖고 있는 학덕을 갖췄다는 뜻이 아니다. 이분이 갖추고 있는 학덕의 높이와 넓이는 노골이 사량(思量)할 수도 증득(證得)할 수도 없다. 솔직히 말하자면, 이분만이 갖고 있는 몰종적(沒蹤跡)의 불범봉망(不犯鋒鋩)의 기봉(機鋒)을 보았기 때문이다.

다 아는 바로, 앞에서 말했지만 노골이 내설악 백담사에 사는 죄로 해마다 만해축전을 주관하고 있다. 주객을 구분 못 하는 노골이 사람의 마음에 따라 이 세계가 성인이 깨달은 경지이기도 하고 범부의 염정(染淨)으로 가득 찬 세계이기도 하다는 전변처(轉變處)에서 만해축전을 주관한다는 것은 자칫 잘못하면 일장마라(一場幰羅) 한바탕 부끄러운 웃음거리가 되고 마는 것이다. 부끄러운 웃음거리가 되지 않기 위해서는 용사가 혼잡한 문단과 각계의 선지식(善知識)을 찾아뵙고 자문을 구해야 했는데 처음부터 오늘까지 십수 년간 한결같이 제일 도움을 많이 준 분이 최동호 박사이다.

최동호 박사, 이분을 만나면 아무 걱정이 없고 마음이 편안해진다. 이분은 말이 적다. 이분은 양미순목(揚眉瞬目), 일상생활의 동작으로 대화를 하는 분이라 할까. 노골은 이분의 동작만 봐도 말을 알아듣는다. 이분에게 제일 많이 물어보는 것이 만해대상 수상자 선정에 대해서다. 사실 상이란 제정하기도 겁이 나지만 수상자를 선정하기도 겁이 난다. 잘못 선정하면 욕을 먹기 때문이다.

만해대상의 경우, 각계로부터 수상자 후보 공적서를 받아 예심을 하고 본심에 넘긴다. 해마다 수백 명의 후보자 공적서를 예심위원들과 함께 노골도 보는데, 그 공적서만으로 수상자를 선정하기란 어렵다. 본심에 넘기기 전에 노골이 각계의 선지식들에게 한 분 한 분에 대한 고견을 듣는다. 그다음 마지막으로 최동호 박사 이분의 점검을 받는다. 시비교결처(是非交結處)라 일컫는 세간에는 항상 친소와 파당이 있기 마련이다. 하지만 최동호 이분의 관문을 노골은 파단요진(把斷要津) 불통범성(不通凡聖)의 관문이라고 말해 왔다. 그만큼 최동호 박사님의 관문은 삿됨이 없다는 말이다. 그야말로 바늘구멍도 들어갈 곳이 없는 곳, 침차불입처(針箚不入處)라 할 것이다. 암튼 마지막 관문을 통과한 후보자 공적서를 복수로 작성하여 본심에 넘기는 것이다. 각계를 대표하는 본심위원 20명이 수상자를 뽑는다. 그래서인지 만해대상이 수상자가 훌륭하여 세계적인 상이 되었다고들 한다.

아무런들 만해대상을 말할 때 최동호 이분의 숨은 공덕을 빼놓고 말할 수가 없는 것이다. 기왕 말이 나왔으니 하는 말이지만, 현대불교문학상 선정도 10회까지 최동호 박사 이분이 도맡았다고 해도 과언은 아니다. 현대불교문학상도 역대 수상자들 면면을 보면 모두가 한국 문단을 대표하는 분들이다. 따라서 이 상도 이름이 높다. 이 모두가 최동호 박사 이분의 학덕의 높이이자 넓이라 할 것이다.

남산타고북산무(南山打鼓北山舞), 남산에서 북을 치면 북산은 춤을 춘다. 노골이 초장 머리에 손을 마주 잡고 높은 산에 오르고 싶은 분이 최동호 박사님이라고 한 것은 서로 뜻이 잘 맞아떨어지기 때문이다. 서로 뜻이 잘 맞아떨어진다는 것은 무슨 일을 도모함에 순일무

잡(純一無雜) 삿됨이 없어 빈주역연(賓主歷然) 함을 뜻한다 할 것이다. 《벽암록》에 퇴산적악(堆山積嶽)이란 말이 있다. 겹겹의 산과 산봉우리, 넘어도 넘어도 끝이 없는 골짜기와 골짜기, 언어나 문자로는 다가갈 수 없는 깨달음의 경지를 뜻한다. 노골은 앞에서 보았다는 최동호 박사 이분만이 갖고 있는 몰종적의 불범봉망 그 기봉을 잠시 생각해본다. 불출문기(不出文記) 큰일을 하고도 문자나 기록으로 드러나지 않는 것, 이것이 이분만이 갖고 있는 기봉이다. 빙릉상행(氷凌上行) 얼음 위로 달리는 사람만이 갖는 기봉이다. 이런 분이 하는 일을 노골은 검인상사(劍刃上事)라 한다. 이분은 사실상 외롭다. 역순종횡(逆順縱橫)에도 여탈자재(與奪自在)한 기봉을 갖고 있지만 벽립천인(壁立千仞), 계곡이 깊은 만큼 외로움도 깊고 높은 것이다. 언사형절(言思逈絶)이라 업식망망(業識茫茫)한 노골이 무슨 말로 이분의 외로움을 달래리오. 대용현전(大用現前)에 부존궤칙(不存軌則)이라, 큰 지혜의 작용이 눈앞에 드러나 일정한 법칙을 상정하지 않은 것이니 궤칙을 초월해 종횡자재한 활동 있을진저.

한거호래(漢去胡來), 거울은 중국인이 오건 오랑캐가 오건 그저 그대로 비춰줄 뿐!

최동호 정년문집 《치인의 숲과 바람의 씨눈》(2013, 고려대 출판부) 축하 글

아미타 48원을 다 이루소서

　서방정토의 교주이신 아미타불의 공덕은 설악산이 다 닳고 동해가 다 마른다 해도 불가설 불가설입니다. 아미타부처님은 모든 중생을 다 편안하게 하겠다는 다짐으로 48가지 서원을 세워 성취정토를 하였으니 시방세계에 그 은혜를 입지 않은 중생이 없습니다. 대승불교가 널리 퍼진 곳이면 어디든 아미타 신앙이 성행하는 것은 이런 공덕을 믿기 때문입니다.

　우리나라에 아미타 신앙이 전래된 것은 신라 때의 일입니다. 《아미타경》을 비롯한 정토삼부경이 전래된 이래 미타행자들은 곳곳에 미타찰을 장엄하고 현실정토를 구현했습니다. 극락전을 지어 아미타불을 모시고 큰 돌에는 '나무아미타불'을 새겨서 지나가는 행인도 아미타부처님께 귀의토록 했습니다. 이로 인해 '나무아미타불'을 칭명하지 않는 사람이 없게 되었으니 십념왕생의 발원이 현실에서 이루어진 것입니다.

전 조계종 포교원장 혜총 큰스님께서 《아미타경》을 강설한 뜻도 여기에 있습니다. 스님은 오로지 미타행을 널리 실천하여 성취정토를 이루고자 《아미타경》을 강설하셨습니다. 이에 따라 말법중생은 의심을 버리고 미타신행을 날로 깊게 닦아 극락정토에 더욱 가까워질 것이니 이는 저 법장비구가 48원을 세워 미타인행을 쌓은 원력에 견주어 찬탄할 만한 일입니다.

바라건대 천하대중은 혜총 큰스님께서 《아미타경 강설》을 통해 가르친 미타행을 배우고 본받아 구품연화정토에 등진(登眞)하셔서 삼계육도를 해탈하고 마침내 아미타불을 친견한 뒤 무상정등각을 이루기를 축원합니다. 독자와 함께 옛 조사의 게송을 외워 미타행자 혜총 큰스님의 다함이 없는 큰 공덕을 거듭 찬탄합니다.

阿彌陀佛在何方　아미타불 계신 곳이 어디인가
着得心頭切莫忘　사무치게 생각하여 잊지 말라
念到念窮無念處　생각이 다해 무념처에 이르면
六門常放紫金光　온몸에 늘 금색광명 빛나리라

乙未 孟冬
설악산 신흥사 조실 雪嶽霧山 和南
────────────────
《혜총 스님의 아미타경 강설》(2016, 조계종출판사) 추천의 말

　　　　　　　　　4장 / 간담상조

중생의 고통이 끝날 때까지

度盡衆生　중생을 다 제도한 다음에야
方證菩提　마침내 도를 깨달을 것이요
地獄未空　지옥을 텅 비우지 못한다면
誓不成佛　맹세코 성불하지 않으리라

이 거룩한 게송은 지장보살의 대비서원(大悲誓願)이 얼마나 크고 간절한가를 말해주는 말씀이다. 지장보살이 위대한 원력보살로 칭송받는 이유는《지장본원경》에 잘 나타나 있다. 이에 따르면 '대승보살 가운데 문수, 보현, 관음, 미륵은 그 서원이 다하는 때가 있지만, 지장보살의 서원은 다할 때가 없으니 그것은 중생의 고통이 다 끝나지 않기 때문'이라는 것이다.

고래로부터 이웃에 대한 무한봉사를 통해 불도를 완성해야 한다
는 지장사상은 대승불교의 가장 중요한 신앙적 요체로 인식됐다. 또
지장보살의 서원행(誓願行)은 수많은 영험담과 설화를 낳기도 했다.
중국의 대표적 지장성지인 구화산 화성사 육신보전에 얽힌 설화도
그중 하나다.

옛날 중국 안휘성에서 있었던 일이다. 장사를 나섰던 상인들이 구
화산에서 길을 잃고 헤매다 짐승을 잡으려고 파놓은 함정에 빠졌다.
사람들은 놀라서 아우성치며 서로 먼저 나가려고 했다. 그러나 구덩
이가 깊은 데다 서로 먼저 나가겠다고 남의 발목을 잡는 바람에 아
무도 빠져나올 수 없었다.

그때 학문이 깊은 어떤 유교의 학자가 구덩이 곁을 지나다가 이들
을 발견했다. 학자는 사람들을 보며 이렇게 훈계를 했다.

"얼마나 어리석고 조심성이 없었으면 이렇게 깊은 구덩이에 빠진
단 말이오? 구덩이에서 나오거든 항상 발밑을 잘 살펴서 다니시도
록 하시오."

그가 혀를 차고 떠나자 이번에는 오랫동안 양생술을 닦은 도교의
도사가 지나가다가 이들을 발견했다. 도사는 구덩이 안으로 손을 내
밀며 말했다.

"내가 손을 내밀 테니 당신들도 팔을 뻗으시오. 손만 잡으면 나올
수 있을 거요."

320

그러나 구덩이가 너무 깊어 손이 닿지 않았다. 도사는 헛심만 쓰다가 모든 게 팔자소관이라며 가던 길로 떠났다.

모든 사람이 절망에 빠져 있는데 마침 어떤 스님이 이 광경을 보았다. 스님은 자초지종을 묻지 않고 스스로 구덩이에 들어가 사람들을 무동 태워 밖으로 내보냈다. 자신은 먼저 나간 사람들이 새끼를 꼬아 던져준 칡넝쿨에 매달려 맨 나중에 구출됐다.

구덩이에서 빠져나온 상인들은 장사를 잘해 큰돈을 벌었다. 상인들이 감사의 뜻을 전하려고 구화산 화성사를 찾아갔더니 스님은 육신보전의 지장보살로 앉아 있었다.

이 설화에서 보듯이 지장보살의 대비원력은 자기를 희생하여 남을 구제하겠다는 것이다. 말로만 자비가 어떻다고 이러쿵저러쿵하거나, 남을 돕겠다고 하다가도 힘에 부치면 금방 포기하는 사람들과는 다르다. 곤경에 처한 이웃을 보면 스스로 몸 바쳐 어려움을 해결해주고, 그 공덕으로 자기도 구원될 것으로 믿고 실천하는 것이 지장보살이다. 그리고 이 가르침을 따르는 불자가 지장행자(地藏行者)이다.

이 같은 지장보살의 대비구제 원력을 앞장서 실천하는 스님이 있다. '한국의 지장도량'으로 유명한 철원 심원사의 주지 정현 스님이다. 스님은 오랫동안 지장보살의 본원(本願)을 자신의 본원으로 삼고 어려운 이웃을 도와주는 보살행을 남몰래 실천해왔다. 모든 사람을 지장행자로 만들려는 원력으로 지장기도를 하는 틈틈이 지장신앙을 설파하는 데 주력했다. 특히 지난 2009년부터 불교텔레비전을 통해 방송된《지장본원경》강의는 많은 불자에게 큰 감동을 주었다. 강의의 핵심은 일상생활을 통해 지장보살의 서원을 실천해야 한다는 것이었다.

이 책은 그때 정현 스님이 강의한 거룩하고 훌륭한 설법을 엮은 것이다. 읽으면 읽을수록 입에서는 향기가 나고 귀에서는 음악 소리가 들리는 듯하다. 어찌 기쁜 마음으로 찬탄하지 않을 수 있겠는가. 이에 지장전 기둥에 걸린 주련의 게송으로 대원본존 지장보살의 공덕과 지장신앙을 널리 펴려는 원력으로 정진하는 정현 스님의 공덕행을 받들어 찬탄하는 바이다.

地藏大聖威神力	지장보살의 거룩한 서원과 위신력
恒河沙劫說難盡	어떤 말로도 다 표현할 길이 없네
見聞瞻禮一念間	잠깐 우러러 뵙고 예배만 하여도
利益人天無量事	한량없이 온 세상을 이롭게 하시네

불기 2561년 가을

雪嶽霧山 합장

정현 스님《지장경을 읽는 즐거움》(2017, 민족사) 추천의 말

'맹구우목'의 인연을 기뻐하며

    구름 걸린 설악산 봉우리와 솔향기 가득한 골짜기의 맑은 바람 소리는 아무리 훌륭한 시인묵객이라도 다 그려낼 수 없습니다. 밤새도록 울어대는 동해의 깊은 해조음은 아무리 훌륭한 작곡가라도 다 표현할 수 없습니다. 설악산이나 동해의 참모습은 인간의 유한한 의사소통 수단인 문장이나 그림으로는 그 참다운 모습을 다 담아낼 수는 없기 때문입니다.

    그래서 일찍이 신라의 원효 스님은 진리의 참된 본성은 "말로써 설명할 수 있는 것이 아니며[離言說相], 문자나 개념으로 알려질 수 있는 것도 아니며[離名字相], 분석적 사변으로도 닿을 수 없다[離心緣相]."고 갈파했습니다. 모든 말과 표현들은 실체 그 자체가 아니라 그 실체를 보여주기 위해 빌려 쓴 수단에 불과하다는 것입니다. 그런 까닭에 부처님은 45년 동안 팔만사천의 방편 설법을 하시고도 "한 말씀도 말한 바 없다[一字不說]"고 했습니다. 개념화된 말로써는 어떤 천변만어(千辯萬語)를 쏟아낸다 하더라도 진실 그 자체를 말한 것이 아니라는 것입니다.

그렇기는 하지만, 이 세상의 어떤 진리도 언어나 문자로 표현되지 않고서는 그 본모습을 표현할 수 없습니다. 우리는 언로를 통해야만 모든 사물과 진리의 모습을 짐작하게 됩니다. 언어와 문자가 없으면 철학과 종교, 역사와 문학도 존재할 수 없습니다. 모든 진리는 언어와 문자로 표현될 때만 비로소 진리로서의 모습을 드러내게 됩니다. 이를 의언진여(依言眞如)라고 합니다. 말에 의지하지 않고는 진리도 드러나지 않는다는 것입니다. 그것은 마치 '사랑한다'고 말하지 않으면 어떤 사람도 사랑을 알아채지 못하는 것과 같은 이치입니다.

부처님은 처음 깨달음을 얻은 뒤 설법을 주저했다고 합니다. 깊은 명상 끝에 홀로 깨달은 심심미묘(甚深微妙)한 법을 아무리 설명한다 하더라도 표현이 부족할 뿐만 아니라 어리석은 중생들이 다 알아듣지 못할 것을 우려한 것입니다. 그럼에도 부처님이 설법을 결심한 것은 침묵만으로는 중생을 제도할 수 없음을 알았기 때문입니다. 그리하여 부처님은 35세 때 녹야원에서 법륜을 굴리신 이래 쿠시나가라에서 80세를 일기로 열반에 드실 때까지 하루도 쉬지 않고 감로법문을 연설하셨습니다. 그것을 기록해 놓은 것이 바로 팔만대장경입니다.

　부처님이 이처럼 평생 동안 무상심심한 미묘법을 연설한 뜻은 다른 데 있지 않습니다. 그것은 고해중생을 널리 제도하여 안락에 이르게 하고자 하는 자비심의 발로였습니다. 부처님의 대자대비란 다른 것이 아닙니다. 중생들의 무명과 우치를 깨우쳐 다시는 어리석은 짓을 하지 않는 지혜로운 삶을 살도록 하는 것입니다. 불교가 절을 짓고 교단을 조직하며, 역대 조사가 방할(棒喝)과 수지(竪指)와 권렴(捲簾)으로 중생을 접화(接化)한 뜻도 여기에 있습니다.

　무명과 삼독번뇌에 가려서 삼악도를 헤매는 중생에게 큰스님의 법문은 횃불과 같습니다. 불빛을 받아 바른길로 가면 저 언덕에 이를 것이지만, 반대로 그 빛을 외면하면 천 길 나락으로 떨어지게 됩니다. 따라서 중생들은 한시라도 빨리, 한마디라도 더 많이 법문을 듣고 실천하려고 애써야 합니다. 이것이 불교를 믿는 불자들이 해야 할 참다운 수행입니다.

　중생이 불법을 만나는 것은 천년에 한 번씩 물 위로 올라오는 눈먼 거북이가 구멍 뚫린 나무판자를 만나는 것처럼 어려운 일이라고 했습니다. 이번에 홍법원에서 출간하는 이 법문집은 '맹구우목(盲龜遇木)'의 판자와 같은 보감(寶鑑)입니다. 여기에는 우리나라 근현대의 고승들이 고구정녕하게 이르신 수행의 나침반이 들어 있습니다. 그러므로 이 법문집을 읽는 사람들은 모두 생사고해에서 벗어나게 하는 출신활로가 어떤 것인지 알게 될 것입니다. 어찌 다행하고 기쁜 일이 아니겠습니까. 천하의 불자들께서는 모처럼의 진귀한 인연으로 만난 이 설법집을 배독(拜讀)한 공덕으로 마침내 무상대도(無上大道)를 성취하기를 진심으로 바라고 또 바랍니다.

끝으로 옛날의 불자들은 어떤 마음으로 불경을 읽었는지를 알게 하는 《법구경》의 한 구절을 소개하면서 맹구우목의 인연을 함께 기뻐하고자 합니다.

雖多誦經　비록 아무리 많은 경전을 외우더라도
不解何益　뜻을 알지 못하면 무슨 이익이 있으랴
解一法句　하나의 구절이라도 그것을 바르게 알고
行可得道　실천해 나가야 도를 얻을 수 있으리라

김길상 편 《선지식(善知識)》(2006, 홍법원) 추천사

우리 시대 스승들의 감로법문

부처님은 보리수 아래서 성도를 한 직후 설법을 주저한 적이 있었다. 심심미묘한 진리를 설한다 해도 어리석은 중생이 알아듣지 못할 것이기 때문이었다. 그러나 부처님은 '세존이 설법하지 않으면 이 세상은 무명과 죄악에서 벗어나지 못할 것'이라는 범천의 권청을 받아들여 설법을 결심했다.

 "내가 이제 중생들을 위해 감로의 문을 여노라. 귀 있는 자는 듣
 고 낡은 믿음을 버리라."

증일아함〈권청품〉에 나오는 이 말씀은 부처님이 설법한 뜻이 어디에 있는가를 잘 설명해준다. 그것은 중생들의 미망을 깨뜨려 영원

히 안락할 수 있는 길을 열어 보이기 위해서다. 이러한 설법 정신은 불교의 모든 스승이 감로의 문을 여는 이유이기도 하다.

참다운 진리는 말을 떠나 있다. 그러나 어떤 진리도 말에 의지하지 않고는 알 수 없다. 그러므로 부처님의 가르침을 배우려는 사람은 역대종사가 고구정녕하게 가르친 말씀에 따라 수행해야 한다. 그렇게 한다면 반드시 행복의 언덕에 도달할 수 있다.

이 책에는 우리 시대 큰 스승들이 우리에게 내려준 감로법문이 실려 있다. 옆에 두고 자주 읽으면서 이 가르침대로 닦아 나간다면 틀림없이 영원한 행복에 이를 것이다.

설법집《명설법 명법문》(2007, 홍법원) 머리말

참사람의 진면목(眞面目)

송준영은 일찍이 조계 종정 서옹문정(西翁門庭)에서 매두몰신(埋頭沒身) 대천상량(擡薦商量)하여 체대상승(遞代相承)하는 불조(佛祖)의 심인(心印)을 전수한 분이다. 따라서 일촉파삼관(一鏃破三關), 선(禪)이라는 화살 하나로 교(敎)의 관문(關門), 선의 관문, 시의 관문을 투탈한 작가선장(作家禪匠)이다.

우리 주변에 단 한 번의 첨풍발초(瞻風撥草)도 없이 혼륜탄조(渾崙吞棗) 불조의 언구를 여과 없이 받아들여 그 미묘한 뜻을 알지 못하면서 선시(禪詩)라는 이름으로 시를 발표하는 당주조한(噇酒糟漢)들이 많다. 이 당주조한들은 수성축색(隨聲逐色), 현상에만 사로잡혀 독자의 눈을 멀게 할 뿐만 아니라 피가대쇄(披枷帶鎖)라, 곧 자기 자신이 칼과 족쇄에 얽매여 있는 줄 모른다. 비록 얻은 바가 있다 해도 '나는 깨달았다. 이것이 선시다' 하고 자임하면 자임 그것이 도리어 병이 되는 것. 각즉빙생(覺則氷生)이라, 즉 물에 얼음이 생기는 것과 같은 것이다.

송준영은 다 같은 언구를 사용해도 그 뜻은 범인의 그것과는 천지현격(天地懸隔), 그 경계가 다르다. 그는 천각비공(穿却鼻孔)하여 스스로 코를 꿰어 귀원료성(歸源了性)하였다. 곧 그 근원에 돌아가 본성을 보았을 때, 터져 나온 그의 화지일성(哭地一聲)에 연유한 그만의 체명무진구(體明無盡句)이기 때문이다.

그래서 송준영의 언구는 끝이 있어도 그 뜻은 끝이 없다. 새학전구(塞壑塡溝)이므로 곳곳에 두루하여 미치지 않은 곳이 없다. 그러나 그 어느 한 곳에도 언사형절(言思逈絶)의 세계 은밀전진(隱密全眞)의 세계만 비치게 할 뿐, 정작 미친 곳이 없다. 사실상 송준영의 언구를 들여다보면 극칙무로처(極則無路處)다. 그것이 궁극의 이치이면서 궁극의 이치라는 자취마저 없는 현묘한 몰종적(沒蹤跡)의 당처(當處)를 생각하게 한다. 소나기 지나가는 퇴산적악(堆山積嶽)의 한회고목(寒灰枯木)의 울음소리가 들리는가 하면 시장 바닥의 홍파호묘(洪波浩渺) 큰 파도 흰 물결을 일으키는 동해이어(東海鯉魚)의 숨소리도 아득히 들린다.

오늘 송준영은 저잣거리에 손을 드리우고 있다. 성스러운 견해에도 머물지 않고 범속한 생각에서도 벗어나 책을 만들고 시를 쓰고 있다. 이것이 홍란저인(紅爛底人)의 참사람의 진면목이 아닌가!

검인상주(劍刃上走)라, 칼날 위를 달리는 이여!
대용현전(大用現前)에 부존궤칙(不存軌則)이로다.
할, 일할(喝 一喝).

경인년(庚寅年) 하안거(夏安居) 해제일(解制日)에

설악(雪嶽) 조오현

송준영 《선, 언어로 읽다》(2010, 소명출판) 서문

일필휘지로 되살린 채근담

　낙승(落僧)은 서예에 대해 아는 것이 없다. 들은풍월로는 중국에서 서성(書聖)으로 불렸다는 왕희지(王羲之), 단아극미(端雅極美)를 선보였다는 안진경(顔眞卿)이 유명하고, 해동에서는 해동서성(海東書聖)으로 일컫는 김생(金生)과 필법의 극경(極境)에 이르렀다는 추사(秋史)의 이름을 겨우 기억할 정도다. 더욱이 진미진선(眞美眞善)은 필설외재(筆舌外在)라 했으니 어찌 감히 그 무궁지경을 논급할 수 있겠는가. 그야말로 전제불기(全提不起)요 일자불설(一字不說)이 옳다.

　그러나 실상이언(實相離言)이되 의언진여(依言眞如)라 했으니 참다운 아름다움은 이미 말을 떠나 있다 하더라도 또한 말을 의지하지 않고서는 그 뜻을 다 표현할 수 없는 법이다. 말과 글로써 방외지법(方外之法)을 말하는 것도 그 소이(所以)가 여기에 있으니 예로부터 시

서화가 예술로 발달한 근본이 이러한 이유라 할 것이다.

이번 만해축전 기간 중에는 대한민국 서단(書壇)의 발족초방(發足超方)한 중진 서법가인 이촌(以村) 김재봉(金載俸) 선생이 서법 예술의 골수를 보여주는 '만해선사 채근담 전시회'를 연다. 이촌의 글씨는 한마디로 천지를 화선지로 삼고 담운(曇雲)을 먹으로 삼고 송죽을 붓으로 삼아 쓴 것이어서 아무리 까막눈이라도 놀라움을 금할 수 없다. 일필로 휘지한 《채근담(菜根譚)》의 말씀이 그대로 살아나게 했으니 선문(禪門)의 종장(宗匠) 임제선사(臨濟禪師)가 말한 '무문채인(無文綵印, 글발 없는 인장)'이 바로 이런 경계임을 단박에 알 수 있다. 사람들이 이처럼 전기독로(全機獨露)하게 해행초예전(楷行草隷篆)의 서체를 구사하는 서법을 일목관경(一目觀境)하게 된 것은 참으로 미증유

한 일이라 할 것이다.

선어록에 '일족파삼관(一鏃破三關)'이라는 말이 있다. 화살 하나로 세 개의 관문을 다 뚫는다는 말이다. 이촌 선생의 서예가 그러하다. 선생은 실로 붓 한 자루로 서예의 진경인 활발발(活潑潑)과 졸박박(拙 朴朴)과 청고고(淸高高)의 경지를 다 해냈으니 납자(衲子)로 치면 불범 봉망(不犯蜂鋩)의 기용(機用)으로 인구색단(人口塞斷)을 했다고 하리 라. 어찌 낙승의 주제에 사족을 덧붙이겠는가.

다만 먼저 눈이 멀어버린 맹인으로서 바라기는 강호의 달사(達士) 들도 이 전시회를 무루(無漏) 둘러보고 이촌 서법가가 화선지에 옮겨 놓은 선열(禪悅)의 무미지미(無味之味)와 서법의 무미지미(無美之美)를 마음껏 청람(淸覽)하시기를 일권(一勸)하고자 한다. 절대 손해날 일 없을 것이다.

萬海祝典紀 11년(2009) 여름

雪嶽落僧 霧山 識

김재봉 〈만해선사 채근담 전시회〉(2009, 만해축전) 추천사

4장 / 간담상조

산중문답(山中問答)

설악산의 '낙승(落僧)' 조오현 스님

   소문으로는 늘 술에 취해 산다는 선승(禪僧)을 만나러 갔더니, 맑은 피부의 칠순 노인이 종종걸음으로 나왔다. 결 고운 삼베 적삼과 하얀 모시 바지 차림이었다. 내가 찾는 사람이 아닌 줄 알았는데, 그가 설악산 백담사 회주인 오현(五鉉, 75) 스님이었다. 그는 "얼른 들어오소."라며 내실로 안내한 뒤 손수 찻잔을 들고 와 차를 따라 주었다.

   그의 다섯 가닥 패인 이마 주름을 쳐다보고 또 그 눈을 들여다보다가, 불쑥 "피모대각(披毛戴角)이라고 하셨지요?"라고 말문을 열었다. 바로 얼마 전 '정지용문학상'을 받은 그가 수상식 자리에서 이 말을 했던 것이다.

336

"그렇지, 피모대각이지. 모든 것을 포기해야 할 사람이, 부처니 깨달음이니 하는 것도 다 내다 버려야 할 놈이, 이 나이에 부끄러운 줄 모르고 상(賞) 받고 신문에도 나오니, 몸에 털 나고 머리에 뿔 돋은 짐승이 된 것 같은 거지. 몇십 년 전에는, 나도 신문 같은 데 나오고 싶어서 기자들에게 밥 사주고 술 사줬지요. 내 기사를 크게 쓰라고 그랬던 시절도 있었는데, 환갑 지나고 칠십 지나고 나니까, 전부다 부끄러운 짓거리라. 자꾸 보니까 필요 없는 짓거리야. 산에서 중노릇이면 됐지. 이번에 수상시집이 나오니 문학 담당 기자가 전화가 왔어. 내가 '싣기만 하면 대갈통을 깨놓겠다'고 했는데, 그걸 크게 실어달라고 착각을 한 것인지, 신문마다 내가 나왔어. 쯧쯧, 그렇다고 대갈통을 깨놓을 수는 없고."

― 그런 이치를 아시는 분이 시는 왜 씁니까?
"시를 많이 쓰지는 않았고, 지금까지 한 100편… 한때 그런 걸 하고 싶던 시절이 있었지. 시를 쓰게 된 것은 1970년대 신흥사 주지(住持)를 할 때야. 내가 국민학교도 안 나왔으니까 주지가 돼도 아무도 안 알아줘. 천주교로 따지면 교구장급인데. 그때만 해도 누가 좀 알아주기를 바랐지. 당시 행정대학원 학위는 돈 주면 준다고 하대. 또 세상에는 시인이라면 알아준다고 하대. 그래서 가짜 시를 100편쯤 썼던 거지. 시집을 낼 때 이근배 시인에게 '지금 누가 제일 시를 잘 쓰냐'고 물으니, '미당(未堂, 서정주) 선생이 일등'이래. 그러면 '미당

보다 내가 더 잘 쓴다고 발문(跋文)을 써다오'라고 했고, 내가 그 발문을 교정 보면서 '미당은 가꾸는 시, 오현은 버리는 시'라고 했어. 푸하하하."

그를 만나본 이들은 그에게 매료됐고 그의 크기에 대해 이야기를 했다. 숱한 문인·정치인·고위관료·언론인들이 그에게는 꼼짝 못 하는 것 같았다. 천하를 눈 아래로 보았던 기행(奇行)의 걸레 스님 중광(2002년 입적)도 그 앞에서는 존경을 표시했을 정도다.

그럼에도 이는 일부 소수에 국한된 것이다. 세간에서는 그에 대해 안 적이 없었다. 그는 언론과 일절 인터뷰를 하지 않았다. 자신을 드러내지 않음으로써 더 힘이 세어지는 이치와 같았다. 막상 내가 '한번 찾아뵙겠다'고 전화했을 때, 무슨 바람이 불었는지 '오늘 오라'고 했다. 그는 서울에 체류 중이었다. 나는 그에 대해 준비되지 않았기 때문에 이틀 뒤에 방문하게 됐다.

— 초등학교도 안 나왔는데 어떻게 신흥사라는 큰절의 주지가 되셨지요?

"절에 들어가면, 옛날에는 글을 안 가르쳐 줬다. 알았제? 말과 글을 버리는 곳이 절이다. 지식의 노예가 되기 때문이다. 세상에는 두 가지 길이 있다. 하나는 일반, 하나는 종교의 길이란 말이야. 가는 길이 다르다. 여러분이 가는 세속의 길은 해가 뜨는 길이다."

338

내가 "해가 어떻다고요?"라고 되물으니, 그는 "귀가 어두운가?" 라고 통박을 줬고, 나는 "스님 발음도 썩 좋지 않습니다."라고 했다. 그는 "그렇지."라고 말했다. 실제로 그랬다. 그는 길이 각각 다른 것을 설명하기 위해 볼펜 두 개를 들고 와 그 끝을 반대쪽으로 향하게 했다.

"속세 길은 학교도 다녀야 하고, 돈도 벌고, 명예도 있어야 하고, 또 할 일이 많다고. 아들 노릇 해야지, 아버지 노릇 해야지, 친구 노릇, 제자 노릇, 스승 노릇 해야지. 많잖아. 그러니 돈도 많이 벌고 명예도 얻고 부지런히 일해야 알아줘. 가만히 있으면 사람 노릇을 못하니까. 하지만 종교의 길은 해가 지는 쪽으로 간다. 부모 형제부터 버리잖아. 육신도 버려야지. 그런 마당에 돈, 명예도 다 버려야 하잖아. 돈 많은 종교인은 아무리 똑똑해도 욕 얻어먹잖아. 법정(法頂) 스님을 봐라. 돈 있나? '비워라 비워라'라는 무소유 소리만 하지. 성철(性澈) 스님도 마찬가지다. 비가 와서 집이 떠내려가도 손도 안 댄다. 그저 신발만 방 안으로 들여놓을 뿐. 그래도 존경받잖아. 이는 세속의 이치와 반대니까 그래. 지식도 버리고 깨달음도 버리고 부처도 버려야 한다고. 부처에 집착해도 안 되거든. 불교가 최고라는 생각도 버려야지. 거기에 빠져 있어도 안 돼. 그건 물이 흘러가다가 얼어붙는 것과 같아. 그러나 세속 길과 종교 길은 방향이 다를 뿐 나중에 만나는 것은 똑같아."

— 스님께서는 배운 것도 없고 지식도 버리는데, 시는 어떻게 배웠습니까?

"글이란 모르면 '이게 무슨 자(字)냐, 무슨 뜻이냐'라고 아는 사람한테 물어보면 되잖아. 그걸 배울 게 뭐 있어. 또 절간에 불경 같은 것들이 많이 있고, 서당개 3년이면 풍월을 읊는다. 나는 누구한테 정식으로 글 배우고 그런 거 없었다. 글을 배워 놓으면, 문자에 지식에 빠지고, 아는 척하고 다녀. 그런 거는 아무 필요 없어, 중(僧) 공부라는 것은 팔만대장경을 거꾸로 읽어내도 깨닫지 못하면 헛일이야. 문자 속에 무엇이 있는 줄 알고 암만 읽어봐라, 그저 빠져 죽을 뿐이지."

— 그걸 아시는 분이 왜 글로써 시를 썼지요?

(질문은 계속 맴돌았다.)

"그렇게 이야기를 하면 내 말을 못 알아듣게 돼. 그 시는 여러분들이 모르는 글자지(세속의 글과 다르다는 뜻). 글에 빠지는 것과 안 빠지는 것은 경계가 굉장히 다르다."

그는 이 답답한 중생을 위해 일어나서 '정지용문학상'을 수상한 시집을 들고 왔다. 그 첫 장에 실린 〈아득한 성자〉를 펴서 "자, 봐라."라며 읽어 내려갔다.

"하루라는 오늘/ 오늘이라는 이 하루에

뜨는 해도 다 보고/ 지는 해도 다 보았다고

더 이상 더 볼 것 없다고/ 알 까고 죽는 하루살이 떼

죽을 때가 지났는데도/ 나는 살아 있지만

 그 어느 날 그 하루도 산 것 같지 않고 보면

천 년을 산다고 해도/ 성자는/ 아득한 하루살이 떼"

   그런 뒤 "어떤 놈은 죽을 때까지 못 알아듣고 왔다 갔다 하는 거
야. 못 알아들으면 어떻게 할 수가 없는 거야."라고 덧붙였다.

— 늘 술과 함께 산다고 들었습니다.

"술이야 둘째가라면 서럽지. 술 가지고 찾아오는 사람이 난 좋아. 나는 식당이나 주점에서는 술을 먹는 일이 없다. 내 방안에서만 먹는다. 한때는 사람들과 어울려 먹은 적도 있지만 술 안 취했을 때는 괜찮았던 놈이 취해서는 '중놈도 술 마신다'고 시부렁거리며 욕하데. 그 뒤로 다른 사람과는 같이 안 먹는다. 작년에는 고은(高銀) 선생이 내가 혼자 술 마시는 걸 보고 한잔 달라고 했지만, 술은 안 줬다. 대신 돈 주면서 '다른 데 가서 마시라'고 했다. 아침에 일어나면 물 태워서 한잔하고, 점심 공양 때 마시고, 그러다가 잠이 오면 자고, 깨어나서 또 마시고. 안주는 별로 먹지 않는다. 그래도 오장육부가 다 괜찮아. 최근에는 열흘간 안 마셨다. 안 마시면 금방 피부가 좋아지지."

— 스님이 술 잘 마시는 걸 자랑합니까?

"나는 중이 아니야. 내 책에도 썼지만 '낙승(落僧)'이다. 중에서 떨어졌다는 뜻이다. 나는 열심히 중 노릇을 못 했으니 술이나 마시고, 거짓말이나 한다. 진짜 중은 힘들어. 거짓말도 안 해야 하고 술도 안 먹어야 하고 욕도 안 해야 하고 돈도 안 모아야 한다. 남들이 도저히 못 하는 일을 하니, 진짜 중은 존경을 받는 거다. 그런데 (기자를 응시하며) 꼭 나를 취재하려는 것 같고, 사람을 꼼짝 못 하게 하는 양이 TV에서 본 '수사반장' 같아."

5장 / 산중문답

이 무애자재(無礙自在)한 노승은 틈만 나면 "녹음하지는 않겠지?" "기사를 쓰면 안 된다. 그러면 전부 나를 정치꾼이라고 욕한다"라며 다짐을 받으려고 했다. 나는 침묵으로 응대했다.

"또 술이란 원래 있는 게 아니다. 나라는 존재도 없는데, 술이 어디 있나. 술은 곡식으로 만들잖아. 곡식으로는 밥도 만들지. 술과 밥의 본체, 재료는 똑같다. 밥 잘 먹고 시비하고 사람을 때려 죽이면 그게 술 취한 놈이야. 그런데 술 마시고 기분 좋게 잘 살면 그것은 밥이지."

― 10년 전쯤 백담사에 기거하던 중광 스님을 인터뷰한 적이 있었지요. 그 중광도 한 술을 했지요.

"중광은 내 상좌(上佐)지. 죽을 때가 돼서 나를 찾아왔어. 우리 둘 다 낙승(落僧)이지만 그래도 '승(僧)' 자는 붙었잖아. 그는 대단한 사람이야. 자기가 깨달았는데 언어 문자로 표현할 길이 없었어. 그래서 미친 그림을 그렸는데 세상이 못 알아들어. 닭과 섹스를 했다고 해도 못 알아들어. 여하튼 백담사에 왔을 때는 이미 병이 깊었어. 내가 '농암(聾庵, 귀머거리 암자)'이란 호를 지어주고, 처소를 마련해줬지. 건강을 위해 백담사에서 마을 입구인 용대리까지 날마다 걸어 다니라고 했어. 그러다가 죽었어. 그런데 세상에서 제일 즐겁고 기쁜 날이 죽는 날이다."

— 정말입니까?

"그럼."

— 그걸 어떻게 압니까?

"시골 노인들이 죽으면 '편안하게 주무셨다'고 그러잖아. 죽음은 슬프지 않아. 우리 중들은 사람이 죽으면 염불하는데, '다비문'이라는 염불 책이 있어. 그 끝 구절이 '쾌활(快活), 쾌활'이야. 좋다 좋다는 거지. 모든 근심 번뇌에서 다 벗어났으니 얼마나 기쁘냐. 그래서 절에서는 죽는다는 소리를 안 하고, '귀(歸, 돌아가다)'나 '입적(入寂, 적막으로 들어가다)'이라는 말을 쓰지. 원래 자리로 돌아갔으니 편안하지. 중(僧) 공부라는 것은 사실 죽는 공부지."

— 죽는 공부라고 했나요?

"그럼 죽는 공부다. 참선(參禪)하는 것도 다 그렇지."

— 생물이란 때 되면 죽고 어차피 죽음을 맞게 되는데, 죽는 공부를 평생 붙잡고 삶을 보내는 게 과연 의미가 있나요?

"사람이 죽는 공부 말고 할 게 뭐 있나. 여러분들은 욕망이 꽉 차 있으니까 안 보이는 거야. 욕망 때문에. 돈 벌고 일하고 집 짓고 여자를 만나는 그런 걸 추구하니, 내가 아무리 늙어 죽는 이야기를 해도 못 알아들어. 하기야 그런 사람들도 있어야 세상이 돌아간다. 전부 다 중질을 하면 안 된다. 세상에는 잘난 놈만 있어도 안 되고, 못난 놈도 있어야 한다. 중도 목사도, 온갖 게 다 있어야 한다. 그런 것들이 어울려야 이 세상이 돌아가는 거다."

— 그런데 깨달았다는 게 무엇입니까?
"우리가 먹고살고 죽는, 삶의 모든 것에 대한 회의가 없어졌다 그거지. 의심이 없어졌다는 이야기지."

— 그런 깨달음은 일종의 자기 현혹, 자기 착각이 아닐까요?
"서울 조계사 앞에도 깨달았다는 중들이 많아. 그래서 바로 깨달았는지 잘못 깨달았는지 점검을 받아야 한다. 절에 가면 조실(祖室, 큰 어른)이 있어서 그걸 맡지. 선문답이 거기서 나오고 이심전심으로 알게 돼. 애들을 키워보면 아이가 진실을 말하는지 거짓을 말하는지 부모는 알잖아. 어미가 부엌에 있어도, 제 자식이 오줌을 싸서 우는지 배가 고파 우는지 똥칠을 해 놓고 우는지, 우는 소리만 들어도 다 안다."

— 깨닫고 보면 삶은 의미가 없게 됩니까?
"삶의 무상(無常)이라는 것은 무의미와 달라. 세상의 모든 것이 머물지 않고 변한다는 뜻이다. 그런데 나는 불교를 몰라. 처음 절에 오니 밥도 먹을 수 있었고, 또 중질이 돈벌이인 줄 알고 열심히 살았지. 불전함(函)을 두면 신도들이 시주를 바치잖아. 돈벌이를 위해 열심히 염불도 했지. 장례식에서 염불하면 돈 벌잖아. 그래서 밤새도록 할 때도 있었고. 그런데 나중에 지나고 나니, 중이 돈벌이하는 게 아니라는 걸 알았어. 그러니 할 일이 없어졌어. 그래서 술 마시지. 세상을 살다 보면 돈 버는 일이 제일 재미있거든."

— 사는 재미가 있으려면 내 것을 꼭 해야 할 것 같군요.

"그런데 그게 문제인 거야. 내 것이라고 자꾸 그래도, 내 것은 사실 하나도 없는 거야. 한번은 검사가 백담사에 들러서, 당시 뇌물을 먹고 수감된 K씨를 나쁜 놈이라고 욕해. 내가 '봐라, 니도 먹었잖아'라고 하니, 펄쩍 뛰어. 그래서 '니도 많이 먹었다'는 것을 설명해줬어. K씨가 그 돈을 땅에 묻어 놓았겠나? 은행에 맡겼으면 은행 직원들이 먹고살았을 것이고, 그중에서 100만 원을 빼내 신라호텔에서 식사를 했다면 호텔 직원들을 먹여 살렸고, 호텔 음식 재료를 공급하는 농사꾼들도 같이 먹은 것이 되고, 이를 싣고 올라온 운전사도 먹었고…, 천지만물이 한 몸이라. 그렇게 다 연결되어 있는 거다. 본체로 보면 내 것 네 것이 없어. 산은 산이고 물은 물이라는데, 실제 산속에 들어가면 산은 없어. 나무와 계곡들이 있지. 다만 있는 대로 보면 '산은 산이고 물은 물'인 것이지."

— 일각에서는 스님께서 영향력 있는 사람들과의 교분을 중시하고 이른

바 '유발상좌(有髮, 머리 기른 세속의 제자)로 두고 있다는데, 사실인가요?

"그건 내가 심심하니까 하는 거지. 유발상좌라는 말도 내가 지은 것이고. 요즘 내가 거짓말해도 사람들이 알아주잖아. 내가 이들에게 찾아가는 것도 아니고. 제 발로 나한테 찾아오는 거지. 이 모든 게 나와는 관계없는 일들이야. 그런 사람들이 왔다 가면, 내게 품위 유지할 돈도 내놓고 술도 놓고 가지. 어떤 이는 나를 중이 술만 먹고 있더라고 욕하고 가고, 또 어떤 이는 나를 도둑놈으로 보고 가고, 자기 그릇대로 보고 그러는 것뿐이지. 나하고는 관계가 없어."

― 중생들은 아침에 눈 뜨면서부터 뼈 빠지게 일해서 세금 내고 시주도 바치는데, 스님은 큰소리 뻥뻥 치면서 품위 유지도 하시니.

"누가 돈 달라고 했나. 불전함에 누가 돈 넣으라고 강제했나. 중 보고 시주를 하나? 시주 놓고 절하고 가면 자기 마음이 편하니까, 마음의 즐거움을 얻어가면 그만큼 가치가 있는 거 아닌가. 부처님한테 올린 것을 부처님이 드시고 난 뒤 우리 중들이 나눠 먹는 것이지."

1999년부터 매년 여름 백담사 아래에서 열리는 '만해축전(萬海祝典)'은 그가 만들었다. 당시 이수성 국무총리에게 전화를 걸어 "나는 절간의 한 중일 따름인데, 국무총리는 만해 한용운을 아는가?"라고 말했다. "만해를 모를 사람이 어디 있느냐?" "그렇다면 만해축전을 열 것이니 20억 원을 내라."고 했다고 한다. 그러나 매스컴

이 접근하면 그는 다른 사람들을 앞세우고 뒷전으로 피했다.

— 같은 승려시인으로서 만해(萬海)와 일치감을 느끼고 있습니까?

"아니야, 만해는 나서는 분이었고 나는 드러나는 걸 못 해. 백담
사는 만해가 거주했던 곳이기에, 나는 '부처 장사'하는 것보다 '만해
장사'가 났다고 생각했지. 조계종에서는 만해를 안 알아준다. 만해
는 〈불교유신론〉이라는 글로 승려도 결혼하자고 주장했거든. 하지
만 사회에서는 좌우 이념을 떠나 만해를 좋아하는 사람들이 많아.
조선일보와도 관계가 깊어. 조선일보 사장이었던 방응모(方應謨) 선
생은 만해의 재정적 후원자였지. 그래서 만해축전에 조선일보를 끌
어들였는데, 민족작가협회 등에서 따지며 참여하지 않겠다고 반발
이 있었지. 세상 이치를 모르는 것이야. 정 그러면 오지 말라고 내가
그랬지. 결국 모두 함께 참여했어."

자리를 옮겨 점심을 먹으면서, 이 노승에게 "윤회(輪廻)를 확신
합니까?"라고 물었다.

"죽음 뒤는 잘 몰라. 부처도 사후를 말씀한 적은 없어. 그러나 윤
회는 믿어. 우리가 살면서 해온 행위가 옮겨가고 돌아온다는 윤회를
말하는 것이지. 오늘 내가 점심을 대접하면 이것이 옮겨가서 언젠가
내게 아름다운 소문으로 돌아오는 것과 같은 것이지."

5장 / 산중문답

조오현 스님은 자신을 '설악산 산감(山監, 산지기)'이라고 했지만, 실제로는 신흥사·백담사 회주(會主, 절에서 가장 높은 어른으로 조실이라고도 함)다. 그는 여섯 살 때 절간에서 소를 키우는 머슴으로 입산했다. 절집에서 삶을 시작했으니, 승려가 될 수밖에 없었다. 1959년 조계종 승려로 등재됐다. 법명은 무산(霧山), 호는 설악(雪嶽)이다. 그는 수행자이면서도 뛰어난 문인이다. 불교신문 주필을 맡은 적도 있다. 이번에 '정지용문학상'을 받은 그의 시에 대해, 고은(高銀)은 "안개 자욱한 내설악/ 안개 걷히운 외설악을 아우르고 있다"며 절찬했다.

　　그는 '만해축전'을 개최해, 현재 만해사상실천선양회 이사장, 백담사 만해마을 이사장도 맡고 있다.

대담 / 〈조선일보〉 최보식 기자(2007년 6월 15일)

매 순간 윤회인데 어찌 대충 살겠는가

"나마계고춘 흑우와사수(癩馬繫枯椿 黑牛臥死水). 병든 말이 말라비틀어진 담쟁이덩굴에 묶여 있고, 검은 소가 썩은 물속에 누워 있어. 요즘 우리 정치와 종교가 그 꼴이야."

설악산 신흥사의 큰 어른인 조실(祖室)이자 시인, 문화예술계의 후원자로 널리 알려진 오현 스님(81). 부처님오신날(17일)을 앞두고 14일 서울의 한 식당에서 만난 스님은 원나라 청무 선사의 말을 빌려 "원래 무기력한 상태를 가리키지. 그렇지만 요즘 헛된 권력이나 힘을 좇는 자들에게도 꼭 들어맞는 말"이라고 일갈했다.

스님과의 약속은 인터뷰를 하지 않는다는 조건으로 "밥이나 먹자"는 것이었다. 그래서일까? 메모도 할 수 없어 귀만 쫑긋 세우고

들은 스님의 '즉석 법문'은 불교계는 물론 정치, 경제, 사회 등 다양한 분야를 휘감으며 거침없이 흘렀다.

— 곧 부처님오신날입니다. 그 의미는 무엇입니까.

"간단하지. 스님과 불자들 모두 자신의 모습을 돌아보는 날이지. 부모는 부모 노릇을, 스승과 제자는 그 본분을 다하고 있는지 함께 반성하는 날이지. 이렇게 보면 꼭 불자가 아니더라도 모두 함께 뒤를 돌아보면 되지."

— 요즘 종교인들이 더 욕을 많이 먹습니다.

"부끄러운 일이지. 종교인들이 존경받지 못하는 현실은 그들 스스로 물질화되고 외형적인 성공만을 추구하기 때문이야. 먹을 게 없으면 깨끗해져. 가난한 집 제사는 우애 있게 지내도 부잣집 제사는 싸움 나잖아."

— 지난해 동안거 해제 법문에서는 '절집에 부처가 없다'고 했습니다.

"맞는 말이지. 부처님 삶도 그렇잖아. 평생 먼지 나고 시끄러운 중생 곁에 계셨잖아. 그런데 어떻게 깨달음이 공기 좋은 절집, 산속에 있겠어?"(웃음)

— 한동안 법문을 안 하셨는데요.

"내가 (법상에) 올라가면 꼭 '사고'가 나서. 입바른 소리를 해서 그렇지. 이렇게 저렇게 두루뭉술하게 덕담하고 경전 구절도 읊으면 되는데 그걸 못 해. 억지로 말하기도 싫고 재미없어서 안 하게 됐어."

스님 주변에는 유난히 사람이 많이 모인다. 전두환 전 대통령을 비롯해 한화갑, 박지원, 손학규, 김진선, 주호영 등 정치인은 물론이고 고은, 신경림, 신달자, 오세영 시인, 임헌영 민족문제연구소장 등등. 좌우라는 이념도 상관없고, 분야도 다양하다. 양승태 대법원장은 "종교는 기독교(개신교)이지만 오현 스님을 존경한다"고 공개적으로 밝히기도 했다.

권영민 단국대 석좌교수가 오현 스님의 시를 엮어 최근 출간한 《적멸을 위하여》의 지은이 소개는 이렇다. "경남 밀양에서 태어났다. …… 산에 살며 시와 시조를 썼다." 스님은 "뒤의 시는 볼 것도 없고, 이것만 참고하라"고 했다. 스님이 피운 웃음꽃의 꽃말은 솔직함과 자신을 낮추는 하심(下心)이다.

— 사람이 모이는 이유가 뭡니까.
"글쎄, 모르겠어. 그 얘긴 하지 말자. 솔직히 요즘 좀 사람이 싫어졌어. 허허."

— 공들여 운영해 온 만해마을을 얼마 전 동국대학교에 통째로 기부하셨

는데요.

"처음에는 힘들었는데 이제는 좀 알려져 만해마을과 만해축전이 돈이 되는 것 같았어. 어디가 제일 운영을 잘할까 생각하다가, 그래도 학교가 낫겠다 싶어 기부했어. 절집에 돈이 꼬이면 안 돼. 나 죽은 뒤 사고가 날 수도 있다고 생각했고."

— 섭섭해하는 상좌(제자)도 있겠습니다.
"없어. 섭섭해하면 그게 중인가."

— 최근 윤창중 씨 사건(성추행 의혹)이 언론의 주요 뉴스입니다.
"내가 정치를 잘은 모르지만 (윤창중은) 재주는 있지만 살아온 게 심했어. 독한 말로 남을 짓밟으면서 성공해 진실성이 없어 보였어. 《임제록》에 '금가루가 귀하긴 해도 눈에 들어가면 독이 된다'고 했어. 분수에 맞는 처신을 해야지. 토정 선생도 이런 말을 했어. '능히 벼슬을 할 수 있는 능력이 있는데 안 하는 것이 천금이다.' 최하는 능력이 안 되는데 억지로 하는 거지."

— 박근혜 대통령의 인사에 대한 비판도 많습니다.
"중인 나도 스마트폰도 쓰고, 세상 바뀐 걸 알고 있어. 이때다 싶으면 벌써 저만치 가고 있는 게 요즘 세상이야. 그런데 박 대통령은 아직 아버지 밑에서 보고 배운 과거에 너무 사로잡혀 있는 것 같아.

대통령이 스스로 앞장서서 변해야 세상 사람들이 편해지는데….”

— 정치판은 어떻습니까.

“사촌이 논 사도 배 아파하지 마라, 이런 마음이면 문제들이 대부분 해결돼. 내 허물은 안 보거나 줄이고, 남의 허물은 작은 것도 찾아서 키우니 맨날 싸움질이지.”

— 불교가 어렵다는 이가 많습니다.

“그거 아나? 부처님 법문은 우리 속담에 다 있어. 내가 보기에 팔만대장경을 몇 마디로 요약하면 ‘남의 눈에서 눈물 나게 하지 마라’ ‘사람 차별하지 마라’ 이거 아니겠나. 얼마나 훌륭한 말이야. 이렇게 살면 세상 잘 돌아간다. 경전 밤낮 달달 외워서 얻어지는 게 깨달음이라면 천지에 깨달은 자들이야. 그럼 세상이 이 꼴이겠나?”

— 나이 든 스님 뵐 때마다 궁금했는데, 그냥 묻겠습니다. 스님은 깨달으셨나요?

“나는 가짜 중이야. 개인적으로는 도(道)도 깨달음도 없다고 생각해. 이렇게 얘기하면 몇 놈 죽자고 달려들 거다. 잘 써라. 서부영화 보면 카우보이가 황금을 평생 찾다 결국 못 찾고 죽잖아. 깨달음이란 게 그런 것 아닐까. 내게 이 세상에서 가장 기쁘고 좋은 날은 죽는 날이야.”

5장 / 산중문답

— 부처님이 바라는 세상은 어떻게 이뤄질 수 있습니까?

"남편을, 아내를, 직장 상사를, 동료를 부처님이다 그렇게 여기면 되지. 꼭 절에 가서 절하고 보시하고 이래야 하는 게 아니야. 바로 옆에 있는 사람들을 부처님으로 생각하고 공들이고 눈물 나지 않게 하면 되는 거지. 이게 사람들이 태어난 목적 아니겠나. 이걸 잊으면 안 돼. 또 경전은 여행을 위한 일종의 안내서나 가이드북이야. 깨달음 자체와 경전 자구에 집착하면 사람이 구속돼. 강을 건넜으면 뗏목은 버려야지."

— 어떻게 살아야 합니까?

"난 윤회라는 게 죽어서가 아니라 살아서 윤회를 받는다고 생각해. 그러니 살아 있는 한 순간 한 순간이 중요한 거지. 일일일야 만사만생(一日一夜 萬死萬生), 하루 사이에 만 번 죽고 만 번 사니, 얼마나 열심히 살아야겠어."

— 아이들 때문에 고민하는 가정이 많습니다.

"정주영 책 한번 봐라. 정주영이 도망가니까 아버지가 쫓아가 잡았는데도 그 뜻을 꺾지 못하잖아. 그때 정주영이 '예.' 하고 아버지 뜻대로 살았으면 나중에 천하의 정주영이 됐겠나. 부처도 처자식 버리고 가출하잖아. 봐라, 김 기자야, 아들이 네 뜻대로 살면 잘해 봐야 잘난 기자밖에 더 하겠나. (웃음. 그러면서 스님은 말을 보탰다.)

30여 년 전 내가 미국 구경 갔다 돈 떨어져 식당에서 접시를 닦았어. 근데 버클리 캘리포니아대 다니는 여학생이 우연히 부자인 아버지와 마주치는 것을 봤어. 짧은 영어로 '부자인데 왜 딸을 안 돕느냐'고 물었지. 그랬더니 그 아버지가 '사람은 돈 버는 재미로 사는데, 그걸 뺏으면 딸은 어떻게 사느냐'는 거지. 그리고 자기 돈은 학교나 교회, 단체에 기부하면 된다고 하더라. 귀한 자식이면 세상 공부를 시키면서 기다려야지."

스님은 만난 지 2시간 반가량이 지나서야 "나도 한때 인터뷰나 대중 법문을 좋아할 때도 있었어. 근데 20년 전에 '졸업했다'면서도 마지못한 듯 "그래, (인터뷰하고) 사진도 찍자"고 말했다.

사람들은 스님에게 와서 한결같이 길을 묻고, 다시 길을 떠난다. 3시간의 짧은 만남은 그 이유를 알려줬다. 스님과 오랜 인연을 맺어 온 홍사성 《불교평론》 주간의 말이다. "스님이야 솔직하고 거침이 없는, 이른바 '중물'이 제대로 들었죠. 어느 때는 법(法, 말)으로 돕고, 명분이 있다면 주머니를 탈탈 털어 도우니 사람이 안 모일 수 없죠."

대담 / 〈동아일보〉 김갑식 기자(2013년 5월 17일)

모두가 고해에 배 띄운 선장들

— 부처님오신날 앞두고 만난 신흥사 조실 오현 스님

세월호 참사로 온 나라가 초상집이다. 부처님오신날(6일)을 앞두고 사찰에 내건 연등도 빛을 잃었다. 설악산 신흥사·백담사의 조실(祖室, 사찰의 큰 어른)이자 시조시인으로 널리 알려진 '설악산 도인' 오현 스님(82). 지난달 28일 서울 성북구 돈암동 흥천사 조실채에서 만난 노스님은 "천지만물이 나와 한 몸이라는 동체자비(同體慈悲)의 불교사상에서 보면 세월호와 함께 지금 온 국민이 바다에 침몰한 셈"이라며 "남의 허물만 말할 것이 아니라 이 기회에 모두 자기 자신의 이기심을 돌아봐야 한다."고 일갈했다. 짙어가는 신록 사이로 봄비가 처연하게 내리고 있었다.

— 이런 때 부처님 오신 뜻은 무언가.

"작년 피었던 꽃이 올해도 피었을 뿐이다. 그 꽃을 보는 마음이 밝고 맑아져야 한다. 부처님의 자비가 바로 중생을 사랑하고 가엾게 여기는 마음이다. 다른 사람의 아픔을 나 자신의 아픔으로 여기고 자비를 베푸는 것이 이 세상에 부처님 오신 뜻이다."

— 이번에 가족을 잃은 이들을 어떻게 위로해야 할까.

"세상의 어떤 말이 위로가 되겠나. 내가 죽도록 좋은 말을 한다고 해도 그저 말일 뿐이다. 다만 저 바다만 바다가 아니라 우리가 살고 있는 세상이 물 없는 바다다. 그래서 고해(苦海)라고 한다."

— 청와대, 정부, 여야 정치인들이 다 욕을 먹고 있다.

"불교 화두에 병정동자래구화(丙丁童子來求火)라는 말이 있다. 불(병정)을 가지고 있으면서 남에게 불을 구하고 있다는 뜻이다. 권력이나 힘만 좇는 요즘 정치꾼들이 딱 그 모양이다. 민심이 천심이라고 했는데 민심은 외면한 채 천심만 구하는 꼴이다."

— 이 나라의 어른인 게 부끄럽다는 사람들도 많다.

"우리 개개인이 고해에 배를 띄운 선장들이다. 자기 허물을 못 보고 남의 허물만 들춰내면 세상이 혼란해진다. 우리는 몽골이 쳐들어왔을 때 총칼 대신 부처님 말씀인 팔만대장경을 만들 정도로 평화를 사랑하는 민족이다. 그런데 경제가 발전하면서 생명을 경시하는 풍조가 너무 커졌다. 자기 가족 빼놓고는 관심조차 없다. 그런 이기심을 반성하지 못하면 반드시 또 큰 사고가 일어난다."

— 박근혜 대통령을 어떻게 평가하나.

"아버지한테 배운 걸 죄다 내다 버려야 한다. 시대가 바뀌었는데도 아버지식 대통령에 집착하고 있다. 대통령은 대한민국의 선장이다. 선원들도 역할이 있고 전문 분야가 있는데 선장이 자기 혼자 모든 걸 다 하려고 하면 잘한다는 소리 듣기 어렵다. 장관이나 공무원들이 잘못해도 내가 덕이 부족한 탓이라고 할 수 있는 여유와 친화력을 보여야 한다. 대통령이 힘을 빼야 나라가 편안하다. 나라 걱정을 혼자만 하지 말고 야당과 대화하고 국민과 함께해야 불통이란 소리를 안 듣는다."

— 불교가 어렵다는 사람들이 많다. 불교의 진리가 어디 있나.

"절에 부처 없다. 각자 자기 자신이 미완의 부처다. 불사선 불사악(不思善 不思惡), 즉 선에도 집착하지 말고 악에도 매달리지 말아야 한다. 차별과 분별심을 버리라는 것이 불교다. 불교를 어렵게 생각할 거 없다. 불교 가르침은 우리 속담에 다 들어 있다. 팔만대장경을 줄이면 '사람 차별하지 마라' '남의 눈에 눈물 흘리게 하지 마라' '콩 심은 데 콩 나고 팥 심은 데 팥 난다'가 전부다."

오현 스님은 강원도 불교계의 좌장이다. 신흥사·백담사 외에도 불타서 복원한 낙산사, 진전사 등 설악산 일대의 모든 사찰을 관장한다. 만해 한용운을 기리는 만해대상과 만해축전을 만든 주인공이기도 하다. 산중 선승이면서도 고은, 신경림, 조정래, 이근배 등 문인을 비롯해 내로라하는 정치인, 학자, 관료, 종교인들과도 두터운 친분을 맺고 있다. 그의 화려한 인맥은 진보, 보수를 가리지 않는다. 전두환 전 대통령을 백담사에 받아줬고, 이소선 여사 등 어려운 재야인사들도 도왔다. 기행으로 유명했던 중광 스님도 말년을 그에게 의탁했다.

— 스님 주변에 사람들이 모이는 이유가 궁금하다.

"다 헛소문이다. 내가 아니라 설악산과 백담사, 만해축전이 좋아서 오는 사람들이다. 본래 사람 차별 안 하는 게 중노릇이다. 전 전 대통령은 미망(迷妄) 때문에 백담사까지 왔다. 승적을 박탈당한 중광 스님은 말년에 중으로 죽고 싶다고 해서 백담사에 거처를 마련해줬다. 나 역시 제대로 된 중은 못 되고 낙승(落僧)이다. 장미가 아무리 고와도 길가의 패랭이꽃 향기와 빛깔은 갖지 못한다. 그것처럼 내가 모르는 세계, 내가 갖지 못한 것들이 무진장한 법이다. 선악, 크다 작다, 잘났다 못났다는 생각이 다 분별심이다."

— 낙산사 화재 땐 어떤 마음이었나.

"나무 법당이 불타는 것은 자연법칙이고 부처님 법이다. 스님들에게 호들갑 떨 것 없다고 했다. 네 몸 태우는 탐(貪, 욕심), 진(瞋, 성냄), 치(癡, 어리석음) 삼독(三毒)의 불부터 끄라고 했다."

— 지난해엔 그동안 공들여 운영해온 만해마을을 동국대에 통째로 기부해서 화제가 됐다.

"원래 내 것이라는 게 어딨나. 가진 게 없는 것이 무소유가 아니라 집착하지 않는 것이 무소유다. 이제 나는 죽을 일만 남았다. 내가 죽고 나면 만해와 인연이 있는 동국대가 잘 운영할 것으로 생각했다. 제자들에게 맡기면 반드시 시비가 생긴다. 사람이든 짐승이든 더 가지려고 하는 데서 싸움이 일어난다. 돈은 버는 바 없이 벌고, 쓰는 바 없이 써야 한다."

— 스님에게 시(詩)는 수행과 같은 것인가.

"뿌리는 같지만 조금 차이가 있다. 내게 선(禪)은 나무의 곧은 결이고, 시는 나무의 옹이 점박이 결 같은 거다. 선은 내가 나를 바라보는 것이고, 시는 인생이라는 물음에 대한 대답이다. (스님은 시 '아득한 성자'를 낭독했다)

하루라는 오늘/ 오늘이라는 이 하루에// 뜨는 해도 다 보고/ 지는 해도 다 보았다고// 더 이상 더 볼 것 없다고/ 알 까고 죽는 하루살이 떼// 죽을 때가 지났는데도/ 나는 살아 있지만/ 그 어느 날 그 하루도 산 것 같지 않고 보면/ 천년을 산다고 해도/ 성자는/ 아득한 하루살이 떼.

내가 가만히 보니까 뜨는 해 지는 해 봤으니 더 볼 거 없다고 알 까고 죽는 하루살이가 성자다."

— 어떻게 살아야 행복해질 수 있나.

"매화꽃을 찾아서 산과 들을 헤매다 지쳐서 집에 돌아오니 뜰 안에 매화가 피어 있더라는 고사가 있다. 행복을 밖에서 구하지 말고 가까운 곳, 자기 안에서 찾으라는 말이다."

대담 / 〈경향신문〉 김석종 선임기자(2014년 5월 1일)

나와 남의 경계를 허물어라

불기 2543년 부처님오신날이다.

불교계 최대 경축일인 부처님오신날을 맞아 인제 내설악 백담사에서 수행하고 있는 무산(霧山) 조오현(曺五鉉, 조계종 3교구 본사 신흥사 회주) 스님을 만나봤다.

조계종단의 어른인 오현 스님은 '하루가 없다'라는 뜻을 지닌 백담사 내 '무금선원(無今禪院)'에서 선원(禪院)의 의미 그대로 시간을 잊은 채 계곡 물소리와 녹차를 벗 삼아 정진하고 있다.

— 도시에서 지내다 산천초목이 물 오른 내설악에 오니 다른 세상 같습니다. 요즘 하루의 일과를 어떻게 보내고 계십니까.?

"밥 먹을 때 밥 먹고 잠잘 때 잠자며 보냅니다. 이곳 생활이 도시와 다른 점이 있다면 자연과 좀더 가깝게 지낸다는 것이지요. 하늘의 별도 가깝고 바람도 온몸으로 느껴집니다. 잠잘 때는 물소리를 베고 자지요. 오늘 아침에는 작은 개구리 한 마리가 마당 위로 올라왔는데 추운 내설악 날씨를 무사히 견디고 이 봄에 다시 태어난 것이 신기해 한참을 함께 놀았습니다. 생명이란 참 신비한 것이지요."

— 산중에만 계시면 이따금 세상 돌아가는 일이 궁금하지 않으십니까.

"간간이 찾아오는 손님들이 세상 돌아가는 소식을 전해 줍니다. 저를 찾아오시는 분들은 가난한 분에서부터 재산이 많은 분, 실직한 분들로부터 높은 자리에 앉아 계신 분들까지 다양합니다. 가만히 얘기를 듣다 보면 세상의 흐름을 어느 정도 알 수 있습니다. 예전에는 세상 돌아가는 일을 알려고 텔레비전을 보기도 했었지만 없애라고 했습니다. 좋지 않은 것을 많이 보면 공연한 심사만 일어나기 때문입니다. 자꾸만 이것, 저것을 나누게 되면 옳고 그른 것을 따지게 되지요.

불교의 화두 중에 '시심마'라는 것이 있습니다. 이를 두고 '이 뭣고'라고 번역하는데 잘못된 것이지요. '이'라고 표현하는 것 자체가 분별을 내게 만드는 것입니다. 그냥 '뭣고'일 뿐입니다. 저는 그저 '뭣고, 뭣고'를 중얼거리며 산속을 헤매는 스님일 뿐이지요."

— 세상 사람들의 얘기를 듣다 보면 어떤 생각이 드십니까.

"저는 그분들의 말씀을 듣다 보면 옛날 중국의 두 선사가 나누던 말이 떠오르곤 합니다. 옛날 중국에서 지장이란 스님이 밭일을 하고 있는데 운수라는 스님이 찾아와 선문답을 청했습니다. 지장 스님이 밭을 갈면서 '어디서 왔느냐'고 물으니 운수 스님이 '남방에서 왔습니다'라고 답했습니다. 또 '그곳의 선법(禪法)은 어떤 것이냐?'고 물으니 '문답하고 상량하는 일이 꽤 성합니다.'라고 했습니다. 상량한다는 것은 많고 적음과 높낮이를 따진다는 뜻이지요. 그러자 지장 스님께서 '그것도 나쁘지 않겠지. 여기서는 농사를 지어 그것으로 밥을 맛있게 먹고 있어 이쪽이 더 좋을걸.'이라고 말했습니다. 이에 운수 스님이 '그러면 삼계는 어떻게 해야 합니까?'라고 물었습니다. 삼계란 불교에서 말하는 욕계(欲界) 색계(色界) 무색계(無色界)를 뜻합니다. 여기서 지장 스님의 말씀이 걸작입니다. '그 삼계라는 게 도대체 뭔가, 그런 게 어디에 있노.'라고 했습니다.

우리도 운수 스님처럼 경계를 짓고 울타리를 치는 일을 너무 좋아합니다. 땅과 하늘과 바다에 경계선을 만들고 네 것이니, 내 것이니 하고 다투고 있습니다. 나·너의 구분은 방편에 불과할 뿐이고, 사실은 커다란 '하나 속의 부분일 뿐이라는 것을 아는 마음이 평상심이지요."

— 경계를 짓고, 이것 저것을 구분하지 않으면 불안해지는 것이 인간들의 마음 아니겠습니까.

"저는 저보고 '큰스님'이라고 하면 화를 냅니다. 상좌들도 호통을

처 보냅니다. 스님이면 스님이지 큰스님은 또 무엇이냐고요. 그러면 작은 스님은 어디에 있습니까. 큰 의사가 따로 있고, 작은 의사가 따로 있는 것이 아니지요. 큰 의사가 치료하면 살고, 작은 의사가 치료하면 죽어 버린다면 불쌍한 환자는 어떻게 해야 합니까. 분별심이 우리를 병들게 하고, 눈멀게 하고 있습니다."

— IMF 경제불황으로 사람들의 마음이 많이 위축돼 있습니다. 어떻게 하면 이 고난을 슬기롭게 극복할 수 있을까요.

"이 세상에서 나 하나의 노력으로 이루어지는 것은 하나도 없습니다. 신라시대 석굴암에서 살았던 표훈이란 스님께서는 '나는 갖가지 연으로 말미암아 이루어진 현상, 그 모든 연(緣)은 요컨대 나 때문에 연이 되었을 뿐(我是諸緣所成法, 諸緣以我得成緣)'이라고 했습니다.

지금 우리 시대의 문제는 나만 좋으면 되었지 다른 사람의 일은 상관할 게 없다는 사고방식 때문에 생겨납니다. 하지만 이 세상은 나 혼자만 존재하는 것이 아닙니다. (마시던 찻잔을 들어 보이며) 이 한 개의 녹차 잔도 여기 이 자리에서 제 입에 닿을 때까지 얼마나 많은 인연을 거쳤겠습니까. 흙이 생겨나서 그것을 파낸 사람의 손을 거치고, 또한 얼마나 많은 사람의 손을 거치고 거쳐서 이 깊은 산중의 노승한테까지 왔겠습니까. 이렇게 생각해 보면 이 세상에서 함부로 여길 게 하나도 없습니다. 우주만물이 다 소중하지요. 씀씀이를 아끼고 이웃을 소중하게 생각하는 마음, 그리고 행복이라는 것도 남과 함께 이룰 때 얻어지는 것이라는 것을 깊이 생각해야겠지요."

― 최근 속초 청호동 성당에서 법문을 하신 것으로 알고 있습니다. 종교
간에도 벽이 높은 것으로 알고 있는데, 어떤 말씀을 하셨는지요.

"영북지역 사제단 초청으로 법문을 하게 됐습니다. 종교 간에 서
로를 존중해주고 훌륭한 점은 서로 공유해야 한다는 생각에서 고마
운 마음으로 응했습니다. 별다른 얘기는 하지 않았습니다. 우리가
세상을 살아가는 올바른 지혜는 어린 시절에 다 배웠다, 다만 실천
하지 못할 뿐이라고 했습니다. 부모에게 효도하라, 스승을 존경하라
는 가르침은 모든 종교의 가르침인데 이미 어린 시절에 다 배운 것
이지요. 종교란 그것을 지키고 실천할 수 있도록 하는 것이라고 했
습니다. 저도 그 자리에서 청호동 성당 주임 신부님을 백담사로 초
대하겠다고 약속했습니다. 모처럼 갖는 화기애애한 훈훈한 자리였
습니다."

― 머지않아 새로운 천년이 시작됩니다. 많은 사람들이 새로운 세기에
대해 큰 의미를 부여하고 있습니다. 강원일보 독자들을 위해 새로운 세기를
맞는 자세나 지표를 일러주시기 바랍니다.

"임제 선사의 말씀 중에 불수위위지(不隨萎萎地)라는 말이 있습니
다. '질질 땅에 끌려다니지 말라'는 뜻이지요. 불교에서 지(地)란 어
떤 경지, 어떤 상황, 어떤 대상을 얘기합니다. 심지(心地)라 하면 '마

음의 상황'이라는 뜻이지요. '질질 땅에 끌려다니는 삶'이란 산송장의 삶입니다. 이것을 보니 이것이 먹고 싶고, 저것을 보니 저것이 먹고 싶은 게 중생의 마음입니다. 만약 이 마음이 모양을 지녔다면 사지가 찢겼을 것입니다. 그래서 임제 스님은 말씀하셨지요. '가는 곳마다 서 있는 곳마다 임자가 되어라. 그러면 네가 서 있는 그곳에 거짓이 없으리라.'고요. 불교에서 시간의 변화는 큰 의미가 없습니다. 문제는 가는 곳마다, 서 있는 곳마다 주인이 될 수 있느냐, 없느냐 하는 것이지요."

— 부처님오신날 봉축 연등이 세간과 산사를 밝히고 있습니다. 특별히 하시고 싶은 말씀이 있으신지요.

"'일연탁생(一蓮托生)'이라는 말이 있습니다. 우리 모두가 하나의 연꽃에서 생겨난 인생이라는 뜻입니다. 뿌리가 하나라는 의미지요. 《화엄경》에서는 이 우주를 연꽃 속에 간직된 세계라 해서 '연화장세계(蓮華藏世界)'라고 했습니다. 이번 부처님오신날은 고통 속에 허덕이는 사바세계의 중생들을 구제하기 위해 이 땅에 오셨다는 부처님의 말씀을 되새기고, 일연탁생의 의미를 헤아려 고통과 절망을 겪고 있는 이웃들과 함께하는 자리가 되었으면 합니다."

오랜 시간 말씀 감사합니다.

대담 / 〈강원일보〉 전종율 기자(1999년 6월 11일)

오직 간택하는 마음을 버린다면

천년 고찰 백담사가 자리한 내설악 백담계곡의 물소리는 언제 들어도 맑고 시원하다. 이 물소리처럼 백담계곡을 따라 사유의 깊이를 더해간 많은 스님들은 당대는 물론 후대에 이르기까지 큰 존경을 받아왔다. 사명·서산 대사를 배출해 낸 보우 대사, 자유인 김시습, 그리고 어두운 시대의 횃불이었던 만해 한용운 스님 등이 이곳을 거쳐 갔다.

5월 1일 불기 2545년 부처님오신날을 앞두고 유서 깊은 백담사를 찾아 여러 해 동안 이곳 무금선원(無今禪院)에 머물고 계신 무산 오현(霧山五鉉) 큰스님을 만났다. 스님은 〈불교신문〉 주필과 조계종 종립학교 관리위원장을 거친 불교계의 어른이자 원로 시인이다. (편집자 주)

― 백담계곡의 물소리는 언제 들어도 좋습니다. 그동안 쌓인 마음의 찌꺼기가 다 씻겨 내려가는 것 같습니다. 스님께서는 요즘 어떻게 보내고 계시는지요?

"그 마음 그대로입니다. 백담계곡의 물소리를 듣고 살지요. 물소리를 들으며 물 흐르듯 사는 삶에 대해 생각합니다. 세속의 삶도 마찬가지일 것입니다. 물 흐르듯 사는 게 삶이나 세상살이의 순리인 것 같습니다. 늘 흐르는 물소리에 귀가 멀어 살고 있는 저는 복 받은 중생이라고 생각하고 있습니다."

― 지금 바깥세상은 경기침체와 끊임없는 정쟁, 대선을 앞두고 서서히 달아오르는 대권 경쟁으로 어수선합니다. 어떤 자세로 이 혼란한 세상을 건너가야 할까요?

"불가에서는 이 세상을 불타는 집에 비유합니다. 바꾸어 말하면 세상은 원래 타는 불 속에 있는 것입니다. 경쟁과 싸움은 생명 있는 모든 존재들의 속성이지요. 지금 이 순간에도 우리 몸을 이루고 있는 세포들은 끊임없이 태어나고 죽습니다. 하물며 인간 세상을 더 말해 무엇하겠습니까. 문제는 경쟁과 싸움이라는 드러난 현상보다 그것을 지탱하는 방법에 있습니다. 정직하게 싸워야 하고, 인간의 본성을 거스르지 않으면서 최선을 다해야 합니다.

자기 중심의 아집과 사량분별(思量分別)에 몰입하지 말아야 한다는 것입니다. 중국의 승찬 대사는 〈신심명(身心銘)〉에서 이르기를

'도에 이르는 것은 어렵지 않다. 오직 간택하는 것을 꺼리면 된다'고 했습니다. 절대가치를 따지다 보면 광신적이 되기 쉽습니다. 그러면 남을 해치게 되고 결국 자기도 해치게 됩니다."

— 참 가슴에 와닿는 말씀인 것 같습니다. 지금 국민은 정치인들의 정쟁과 싸움에 지쳐 있습니다. 이런 시대에 정치가들이 지녀야 할 새로운 덕목이 필요할 것 같은데요.

"지금 우리 국민은 정치에 식상해 있습니다. 정치란 국민에게 희망을 줘야 하는데 현실은 그렇지 못합니다. 정치인들은 국민이 괴로움을 잊고 웃음을 찾을 수 있도록 해야 합니다. 감동과 해학을 줘야 하지요. 하지만 지금은 대결만 있지 감동이 없습니다. 웃음이 생겨날 리 만무하지요. 감동과 웃음이 없으면 인간 세상은 삭막해집니다. 정치인들은 국민에게 나라를 사랑하는 고뇌의 모습을 보여주어야 합니다. 어떻게 하면 반대편을 공격할 수 있는가를 고민하는 것이 아니라 어떻게 하면 국민을 위로하고 이 나라를 사랑하게 할 수 있는가를 고뇌하는 모습을 보여주어야지요."

— 요즘 사람들은 열심히 사는 것 같은데 무엇인가 허전하다고들 합니다. 우문 같습니다만, 불교에서 말하는 진리란 무엇이고, 그것은 어떻게 찾아지는 것입니까?

"우문이라고 했으니, 우답을 드리겠습니다. 불가에서는 마음이나 진리란 눈으로 볼 수 있는 것도, 소리로 들을 수 있는 것도, 냄새로 맡을 수 있는 것도 아니라고 합니다. 그러나 눈과 귀를 조금만 열어 놓으면 여기 있는 모든 것이 나의 마음이요, 진리의 현현임을 알 수 있습니다. 지금 들리는 백담계곡의 물소리가 그 답이지요. 언젠가 소동파도 그의 시에서 노래했습니다. '계곡의 물소리는 그대로가 부처의 설법이요/ 푸른 산빛은 그대로가 부처의 깨끗한 몸이다/ 밤 사이에 들은 부처의 팔만사천 가지 노래를/ 뒷날 사람들에게 어떻게 가르쳐 줄 수 있을까(溪聲便是廣長舌 山色豈非淸淨身 夜來八萬四千偈 他日 如何擧似人)'. 멀리 갈 필요가 없습니다. 지금 이 자리, 지금 이 시간 에 진리가 있습니다. 이를 깨달으면 허전할 리가 없지요."

오랜 시간 말씀 감사합니다.

대담 / 〈강원일보〉 남궁현 기자(2001년 4월 30일)

욕망의 크기 줄이면 행복은 더 커져

5월 8일은 어버이날이자 음력으로 4월 초파일, 불기 2547년 부처님오신날이다. 부처님오신날은 불교도들에게 가장 기쁘고 경사스러운 날이다. 이날을 맞아 도내 사찰은 석가모니의 탄생을 축하하는 연등(燃燈) 행사와 아기 부처님을 목욕시키는 관불(灌佛) 행사를 준비하느라 바쁜 모습이다. 사람들은 왜 이렇게 부처님오신날을 맞아 성대한 축제를 준비하는가, 부처님의 탄생은 오늘 우리에게 어떤 의미가 있는가. 내설악 백담사에 주석하고 있는 한국불교의 큰 어른 무산 스님을 찾아 차 한잔 나누며 '한 말씀'을 여쭈었다.

— 해마다 부처님오신날을 맞으면서 느끼는 것이지만 그분은 참 좋은 계절에 태어나신 것 같습니다. 모든 생명이 이렇게 새로운 생명을 움 틔우는

봄에 태어나셨으니, 정말로 큰 축복을 받으신 분인 것 같습니다.

"경전에도 보면 부처님이 태어난 룸비니동산에는 꽃비가 내리고 온갖 새들이 노래했다는 표현이 있습니다. 성자의 탄생을 축하하기 위한 묘사겠지만 어쨌든 봄은 참 위대한 계절이 분명합니다. 겨우내 얼어붙었던 나무에서 움이 트고 꽃이 피니 얼마나 위대합니까. 이를 '자연법이(自然法爾)'라고 합니다. 자연이 그대로 진리의 모습이라는 것이지요. 대통령도 억지로 꽃이 피게 할 수 없지만, 봄은 때가 되면 꽃을 피웁니다. 진리를 거스르지 않는 것이지요. 봄은 우리에게 이런 것을 깨닫게 해주는 계절입니다."

— 오늘이 부처님오신날입니다. 부처님이 이 세상이 오신 뜻도 방금 말씀하신 의미에서 크게 벗어나지 않는 것으로 이해됩니다만……

"큰 뜻에서는 그렇게 보아도 무방하겠지요. 하지만 부처님의 탄생은 2,600년 전에 있었던 역사적 사건입니다. 따라서 석가모니의 탄생은 진리의 측면만이 아니라 역사와 현실의 측면에서도 의미를 찾아보아야 합니다. 그래야 인도에서 태어난 석가모니가 어째서 세계사적 의미를 갖는 존재가 되었는가, 왜 우리의 삶과 유관한 존재인가를 이해할 수 있습니다. 나는 역사적 인물로서 석가모니의 탄생이 갖는 의미를 대략 세 가지로 요약할 수 있다고 봅니다. 첫째는 무지로부터의 인간해방, 둘째는 잘못된 제도로부터의 인간해방, 셋째는 그릇된 욕망으로부터의 인간해방입니다."

— 부처님 탄생의 역사적 의미를 좀 더 쉽게 설명해주셨으면 합니다.

"부처님이 오시기 전 사람들은 이 세상이 보이지 않는 신이나 운명에 의해 지배된다고 믿었습니다. 천둥 번개가 일어나는 것도 분노한 신이 인간을 벌주기 위한 것이라고 믿었습니다. 그러나 부처님은 깨달음을 통해 이 세상을 지배하는 것은 운명도 신도 아닌 인간 자신의 의지와 업력(業力)의 소산임을 알고, 그 무지를 깨우쳐주기 위해 설법했습니다. 부처님은 또한 제도적으로 인간을 억압하는 구조를 부정한 분입니다. 지금도 그렇지만 인도는 강고한 계급제도에 의해 신분을 세습하고 있습니다. 그러나 부처님은 어떤 사람이 귀하게 되거나 천하게 되는 것은 출신 성분에 의해서가 아니라 그 행위에 의해 결정된다고 말했습니다. 수천 년 전에 이미 완벽한 인간 평등을 실현한 것이지요.

또한 부처님은 인간이 진정한 행복을 성취하기 위해서는 욕망으로부터 해방되어야 한다는 점을 누누이 강조한 분입니다. 사람들은 물질적 소유의 과다로 행복의 기준을 삼으려 합니다. 많이 가지면 많이 행복하고 적게 가지면 그만큼 불행하다는 것입니다. 이에 대해 부처님은 욕망의 크기를 줄여야 진정한 행복이 가능하다고 가르쳤습니다. 욕망의 족쇄로부터 인간을 해방시킨 것이지요."

— 욕망과 소유의 억제 문제는 현대 자본제 사회의 구조와 모순되는 것입니다. 역사적으로 보아도 소유와 분배 문제는 언제나 갈등의 원인이었습

니다. 출가 수행자가 아닌 다음에야 어떻게 소유를 줄일 수 있을지는 의문입니다.

"당연히 그런 의문이 있을 수 있다고 봅니다. 그러나 다시 한번 되물어봅시다. 물질적 소유가 궁핍했던 과거보다 풍요가 넘치는 현대인의 삶이 더 행복하다고 자신 있게 말할 수 있습니까? 결국 소유는 부처님이 말했듯이 히말라야를 모조리 황금으로 만들어 갖는다 해도 욕망을 다 채우지 못하는 한 행복의 절대조건이 될 수 없다는 것입니다. 일부러 궁핍을 선택할 필요까지는 없겠지만 내면적 가치 전환을 통해 욕망의 크기를 줄이는 것이 최선의 대안입니다. 사실 우리 생활을 돌아보면 쓸데없는 쓰레기들이 얼마나 많습니까. 그것들을 조금씩 덜어내고 소박하고 검소한 가운데 만족감을 찾는 생활 태도를 훈련하는 것이 중요합니다."

─《작은 것이 아름답다》라는 책을 쓴 경제학자 슈마허는 대량생산과 대량소비의 경제구조가 인간을 더 불행하게 한다고 지적했습니다. 그는 그 해법으로 불교의 가르침에 주목해야 한다고 주장했는데 스님 말씀과 일맥상통하는 것 같습니다.

"서양의 지식인들은 이미 오래전부터 '욕망의 크기를 줄이라'는 불교의 가르침에 주목해온 것으로 알고 있습니다. 환경과 생태 문제를 둘러싼 개발이냐 보존이냐 하는 논쟁에서 환경론자들은 대개 불교의 영향을 많이 받은 분들입니다. 유한한 자원을 오래 쓰고, 나눠

쓰기 위해서는 욕망과 소비를 줄이는 것 외에 다른 대안을 찾기가 어렵기 때문이지요. 편안하기 위해 너무 많이 갖게 되면 집착도 그 만큼 늘어나고 고통도 더 커집니다. 매일같이 옷을 갈아입으려면 빨래도 매일같이 해야 합니다. 사람이 옷을 입는 것이 아니라, 옷이 사람을 입는 것이 행복일 수는 없습니다. 이걸 깨달아야 합니다."

— 세속에 사는 사람들이 모두 종교적으로 경건하게 살기는 어렵겠지만, 그래도 종교적 삶에서 많은 가르침을 얻을 수 있다고 생각합니다. 부처님오신날을 맞아 꼭 한마디 일러주고 싶은 말씀을 부탁드립니다.

"사람들은 너무 많이 가지고, 높은 자리에 오르기 위해서만 사는 것 같습니다. 그걸 위해 매일 죽이고 속이고 싸움질합니다. 그러나 그렇게 해서는 공멸로 가게 될 뿐입니다. 그래서 하는 말인데 이제 우리도 웬만큼 먹고사는 일은 해결했으니 사는 방식을 좀 바꿔보면 어떨까 합니다. 예를 들면 옷도 소박하게 입고, 집도 소박하게 꾸미고, 먹는 것도 주린 배를 채울 정도로 만족하고, 말도 쓸데없는 말은 가급적 적게 하고……. 이런 일을 다 실천하지는 못해도 한 가지만이라도 했으면, 그리고 모든 사람이 다 그렇게는 못 하더라도 몇몇 사람만이라도 그렇게 했으면 합니다. 세상은 여기서부터 달라질 것입니다. 그렇게 하다 보면 마침내 마음속으로 오시는 부처님을 만나게 될 것입니다.

부처님오신날 대담(2003년 5월 8일)

부처님오신날 맞은 무산오현 스님

　신경림 시인이 그랬다. "가장 승려답지 않은 가장 승려다운 시인." 베스트셀러 《시인을 찾아서 2》 오현 스님 편에서다.

　세간에 비친 직함은 대한불교조계종 제3교구 백담사 회주, 만해사상실천선양회 이사장, 재단법인 만해마을 이사장, 춘천불교방송 사장 등. 그 이면에는 조계종 분규에서 그가 어느 편에 서느냐에 따라 판세가 달라진다는 불교계의 속설이 있다.

　불기 2548년 '부처님오신날'을 맞아 강원 북부지역 불교계의 절대적 존재로 추대받는 설악산의 산주(山主) 무산(霧山) 조오현 스님을 만나 시승(詩僧)의 세계를 들었다.

　— 부처님 오신날입니다. 기쁜 날을 맞아 중생에게 정신의 양식을 내

주세요.

"중생과 부처가 따로 있는 게 아니지요. 중생이 없으면 부처도 없는 것입니다. 날마다 부처님 오신날이 돼야지요. 등불 달고 기관장들 모여 축사하고……. 다 소용없어요. 조용한 가운데 겸허한 자세로 자기를 돌아보는 날이 돼야 합니다. 부처의 근원은 중생심입니다. 중생심이 곧 불심입니다. 불우한 이웃을 돌아보고 자비의 손길을 보내면서 자신을 들여다봅시다.

고통을 겪고 있는 북한 룡천 동포들에게도 자비의 광명이 비쳤으면 좋겠습니다. 이들을 돕는 일에 언론사들이 앞장서고 국민이 자발적으로 협조하는 모습이 참 보기 좋습니다. 국민정신이 건강하다는 증거지요. 남북통일에도 큰 계기가 될 것으로 보고 있습니다."

— 예전보다 더 바쁜 생활을 하시는 것으로 보입니다. 스님의 근황이 궁금합니다.

"오히려 더 한가합니다. 몸도 마음도 홀가분하고요. 내가 이곳에 상주하지 않아 연락이 잘 안 되니까 바쁘게 돌아다니는 것으로 보이겠지요. 전에는 만해사상실천선양회 업무 기반을 제대로 세우고자 직접 관여했지만 '만해마을' 개관 이후에는 신경림, 이상국, 손흥기 씨를 비롯해 많은 문인들이 잘해줘서 나는 할 일이 없어졌어요. 늙은 중이 일일이 간섭하면 안 되지요. 젊은 사람들이 알아서 하라고 비켜주는 거예요. 맡겨 놓으니까 오히려 더 잘해요. 사실 그래야 스

스로의 발전도 가져오지요.”

— 올해가 만해 선사 입적 60주기입니다. 그 의미와 만해사상실천선양회의 사업계획을 밝혀주세요?

“학계나 불교계 등에서도 많이 받는 질문입니다. 하지만 큰 의미를 두고 싶지 않아요. 특별한 주기라고 해서 다른 행사들처럼 ‘뜻있는 해’라고 특별 행사를 갖고 싶지는 않습니다. 만해는 매일매일 새롭게 새겨야 할 민족의 큰 표상입니다. 기본 정신은 거기에 있으나 그래도 많은 사람들이 특별히 의미를 갖고 있으므로 만해축전을 대폭 변모시켰습니다. 서울·문학 중심이었던 만해축전을 김진선 강원도지사가 대회장을 맡아 지역민들도 함께하는 대동제로 개최합니

380

다. 물론 만해의 사상과 문학을 재조명하는 중점 행사도 더 심화시
켰고요.”

— 만해대상 수상자들을 보면 타 종교인들이 많습니다. 종교관을 말씀해
주세요.

“올해가 6회째인데 그간의 수상자들을 보면 불교계는 포교상이
유일합니다. 평화·학술·문학·예술상 등의 수상자들을 보면 가톨릭
신부를 비롯해 목사, 장로 등 기독교인들이 대부분입니다. 아예 추
천서에 종교를 기재하지 못하게 했죠. 만해의 나라 사랑, 생명 존중,
개혁 정신에 부합한 인물의 실천 활동과 업적을 1년간 엄밀히 검증
해 수상자를 선정합니다. 또 올해 남아프리카의 만델라(평화 부문)와
한국학 연구학자인 데이비드 R. 맥캔 미국 하버드대 교수(학술 부문)
가 선정된 것에서 알 수 있듯 국경을 초월해 시상하고 있습니다. 나
도 가끔은 성당 등에서 산중 생활을 들려줍니다. 각자의 종교는 가
장 소중한 것이지요.”

— 종교도 사회 구성체입니다. 최근 우리 사회 세대 간 갈등이 그 어느 때
보다 깊습니다.

“동서고금 인간 세상에는 늘 갈등이 존재하게 마련입니다. 다만
예전에는 잘 알려지지 않았을 뿐이죠. 아파트 문화로 상징되는 가족
제도(공동체)의 붕괴와 인터넷으로 인한 활발한 정보 교류로 갈등이

쉽게 노출되고 있는 것으로 봐야죠. 이것은 시대의 큰 흐름이요, 인쇄문화에서 영상문화로 전환되는 문화의 충돌입니다. 그 현상이 사회·세대 갈등으로 비치고 있는 것이지요. 서로가 상대의 입장을 이해하고 격려하는 자세를 가져야 합니다. 많이 알고 빨리 체득하는 게 중요한 게 아닙니다. 큰 것을 내줄 줄 알아야 그만한 것을 얻을 수 있는 게 우주의 진리입니다."

— '깨치는 소리 나누는 기쁨'을 표방한 춘천불교방송 사장이십니다. 사회적 역할을 평가하신다면요.

"불교방송의 첫째 목적은 부처님의 말씀을 전하는 것입니다만 춘천불교방송은 지역문화 발전에 도움을 주어야 한다고 강조합니다. 개국 때 많은 비용이 들어서 우리 3교구 본·말사 주지들이 어려움을 많이 겪었지요. 그러나 지역문화 인프라로서 서로 신뢰하는 사회를 만드는 데 큰 기여를 할 것으로 보고 만족하고 있습니다. 개국 때 내가 직원들에게 당부한 말이 방송이 소음공해가 되지 않으면 성공한 것으로 알겠다는 것이었습니다. 경영이나 편성에는 일절 관여를 하지 않고 있어요."

— 8월이면 만해마을이 개관 1주년을 맞게 됩니다. 지향하는 목적과 운영방침을 밝혀주세요

"만해는 대북(大鼓) 같은 존재죠. 범종에 비유할 수 있어요. 누가

그것을 다루는가가 중요합니다. 만해 선양 일은 하고자 하면 한없이 많고, 안 하려 들면 하나도 없습니다. 만해마을은 재단법인이지만 비영리 공익법인으로 봐야 합니다. 올해 만해축전 대회장을 맡은 김진선 지사를 비롯해 불자, 문인, 행정가, 언론인, 법조인 등 각계의 인사들이 이사로 참여하고 있으며, 한국의 문인 모두가 만해마을의 주인입니다.

만해마을 부설기관으로 만해학회와 의상만해연구원이 있습니다. 여기에 올해 만해학술원(원장, 김재홍 경희대 문리대학장)을 만들었습니다. 30, 40대 젊은 학자들이 중심이 돼 만해학술상을 수상한 교수들과 함께 만해를 총체적으로 탐구하고 재조명합니다. 만해는 김일성 어록에도 등장하고 있는 것에서 알 수 있듯 남과 북 모두에서 존경받는 인물입니다. 이제부터는 남북 학자들이 함께 만해를 연구하고 선양하는 일을 펼쳐야 합니다. 만해마을이 강원문화의 중심지가 돼 남북통일의 싹을 키우는 근원지가 되고 장차는 만해의 사상과 정신을 전 인류적으로 세계화하는 일을 해야 한다고 강조하겠습니다."

— 스님은 시인이시기도 합니다. 문학관을 듣고 싶습니다.

"나는 나를 시인이라고 생각해본 일이 없습니다. 조용한 산에 살다 보니 어느새 선사들의 선문답 대화 방식이 내 몸에 들어와 있더군요. 그런데 그 대화가 아주 함축적이 되더라고요. 조사(큰스님)들의 어록을 보면 만사가 함축돼 있어요. 상징과 함축 품격을 지니는 시적이지요. 나도 이 자연과 선사들의 세계에 물이 든 거죠. 그런데 아무리 봐도 요즘 시인들의 시가 선사들의 대화보다 격이 낮아요. 그래서 나도 낮은 중이고요.

　　무금선원에 앉아
　　세상을 바라보니

　　기는 벌레 한 마리
　　몸을 폈다 오그렸다가

　　온갖 것 다 갉아먹으며
　　배설하고
　　알을 슬기도 한다.

〈내가 나를 바라보니〉라는 시인데, 신경림 시인이 나보고 자화상 치고는 참으로 겸허하다고 하더군요. 그러면서 천지 만물에 대한 외경을 표현한 것이라고 했지만 나는 그저 하찮은 벌레 한 마리일 뿐이지요."

대담 / 〈강원일보〉 용호선 기자(2004년 5월 26일)

내 모습 겸허하게 돌아보는 날

불기 2550년 부처님오신날을 맞아 백담사 만해마을 선방에서 무산 조오현 큰스님을 만났다. 지난해 8월 만해축전 때 보았던 모습보다 훨씬 건강해진 모습이 보기에 좋았다. 부처님오신날의 진정한 의미와 지방선거를 맞는 입후보자들과 유권자들의 자세에 대해 들어봤다.

— 부처님오신날을 맞아 불교에서 말하는 '인연(因緣)'은 어떻게 존재하는지요?

"원래 부처는 오고 가고 하는 존재가 아닙니다. 인도의 왕실에서 호의호식하다가 병든 사람, 약한 사람을 보아오다 계급사회에 회의를 느끼고 출가했어요. 인간은 신분에 따라 차이가 있는 게 아니라 '업(業)'에 따라 차이가 있습니다. 네 주머니의 것은 네 것이요, 내 주머니의 것은 내 것입니다. 산에는 돌멩이가 있고 나무와 풀이 있지만, 산은 없어요. 없는 것을 있다고 할 것도 없고, 있는 것을 없다고 할 것도 없지요. 산은 높고 물은 낮습니다. 높은 산은 티끌이요, 낮은 물은 방울입니다. 방울 물이 모여 바다를 이루었고, 티끌이 뭉쳐 태산을 이루었어요. 이렇게 보면 산이 산이 아니요, 물이 물이 아닙니다. 하지만 산은 분명 산이요, 물은 분명 물이니 형상은 달라도 '인연법칙(因緣法則)'은 둘이 아닙니다."

— 자비(慈悲)는 어떻게 행해야 하는지요?

"모든 존재는 더불어 있습니다. 더불어 살기 위해서는 남의 눈에 눈물을 흘리게 하지 말고, 자비스럽게 살아야 해요. 즉 바르게 살아야 합니다. 부처님의 핵심적인 가르침은 자비 사상인데, 내가 눈물을 흘려 남을 기쁘게 하고, 사람 차별하지 말라는 것입니다. 또한 모든 사람을 친자식처럼 생각하는 '자부(慈父)', 즉 자비스러운 아버지가 돼야 합니다. 부처님의 가르침을 입으로만 할 게 아니라 생활 속에 구현해야 합니다. '업'은 행위의 그림자로, 행한 결과는 죽어서도 따라다닙니다. 부처님오신날을 맞아 우리가 생각해야 할 것은 그동안 우리가 남을 슬프게 하지 않았는가, 남에게 해악이 되는 일은 하지 않았는가, 부모·자식 노릇은 제대로 했는가 등 자기 자신을 혼자서 돌이켜보는 날입니다. 자기 자신이 겸허하게, 바르게 살아왔는가를 돌이켜 보는 날이지요. 자기 자신을 겸허하게 비워서 주변에 어려운 사람에게 따뜻한 눈길, 손길이라도 줄 때 그것이 자비이지 요란스러움을 떠는 게 자비가 아닙니다."

— '자기 자신을 겸허하게 비우라'고 하셨는데 마음을 비우려면 무엇을 어떻게 해야 할까요?

"부처님이 이 세상에 오신 뜻은 진리를 보고도 깨닫지 못하는 중생들에게 삶의 진상을 가르쳐주기 위해서입니다. 부처님의 가르침 중 '자비'를 핵심으로 친다면 다음으로 중요한 것이 '모든 것은 쉬지 않고 변해간다는 것' '그래서 어느 것도 독립된 실체를 갖고 있지 않다는 것' '그러므로 삶은 괴롭다는 것'입니다. 그러니 어떻게 해야 하겠는가. 너무 집착하지 말고, 너무 많이 소유하려 하지 말고, 조금씩 비우고 덜어내라는 것입니다. 세상은 너무 많이 가지려 하는 데서 싸움이 생기지 덜어내려는 데서 싸움이 생기지는 않기 때문입니다. 자연은 또 이렇게 가르쳐요. 바위와 흙, 소나무와 참나무가 서로를 인정하고 어울려 살듯 함께 살아가라고. 이를 불가에서는 '용사동거(龍蛇同居)'라 하지요. 용과 뱀이 어울려 살아가는 것이지, 용만 살거나 뱀만 살 수는 없습니다. 여자는 여자끼리, 남자는 남자끼리 모여 살면 무슨 재미가 있겠습니까. 싸우지 말고 화해하고 용서하며 살아야 한다는 말입니다."

— 부처님오신날을 맞는 우리의 자세는 어떠해야 하는가요?

"사월 초파일은 부처님오신날입니다. 하지만 부처님은 이미 만개한 봄꽃 속에, 푸른 나뭇잎에, 달콤한 꽃바람 속에 와 계십니다. 마음의 눈이 열린 사람은 언제나 가슴속에 부처님을 모시고 살아가지만, 무명의 먹구름에 가린 사람은 사월 초파일을 3천 번을 맞아도 부처님을 볼 수 없어요. 내 마음에 부처님이 와 계신지, 오늘 모두 한번 찾아볼 일입니다."

— 오는 31일은 전국 동시 지방선거일입니다. 최근 뉴스에는 대학생의 80%가 선거에 관심이 없는 것처럼 보도되고 있습니다. 선거를 맞이하는 입후보자의 자세는 어때야 하는지요?

"선거철이 되면 난무하는 것이 '유언비어(流言蜚語)'입니다. 남을 모함하고 흑색선전을 해야 상대방이 곤경에 빠진다는 생각은 금물입니다. 오히려 부메랑이 되어 그보다 더한 칼날이 되어 자신에게 돌아오니까요. 유권자들도 이런 작태에 이골이 나 있어 무슨 거짓말을 하고 있는지 다 알고 있어요. 참공약 선택하기인 '매니페스토 운동'이 후보자들 사이에 확산되어 가고 있는데 좋은 현상입니다. 자격이 없는 사람일수록 남의 약점 들추어내기에 골몰합니다. 남의 약점이나 이용하기보다는 정당한 공약 대결로 유권자들의 심판을 받아야 해요. 세상이 변해 이제는 어리석은 유권자는 한 명도 없기 때문입니다. 시장·군수가 해야 할 일, 도의원과 군의원이 해야 할 일도 제대로 구분할 줄 모르고 이 집 저 집을 넘나들며 출마를 저울질하는 한심한 입후보자가 더러 있는데, 유권자들이 먼저 알고 있다는 것을 명심해야 합니다. 특히 선거 때만 되면 나타나는 소위 '꾼'들을 경계해야 합니다. 자신이 마치 수십, 수백 표를 몰아줄 것 같이 다가서는 사람들의 유혹에서 빨리 벗어나야 합니다."

— 유권자들의 자세는 어떻게 변해야 할까요?

"남을 모함하고 시기하는 것에 유권자들이 귀를 기울여서는 안 됩니다. 지역 출신들이 출마하는데 누구보다도 지역 사람들이 그 인물을 잘 알고 있을 거예요. 후보자의 살아온 과정은 어떠한지, 현재의 사는 모습은 건전한지, 후보자의 공약이 지역 실정에 타당한지, 당선되기 위해 '공약(空約)'을 남발하지는 않는지, 인품은 어떠한지를 꼬치꼬치 따져보고 선택을 해야 합니다. 처음에는 인물론을 중요시하다가 결국에는 학연이나 지연 쪽으로 기우는 선거풍토는 지역발전을 역행하는 길이지요. 같은 지역 출신이고, 같은 학교를 나왔다는 것은 자신 개인과의 인연이지 지역발전의 인연이 될 수 없습니다. 출신을 가리지 않고 인물로 인재를 선택하는 일은 지역발전을 앞당기는 지름길이기 때문입니다."

대담 / 〈강원도민일보〉 정연재 취재부장(2006년 5월 5일)

참으로 좋은 말은 입이 없어야

하루라는 오늘
오늘이라는 이 하루에

뜨는 해도 다 보고
지는 해도 다 보았다고

더 이상 더 볼 것 없다고
알 까고 죽는 하루살이 떼
죽을 때가 지났는데도
나는 살아 있지만
그 어느 날 그 하루도 산 것 같지 않고 보면

천년을 산다고 해도

성자는

아득한 하루살이 떼

— 〈아득한 성자〉(2007 정지용문학상 수상작)

"벽에 그림을 그려 두었더니 그 그림이 살아나서 그린 사람을 하염없이 기다리고 있게 되다니! 이 격외(格外)와 이 의외(意外)가 안개 자욱한 내설악 안개 걷히운 외설악을 아우르고 있게 되다니! 과연 오현음(五鉉吟)의 높이로다." 올해(2007년) 정지용문학상 심사위원이었던 고은 시인이 무산 스님의 수상작 〈아득한 성자〉에 대해 "절창 가운데서도 절창"이라며 평한 글귀다.

지난 12일 정지용문학상 수상소감을 해달라는 요청에 수상자인 무산 스님의 입에서 나온 말은 그대로 법문이었다. "참으로 좋은 말은 입이 없어야 할 수 있고, 참으로 좋은 말은 귀가 없어야 들을 수 있지." '정신주의의 극단'이라는 선시(禪詩). 그는 선시를 빚는 시승(詩僧)이다. 불기 2551년 부처님오신날을 앞두고 설악산 산감(山監) 무산(霧山) 조오현 스님을 인터뷰했다.

— 여전히 건강해 보이십니다. 근황이 궁금합니다.

"아무 데도 관심 없어요. 나는 산에 사는 중이요. 살아오면서 너무 많은 것을 봤고, 듣고, 말도 많이 했어요. 그래서 너무 많이 살았다고 자평하는 거요. 이제는 보고 싶은 것도, 듣고 싶은 것도, 먹고 싶은 것도 없어요. 흔하게 하는 말로 무욕(無慾), 그것뿐이에요. 더 내놔야 할 것 같은데 뭘 내놔야 할지, 내가 뭘 갖고 있는지 뒤져보는 게 요즘 내 일이에요."

— 정지용문학상 수상을 축하드립니다. 수상작품 〈아득한 성자〉에 대한 세간의 평도 그렇고, 식장에서 들려준 수상소감도 큰 법문이었다고 말들을 하고 있습니다.

"솔직히 털어놓을게요. 그거 내가 임종게(臨終偈)로 쓴 거요. 그런 데 고은 선생이 오도송(悟道頌)이라고 격찬했더군. 고은 선생은 불교를 잘 알잖아요. 깨달은 사람이거든. 그래서 보는 관점이 다를 수 있는 것이지요. 그냥 읽히는 대로 음미해 봐요. 말로는 그 뜻을 다 설명할 수 없어요. 그게 선시(禪詩)예요. 굳이 말하자면 의상대사 〈법성게(法性偈)〉에 있는 화엄 사상인데, 운문선사(雲門禪師)의 계송을 소개하지요. '일념보관무량겁(一念普觀無量劫) 무량겁사즉일념(無量劫事卽如今) 여금관파개일념(如今觀破箇一念) 처파여금처저인(覷破如今覰底人).' '한 생각 속에 두루 무량겁이 있고, 무량겁의 일이 지금 이 순간에 있다. 이 한 생각을 꿰뚫어 볼 수 있다면, 보고 있는 그를 꿰뚫어 보게 될 것이다'라는 뜻입니다.

내가 그렇게 본 것을 시조 형식으로 쓴 거지요. 이제까지 살아보니 내가 하루살이이고 세상의 무리가 그 하루살이 떼로 보여요. 내게 보이는 것은 그 하루가 평생이고 시방세계지요."

— 정초 강원불교연합회 신년 하례법회에서 "올해 두 가지 축제를 만들어야 한다"고 법문을 내리신 바 있어요.

"그랬지요. 2014년 동계올림픽 유치와 연말에 있을 대선(大選)을 두고 한 말이지요. 세상 얘기는 안 하려고 했는데 그 자리에 온 사람들이 꼭 해달라고 해서 말을 안 할 수 없는 상황을 만들어서 그런 말을 했어요. 발원(發願)이 있는 곳에는 반드시 승치(勝致)가 있어요. 그게 이치(理致)에요. 강원도민들의 간절한 원(願)이 있으면 이뤄진다고 보는 거지요.

나라의 지도자를 얻는 대선(大選)도 그래요. '나(吾)'를 접어 두고 대승적인 판단으로 나라를 먼저 생각하면 그게 곧 자신을 위한 것이에요. 어쨌든 올해 있을 두 가지 큰일이 국민축제로 승화돼야 해요. 그렇게 되는 게 순리(順理)인데, 모두가 잘 알고 있으로고 한 말이었어요."

— 스님을 뵈니 만해축전 이야기를 안 할 수 없네요, 올해 축전의 중점 행사를 말씀해주세요.

"만해선사의 평화 사상, 생명 사상, 나라 사랑 정신을 이어받는 만해축전은 국내를 넘어 세계적인 축제로 나아가고 있지요. 모두들 서로서로 도와서 잘돼 가고 있고, 그래서 큰 보람도 갖게 됐지요. 백담사만해마을도 한국문학의 큰 마당이 되고 있고요.

지난해에는 현대시조 100주년을 중심에 세웠는데, 올해는 한국 현대시 100년이에요. 서울대 오세영 교수가 회장을 맡고 있는 한국 시인협회가 국제적인 행사로 옹골차고 성대하게 만들겠다고 해서 잘될 것으로 믿어요. 지난해 백담사만해마을에 정완영 시조시인 시비(詩碑)를 세웠는데, 올해는 황동규 시인하고 이형기 시인의 시비를 세우기로 했지요.

한국문인협회 민족문학작가회의 등 모든 문학단체가 참여하는 것은 올해도 변함없고요. 축전을 열어 얻은 또 하나의 소중한 보람은 전국고교생백일장이지요. 공동주최 하는 강원일보가 주관하는 이 백일장이 전국에서 최고의 권위를 갖는다고 문인들이 한결같이 말하고 있어요. 모두가 고맙고 자랑스럽다는 말을 하더라고 꼭 써줘요."

— 모레가 부처님오신날입니다. 기쁜 날인데 중생에게 양식이 될 말씀을 부탁드립니다.

"부처님은 오고 가고 그런 분이 아닙니다. 늘 우리와 함께하고 생활 속에 계시지요. 부처의 근원은 중생이어서, 중생이 없는 곳에는 부처님도 없어요. 우리가 살고 있는 자리가 깨달음의 성소라고 인식하면 틀림없어요.

《화엄경》 찬불게(讚佛偈)에 이런 구절이 있어요. '불신충만어법계

(佛身充滿於法界) 보현일체중생전(普現一切衆生前) 수연부감미부주(隨緣不感靡不周) 이항처차보리좌(而恒處此菩提座).' '부처님의 몸은 온 법계에 가득하여 널리 중생 앞에 항상 드러내고 있다. 인연 따라 감응치 않은 곳이 없으니 그 자리가 항상 깨달음의 자리로다'라는 뜻이지요.

천지가 한 몸이고 한 뿌리라. 나보다 못한, 불우한 이웃들에게 손을 내밀어 따뜻한 마음을 전할 수 있으면 그게 행복이지요. 여하튼 부처님오신날은 자비의 눈으로 자기를 돌이켜보는 날이에요."

— 산중 어른이신데 불자들에게도 한 말씀 해주시지요

"입을 열어 깨달았다고 말하면 이미 틀린 것이지요. 부처님을 뵈려면 겸허히 자기를 돌아봐야 해요. 거기에 부처님이 계시니까. 아버지, 어머니, 자식, 제자, 공직자, 모두가 제 역할을 다하는 게 도리이고 그게 행복한 삶이에요. 불자도 불자로서 역할을 충실히 하고 있는지, 늘 자신을 돌이켜 봐야지요. 남에게 섭섭하게 했는지, 아프게 했는지 살펴봐야 해요.

운문선사(雲門禪師)께서 그러셨어요. '일체성시불성(一切聲是佛聲) 일체색시불색(一切色是佛色) 천지여아동근(天地汝我同根) 만물여아일체(萬物汝我一體).' '귀에 들리는 것은 다 부처님의 설법 소리요, 눈에 보이는 것은 다 부처님의 모습이다. 하늘과 땅은 나와 한 뿌리이고 모든 것이 나와 한 몸이다'라고요.

자기의 허물은 드러내고 남의 허물은 감춰줘야 해요. 불자는 그래야 해요. 《종용록(從容錄)》에 '삼세제불(三世諸佛) 구괘벽상(口掛壁上) 심행처멸(心行處滅) 각즉빙수(覺則氷水)'라는 구절이 있어요. '삼세의 모든 부처님은 입을 벽에 걸어놓았다. 마음 가는 길이 끊어지면 깨달음이 얼음물처럼 녹아버린다'는 뜻이지요.

　서로 화해하고 이해하고 도와주는 게 세상 이치고 법도예요. 그게 부처님의 가르침임을 한시도 잊어서는 안 됩니다."

대담 / 〈강원일보〉 용호선 문화부장(2007년 5월 22일 자)

5장 / 산중문답

"허상 붙들고 발버둥 친 평생"
— 제16회 공초문학상 수상 조오현 시인

"스님은 말과 글을 버리는 공부를 하는 사람입니다. 말과 글을 버려야 되는 사람이 시와 글을 쓴다는 게 너무 세속적인 일이죠. 더더구나 상을 받는다는 것은…."

시조시인으로서는 처음으로 제16회 공초문학상 수상자로 선정된 무산 조오현 시인은 말과 글을 버려야 하는 스님이 시를 써서 상을 받는다는 게 부끄럽다며 겸사의 말부터 꺼냈다. 그래서인지 1978년 첫 시집《심우도(尋牛圖)》를 상재한 이후 30년 가까이 절필하다시피 하다가 2007년 이번 수상작〈아지랑이〉가 실린 시집《아득한 성자》등 '겨우' 두 권의 시집을 내는 데 그쳤다.

수상작〈아지랑이〉는 죽음을 앞두고 걸어온 삶을 반추하며 웅숭 깊은 삶의 통찰과 인식을 담아내고 있다.

"얼마 전부터 '나도 이제 죽을 때가 됐구나.'라는 생각이 들었어요. 그래서 6개월간 밥은 거의 안 먹고 죽을 준비를 하는 과정에서 내가 '아지랑이'를 붙들고 살았다는 회한에 사무치게 된 것이지요."

막상 삶의 정점, 꼭대기에 올라섰다고 생각하고 내려다보니 물러설 곳도, 옆으로 갈 곳도 없는, 생사의 백척간두 위에 서 있었다는 것이다.

"곧 죽을 마당에 돈이고 명예고 직위고 모든 것이 실체가 없는 '아지랑이'를 좇아 애면글면 살아왔다고 생각하니 우스웠습니다."

그러니까 칠십 평생을 허상을 붙들고 마치 그 속에 진리나 있는 것처럼 살아왔다는 게 후회스러웠다는 것이다.

1932년 경남 밀양에서 태어난 시인은 1939년 입산한 뒤 1968년 《시조문학》으로 등단했다. 대한불교 조계종 신흥사·백담사 회주를 거쳐 설악산 산감을 맡고 있다.

"1960년대 절 주지를 하려면 관청에 등록해야 했죠. 등록을 위해 이력서를 써야 했는데, 학교에 다니지 못한 내가 학력란을 공란으로

비워두니까, 막 무시하는 거예요. 그때는 젊었을 때니까, 어떻게 하면 알아주느냐고 물었죠. 어떤 이가 시집이 하나 있으면 알아준다고 하기에, 부랴부랴 내놓은 게 《심우도》예요."

그렇지만 스님이 시를 발표한다, 신문에 난다는 것이 어쩐지 부끄러운 일인 것 같아 시를 거의 쓰지 않았다. 그런데 이태 전부터 죽음이 가까워졌다는 생각이 들어 삶을 되돌아본다는 의미에서 시를 쓰게 됐다고 한다.

"춘천불교방송 설립에 관여하고 장학재단도 설립했으며, 만해 선양회와 만해마을도 만들었습니다."

이런 일들을 지금 돌이켜보니 한낱 '아지랑이'를 붙들기 위해 발버둥 친 것처럼 느껴졌다는 것이다.

공초 오상순 선생과의 특별한 인연도 털어놓았다. 공초 선생이 서울 조계사 지대방(객승 등이 쉬는 곳)에 머물 때 시인은 여러 번 만나 뵈었다.

"당시 공초 선생은 최고급 담배인 '백양'을 태웠는데, 내가 그 재떨이를 매일 비웠어요. 내가 꽁초를 모아 피운다는 사실을 눈치챈 선생께서 재떨이를 치울 시간이 되면 담배 한 갑을 몰래 놔두고 방을 비웠죠."

공초 선생은 이렇게 사람들을 배려한 것은 물론, 깊은 깨우침도 남겼다고 한다. 시인에게 '무사시귀인(無事是貴人)'이 되라는 것. 일이 없는 사람이 귀한 사람이라는 뜻으로 큰 깨달음이 있는 사람은 일이 없는 사람, 즉 도인(道人)이라는 얘기다. 세상의 시비, 번뇌 등을 끊어야 귀인이 된다는 공초 선생의 말을 시인은 지금도 생생히 기억하고 있었다.

대담 / 〈서울신문〉 김규환 기자(2008.06.07)

"평생 살아온 삶도 결국 아지랑이"

조계종 원로의원 선출을 앞두고 인터뷰를 고민하던 지난 13일, 설악무산 스님으로부터 '한번 만나고 싶다'는 연락을 받았다. 얼마 전 출간한 기자의 시집 《대화》를 읽었는데 쓸 만한 시가 몇 편 있다는 격려의 말씀이었다. 부랴부랴 약속 장소로 가 인사를 드렸다. "기사 쓰지 마. 한 줄이라도 보도가 되면 피곤해."라며 펜을 꺼내는 것도 허용하지 않았다. 무산 스님은 "좋은 시를 쓴 사람을 만나면 처음 만나도 반갑고 정겹다"며 기자가 쓴 시 한 편을 암송하고는 인생에 대해 소참법문(小參法問)을 전했다. 결례를 무릅쓰고, 법문을 기록한다.

나아갈 길이 없다 물러설 길도 없다

둘러봐야 사방은 허공 끝없는 낭떠러지
우습다
내 평생 헤매어 찾아온 곳이 절벽이라니

끝내 삶도 죽음도 내던져야 할 이 절벽에
마냥 어지러이 떠다니는 아지랑이들
우습다
내 평생 붙잡고 살아온 것이 아지랑이더란 말이냐
— 〈아지랑이〉

시조시인 오현 스님으로 우리에게 잘 알려진 스님. 설악산 신흥
사와 백담사를 수행과 문학이 함께 하는 도량으로 일구어내면서
스님은 다시 우리 곁에 원로 설악무산 스님으로 다가왔다. 무산 스
님은 오는 25일 동안거에 들어간다. 백담사 무금선원에서 3년째 하
안거와 동안거를 보내고 있다. 대중과 안거하는 것이 쉬운 일은 아
닐 텐데, 왜 안거에 들어가는지 물었다.

"절에서 머물고 싶어서 안거를 해. 나이가 어느새 80줄에 접어드
니 어디 마땅히 갈 절이 없어. 물론 이곳저곳 가면 되지만, 주지 스
님들이 불편해해. 그냥 신경 안 쓰고 생활하면 되는데, 그게 안 되는
가 봐. 당연한 거겠지. 안거는 그런 불편은 적어. 그래서 안거에 들

5장 / 산중문답

어가. 그런데 요즘 보면 내 스승은 선지식이나 어른이 아니라 젊은 수좌들이야. 수좌들 눈에 혹시 내가 특별 대접이라도 받는 것으로 비칠까 조심조심하지. 그들이 내 스승이야."

무산 스님은 마치 몸을 바꾸듯, 무문관에서 안거를 하고 해제 때는 서울 도심에서 문인과 정치인, 경제인을 만난다. 이미 그런 일에 무심(無心)하다. 스님과의 대화는 자연스럽게 문학으로 시작됐다.

"내가 평생 쓴 시가 100편밖에 안 돼. 그래도 이 사람 저 사람이 그걸 묶어 몇 권의 시집을 냈어. 글을 가지고 이런저런 평론을 써서 책을 내는 이도 있어. 다 쓸데없는 일이야. 시비만 생겨. 세 살배기 아이도 알지만, 여든 살 먹은 노인도 행하기 어려운 것이 불교고 가르침이야. 그 마음을 시로 담아내야 해. 무작묘용의 세계를 시로 담을 때 바로 선시가 되고, 깨달음의 시가 되지."

무산 스님의 시 세계를 관통하는 말로 문학평론가들은 '무작묘용(無作妙用)'을 꼽는다. 자연스럽게 움직이고 진리대로 행동하되 인위적인 재주를 부리지 않는 것이 무작(無作)이며, 그에 따른 무심(無心)한 행동이 '묘용(妙用)'이다. 스님의 시 〈아득한 성자〉는 그런 경지를 담은 작품으로 꼽힌다. 천년을 수행했어도 결국 하루살이 떼에 지나지 않는다는 〈아득한 성자〉에 나타난 시심(詩心)은 우리에게 인생이란 무엇이며, 어떻게 살아야 하는가에 대한 질문과 답을 동시에 던진다.

"지금까지 돌아보니 일도 많이 했어. 낙산사 불사도 했고, 요양원도 지었고, 백담사 앞에 작게 시작했던 만해마을도 제법 커졌어. 만해축전도 자리를 잡았고, 백담사에 선원도 만들었지. 그런데 이 나이가 되고 보니 그런 것들이 다 아지랑이 같은 거야. 언제 죽을지 모를 삶의 꼭대기에 서고 보니 그런 것들이 손에 잡히지 않는 존재들로 보여. 인생이란 것이 다 그렇지. 우리가 소중하다고 여기는 것들도 결국 그런 존재들 아니겠는가. 아지랑이지."

무산 스님의 해제법문이 세간의 주목을 받고 있다. 지난 하안거 해제 때는 "프란치스코 교황은 오늘의 문제가 화두다. 교황에게서 배우라"며 "출가 생활은 일탈이다. 부모와 형제를 버리고 출가하는 자체가 일탈 아닌가. 그렇다면 남들과 다른 삶을 살아야 한다"고 화두를 던진 바 있다. "천 년 전 무(無) 자 화두나 본래면목을 찾는다고 해서 지금 사람들이 어떤 감동을 받고, 신심을 일으키겠나. 지금의 이야기를 해야 한다." 스님은 《벽암록》을 해설한 책을 펴낸 적도 있다. 선어록에 정통하지만 선어록에 얽매이지 않는 안거 법문은 그래서 매번 세간의 주목을 받는다. 스님은 "이번 안거 법문에서는 인생이 담긴 시 몇 편을 말하려고 한다"고 전했다. "깜짝 놀랄 정도의 법문이라야 수행자들이 정신 퍼뜩 차리고 공부를 한다"는 것이다. 스님은 노인복지시설에 대한 관심도 보였다. "나이가 들수록 어디 가기가 힘들어진다. 설 곳이 점점 줄어든다. 모든 사람들이 그렇다"는 스님은 "그런 분들이 편안하게 와서 쉬는 곳이 요양원이 돼야 한다"고 말했다. "요양원은 현대판 고려장이야. 고려 때는 산에다 버렸지만, 요즘은 요양원에 버리도록 한 거지. 그렇다고 그것이 틀린 것은 아니야. 그냥 인생인 거지."

무산 스님에게 '원로의원으로 추대되셨다'고 전하자 즉답이 돌아왔다.

"중이 나이 들고 수행 경력 좀 있으면 다 원로 아닌가. 원로의원

이니 하는 것 모두가 시빗거리야. 물론 원로의원이란 것이 나쁜 것
은 아니야. 다 필요하니까 존재하는 거지. 하지만 내겐 안 맞아. 내
가 불교신문 주필 끝내고 나서 지금까지 총무원에 딱 세 번 갔어. 한
번은 지관 스님이 총무원장 한다기에 한 번 갔고, 입적해서 조문하
러 한 번 갔어. 전에는 총무원장 했던 지관 스님이나 법주사 혜정 스
님, 문수사 혜정 스님 등 친한 스님들이 있었는데, 어느새 나만 남았
어. 신흥사에만 원로의원이 없다고 몇 번을 말하기에 알아서 하라고
했어. 하니 안 하니 시비하는 것도 시비야."

세인들이 살아가는 모습에 대해 스님은 한 말씀을 전했다.

"돈이 있는 곳에 시비가 있어. 모은 재산을 남겨놓으면 자식들 간
에 시비가 생기고, 돈을 좀 모아서 가지고 있으면 절집에도 사회에
도 시비가 생겨. 나이가 있는 사람들도 '돈, 돈' 하는 사람들이 있어.
나이 들어 돈 있어서 뭐 하겠나. 버리기도 힘들어. 인생이란 다 같
아. 모을 때 모았으면 쓸 때 쓸 줄 알아야 하지."

무산 스님은 수년 전, 만해마을을 동국대학교에 기증했다. 백담
사 인근 주민을 위해 버스를 몇 대 구입해 줬다. 그 버스는 설악산
입구에서 백담사까지 외길을 운영하며 마을의 소중한 수입원이 되
고 있다. 또 얼굴도 모르는 수십 명의 청소년에게 매달 장학금과 후

원금을 보내고 있다. 모아두지 않고, 돈이 생기는 대로 필요한 곳에 보낸다. 3년 전, 스님이 안거에 들어갔다는 기사를 읽고 한 학생이 백담사에 찾아와 쪽지를 두고 간 적이 있다. 당시 스님의 해제법문에서 '스님이 돈 버리는 곳'의 출처를 어렴풋이 짐작할 수 있다.

"학생이 내가 노망나서 무문관에 들어와 있다는 것을 신문에서 읽은 모양이야. 걱정이 됐겠지. 내가 노망나는 바람에 자기가 장학금을 못 받으면 대학도 못 가는데, 하는 걱정이지. 그러다가 이런 생각을 한 모양이야. '장학금 못 받아도 괜찮아. 대학 못 가도 괜찮아.' 편지를 보니 '노망나도 괜찮아'라고 쓰여 있는 거야. 그레이엄 무어가 아카데미상 수상소감에서 '이상해도 괜찮다'고 말했다면서. 그 학생의 편지를 받고 내가 깨달았어. 특별히 감동을 주지 않는 법문이어도 괜찮다는 것을."

스님은 "시비를 갖지 마라. 편견을 갖지 말아야 한다"고 강조했다. 정확하고 시시비비가 분명한 것보다, 두루두루 부족한 것이 낫다는 말이다. "그것이 잃어도 얻는 것이야. 내가 항상 옳다고 하면 상대방이 날 싫어하게 돼. 이놈 저놈 다 인정하면서 시비에 걸리지 않고 살아야 한다"는 스님은 "내게도 아직 버릴 것이 조금 남아 있다. 조만간에 그중 하나를 정리할 것"이라고 말했다. 오랜 시간 지켜왔던 것일지라도 버릴 때 미련을 갖지 않는 것, 그것이 스님의 일

괄된 삶의 모습이면서 법문 자체다. 제행무상이라 했다. 무엇에도
끄달리지 말라는 말씀이다.

스님은 얼마 전 미국 캘리포니아 버클리대학 초청으로 문학 콘
서트에 참가했다. 당시 좌석을 가득 메운 미국의 젊은이들을 향해
던진 말에서 무산 스님의 수행과 문학에 대한 생각이 명쾌하게 드
러났다.

"선은 나무의 곧은 결이요, 시는 나무의 옹이, 점박이 결이라 생
각해요. 선은 내가 나를 그대로 바라보는 것이고, 시는 인생에 대한
물음에의 답이랄까. 설혹 시가 인간의 마음으로부터 비롯되었다 해
도 언어를 만나는 순간, 언어의 때가 묻어버렸기 때문에 시는 마음
을 조작한 것이라고 생각합니다. 마음에 옹이가 박혀 점박이 결로
나타나는 것이 시입니다. 하늘에 보름달이 떠 있으면, 맑은 호수에
도 똑같은 달그림자가 떠 있습니다. 그 달그림자를 볼 수는 있어도
건져낼 수는 없습니다. 건져내는 그 순간 달그림자는 부서지고 맙니
다. 결국 시는 언어로 만들어야 하기 때문에 '무작묘용'도 결국 '말'
일 뿐입니다."

대담 / 〈불교신문〉 안직수 기자(2015년 11월 21일)

나누고, 낮추고, 버리면 행복해진다

　　5월 14일은 음력으로 4월 초파일, 불기 2560년 부처님오신날이
다. 인류의 스승이신 부처님은 이 땅에 와서 어떤 가르침을 주셨을
까. 그 가르침은 현대를 살아가는 우리에게 어떤 의미가 있을까.
설악산 백담사에 주석하고 있는 한국불교의 큰 스승 설악무산 스
님에게 부처님오신날의 참뜻을 물었다. 스님은 중앙의 큰 언론사
에서 요청한 인터뷰는 사양했지만, 지방의 작은 언론사 인터뷰 요
청은 빈자일등(貧者一燈)의 마음으로 거절하지 않았다.

　　— 부처님은 참 좋은 계절에 태어나신 것 같습니다. 매년 이맘때가 되면
날씨도 좋고 신록이 푸르러서 사람들 마음을 환하게 하는 것 같습니다
　　"부처님은 당시 인도의 풍습에 따라 어머니가 친정으로 해산하러

가다가 룸비니동산이라는 곳에서 태어났습니다. 이맘때가 인도에서도 아주 좋은 계절이라고 합니다. 사철이 더운 나라이기는 하지만 새 꽃과 새잎은 이때 다시 핀다고 합니다. 이렇게 새로 꽃이 피고 잎이 피는 것을 불교에서는 인연법이(因緣法爾)라 합니다. 인연이 성숙하면 모든 것이 그렇게 되게 돼 있다는 것입니다. 꽃이 피자면 추위를 견뎌야 하고 적당한 수분과 온도가 있어야 합니다. 일찍이 미당 서정주 선생은 '한 송이 국화꽃을 피우기 위해 봄부터 소쩍새는 그렇게 울고, 천둥은 먹구름 속에서 그렇게 울었나 보다'라고 노래했습니다. 나는 이 시에 불교의 인연법이 문학적으로 표현되고 있다고 봅니다. 모든 생명은 이렇게 소중한 인연으로 태어난 것입니다. 그러니 서로 기뻐하고 칭찬하며 살아야지요."

— 부처님이 이 세상에 오셔서 우리에게 가르친 것도 방금 스님께서 하신 말씀과 같은 뜻이 아닐지요.

"그렇습니다. 삼라만상이 인연이 아닌 것이 없습니다. 초가집도 기둥과 대들보와 바람벽이 있어야 집을 이루듯 한 가정도 부모와 자식과 형제가 모여야 오순도순해집니다. 그럼에도 사람들은 남을 배려하지 않고 너무 자기중심적으로만 살려고 합니다. 그래서 미운 것도 생기고 싫은 것도 생기는 것입니다. 스님들이 법문할 때 자주 인용하는 다음과 같은 시가 있습니다.

싫다고 베어 버리자면 풀 아닌 게 없고(惡將除去無非草)

좋다고 예뻐하려 들면 꽃 아닌 게 없다(好取看來總是花)

좋고 나쁘고 싫고 좋은 것이란 것도 보기에 따라 달라진다는 것입니다. 불교의 《화엄경》에서는 이것을 일체유심조(一切唯心造) 즉 모든 것은 마음먹기에 달렸다고 말합니다. 부처님이 이 세상에 오셔서 가르치고자 한 것도 다른 것이 아닙니다. 쓸데없는 분별하지 말고 싸우지 말라. 서로 돕고 살아라. 그러면 이 세상이 극락이 될 것이다, 라는 것입니다. 매우 평범하고 쉬운 말인데 문제는 우리가 그것을 실천하지 못하기 때문에 온갖 시비와 어려운 일이 생기는 것입니다."

— 세상 사람들이 자기 멋대로만 생각하려는 것은 이기적이기 때문이라고 말씀하셨습니다. 이를 극복할 무슨 좋은 방법이 없는지요.

"부처님은 깨달음을 얻으신 후, 한때 이런 고민을 했다고 합니다. '내가 아무리 설법을 해도 이기심이 가득한 사람들이 믿고 따라주지 않으면 헛수고가 될 것이다. 차라리 침묵하는 것이 나을지도 모른다.' 그러자 내면의 목소리가 들렸습니다. '아니다, 한 사람이라도 귀 있는 사람이 듣고 바른길로 간다면 그만큼 세상을 좋아질 것이다.' 그러니 설법을 포기하지 말자는 것이었습니다. 부처님이 설법하신 목적은 오직 한 가지였습니다. 사람들의 세 가지 나쁜 습관(三

毒) 즉 탐욕과 분노와 무지를 줄여서 참다운 행복을 성취토록 하려는 것입니다. 우리가 불행한 원인은 남보다 더 많이 가지려 하는 탐욕(貪), 내 맘대로 하려다 안 되면 화를 내는 분노(瞋), 모든 것이 헛되다는 것을 모르는 무지(痴) 때문입니다. 그래서 부처님은 그 반대의 길을 가라고 했습니다. 욕심을 부리기보다는 나누고, 화내기보다는 낮추고, 어리석은 생각을 버리고 살게 되면 마침내 편안해진다는 것입니다. 이것을 불교에서는 열반(涅槃) 즉 적멸위락(寂滅爲樂)이라고 합니다. 어떤 사람은 적멸을 죽음이라고 말하는데 그것은 오해입니다. 탐욕과 분노와 무지를 소멸시키거나 최소한으로 줄이는 것이 적멸위락입니다. 요즘 말로 번역하면 '참다운 행복'이라는 뜻입니다. 불교에서 수행이란 이런 참다운 행복을 성취하기 위한 일종의 훈련입니다. 우리가 부처님오신날을 맞아 절에 가 등을 달고 불을 밝히는 것도 탐욕과 분노와 무지의 삶을 반복하지 말고 등불처럼 지혜를 밝혀 광명 세계로 나가자고 다짐하기 위해서입니다."

— 쉬운 말씀으로 설명해주셔서 깨우친 바가 큽니다. 하지만 세상일이라는 게 뜻대로 되는 건 아닌 것 같습니다. 남북문제만 해도 좋은 쪽으로 가기보다는 자꾸 나빠지고 있습니다.

"남북문제의 근본 원인은 이념 문제에 있다고들 합니다. 즉 자본주의가 더 낫냐 공산주의가 더 낫냐 하는 것이 근본 문제라는 것입니다. 그러나 현대세계는 이런 이념대립이 점차 사라지고 있습니다. 사회주의를 지향하는 나라에서도 사유재산과 자유경쟁을 인정하고 자본주의 국가에서도 사회복지와 평등 분배를 확대하기 위한 제도적 장치를 늘려가고 있습니다. 이념의 경계가 무너진 것입니다. 왜 그렇게 됐겠습니까? 세상의 어떤 제도도 완벽한 것이 아니므로 보완이 필요했기 때문일 것입니다. 여기서 우리가 주목할 점은 보완의 이유입니다. 그것은 자유냐 평등이냐 하는 체제의 우월성을 내세우기 위해서가 아니라, 어떻게 하면 인간이 더 잘 살 수 있을까 하는 반성적 자각 때문입니다. 이 자각은 인간에 대한 박애를 기초로 한다는 점에서 매우 종교적이기도 합니다. 나는 여기에 남북문제를 풀어갈 실마리가 있다고 봅니다. 그것은 이제부터 남북문제는 체제경쟁이 아니라 누가 더 국민을 위하느냐, 어떻게 서로 돕느냐에 초점이 있다는 뜻입니다. 그런 점에서 보면 최근 남북문제는 좋은 방향이 아니라 나쁜 방향으로 치닫고 있어서 안타깝습니다. 서로 경쟁하듯 협박할 것이 아니라 경쟁하듯 화해하고 협력하려는 자세가 필요합니다. 그래야 대립과 분단을 넘어 통일을 앞당길 수 있습니다. 그걸 누가 먼저 할 것인가. 나는 조금이라도 형편이 더 나은 남쪽이 선제적으로 그 일을 해야 한다고 봅니다."

— 그런 점에서 남북 정치 지도자들의 역할이 중요하다고 봅니다. 스님은 남북의 정치 지도자들이 잘하고 있다고 보시는지요?

"산중에 사는 노골이 세속의 일에 대해 내막도 잘 모르면서 이러쿵저러쿵하는 건 주제넘은 일입니다. 그러나 신문이나 방송에 보도되는 내용만 가지고 평을 한다면 한쪽은 너무 철이 없고 한쪽은 고집불통인 것 같습니다. 국민을 위한다면서 모든 걸 자기 뜻대로 하고자 한다면 그건 독재입니다. 지혜를 모으고 협력을 구하는 일에 밤낮을 다 써도 모자랄 판인데 제왕적 권위로 통치만 하려 한다면 따를 사람이 많지 않습니다. 역사를 보면 천하의 항우도 오기와 독선, 오만으로 망했습니다. 지금 북한은 세계적인 제재를 피하지 못하고 있고 남한은 여당이 지난 총선에서 패배했습니다. 실패가 성공의 어머니라 했으니 모두가 어려운 국면에서 크게 깨닫고 배웠으면 합니다."

— 끝으로 오늘의 우리 중생은 어떻게 살아가야 할지 한 말씀만 더 해주셨으면 합니다.

"모든 사람들이 불교적 수행을 좀 했으면 합니다. 절에 들어와서 머리 깎고 중노릇하라는 얘기가 아닙니다. 모든 불행의 씨앗인 탐진치(貪瞋痴)를 조금씩 줄여가는 삶을 살라는 것입니다. 불교에서는 욕심의 반대를 보시(布施), 분노의 반대를 하심(下心), 무지의 반대를 지혜, 또는 집착을 버린다 하여 무착(無着)이라고 합니다. 다시 말해 욕심부리기보다는 더 나누고, 잘난 척하다 마음대로 안 되면 화내기보다는 자기를 더 낮추고, 무지에 집착하지 말고 어리석음을 버리라는 것입니다. 다시 요약하면 일상에서 나누기, 낮추기, 버리기를 훈련해보자는 것입니다. 이 세 가지를 일상에서 조금씩 반복적으로 실천하면, 실천하는 만큼 행복해질 것입니다. 이 행복의 성취가 아까 말한 적멸위락입니다. 그렇게 했는데도 행복해지지 않는다면 그때는 이 늙은 중을 찾아오십시오. 말빚은 꼭 갚도록 하겠습니다."

— 자비로운 말씀 감사합니다. 오래 건강하셔서 늘 좋은 가르침 베풀어주십시오.

"늙은이 건강이야 내일을 기약할 수 없습니다. 만약 다시 꽃피는 것을 못 본다면 저 꽃들의 거름이나 되고자 할 뿐입니다. 행복한 부처님오신날을 맞으시기 바랍니다."

〈인제신문〉 부처님오신날 대담 (2016년 5월 14일)

오현 스님과 차 한잔 나누며

음력으로 정월 보름은 겨울 석 달 동안 산문을 걸어 잠그고 공부하던 수행자들이 문을 여는 해제일이다. 내설악 백담사에 있는 무금선원의 회주 오현(五鉉) 큰스님도 겨우내 찾아오는 사람의 접견을 사절하다가 해제일이 돼서야 방문을 열었다. 한걸음에 찾아가 작설차 한 잔 마주 놓고 앉아서 '지혜의 한 말씀'을 들었다.

— 무금선원(無今禪院)이란 이름이 참 특이합니다. 무슨 뜻입니까?

"옛 선사의 게송 가운데 '마음의 근원은 맑고 고요해서 고금이 없고, 오묘한 본체는 밝고 둥글어서 생사가 없다(靈源湛寂 無古無今 妙體 圓明 無生無死)'라는 것이 있습니다. 무금은 여기서 따온 말로 우리의 본 마음은 고금에 관계없이 항상 맑고 깨끗하다는 뜻입니다."

416

— 옛날부터 백담사에 무금선원이 있었습니까?

"백담사에는 설잠 김시습, 허응당 보우, 그리고 근세에는 만해 한용운 등이 머물며 수행하던 인연처였습니다. 그분들이 남긴 정신적 유산을 고금에 관계없이 이어가야 한다는 뜻으로 2년 전에 무금선원을 열었습니다. 지난해 종단에서는 이곳을 기초선원으로 지정해서 수행자들이 공부에 더욱 전념하도록 독려하고 있습니다."

— 단도직입적으로 한 가지 여쭙고 싶은 것이 있습니다. 스님들이 하는 공부 가운데 선(禪)이란 무엇인지, 속인들은 그것이 늘 궁금합니다.

"선이란 일상성을 회복해나가고자 하는 공부입니다. 냉정하게 돌아보면 우리는 늘 일상성에서 일탈해 있습니다. 일상에서 일탈해 있다는 것은 상식을 벗어나 있다는 뜻입니다. 예를 들면 이렇습니다. 우리는 누구나 졸리면 자고 배고프면 밥을 먹습니다. 이를 기식곤면(飢食困眠)이라 합니다. 그러나 조금만 자세히 들여다보면 우리는 단순히 밥만 먹고 잠만 자는 것이 아니라, 밥 먹을 때는 탐욕을 같이 먹습니다. 잠잘 때는 온갖 허망한 꿈을 안고 잡니다. 세상에 미움과 다툼이 그치지 않는 것도 이 때문입니다. 보다 소박하려고 애쓰지 않고 자꾸 겉으로 치장하고 확대하려는 데서 문제가 점점 더 어려워지는 것입니다. 그래서 선사들은 우리에게 밥 먹을 때면 밥만 먹고, 잠잘 때는 잠만 자라고 가르칩니다. '평상심이 곧 도(道)'라는 말도 무엇인가 부풀려지고 왜곡된 상태를 본래의 소박하고 진실한 부처의 모습으로 돌려놓아야 한다는 뜻입니다. 이것이 곧 불교 선승들이 추구하는 공부입니다.”

— 지금 세상은 IMF로 인해 실직자와 노숙자가 넘쳐나고 있습니다. 그들에게도 그 같은 공부가 필요합니까.

“물론입니다. 나는 오히려 지금이야말로 선적(禪的)인 가르침에 귀를 기울여야 한다고 생각합니다. IMF가 왜 왔습니까. 남보다 많이 소유하고 남보다 많이 소비하기 위해 발버둥 치다가 왔습니다. 경제적으로 어렵다고 하지만 과거에 비해 상대적으로 어려운 것이지 절대빈곤은 아닙니다. 소비 규모를 분수에 맞지 않게 늘렸다가 부도가 나자 조금 줄였는데 마치 하늘이 무너진 것처럼 호들갑을 떠는 것은 적절하지 않습니다. 모두가 조금씩 욕망을 줄이면 사는 데 불편할 것이 없습니다. 승용차를 버리고 대중교통을 타면 그 나름으로 편안하고 안전합니다. 요컨대 마음을 다스려야지 욕망을 채우는 것으로 행복을 찾으려고 하다 보면 설악산을 황금으로 둔갑시켜도 끝내 탐욕을 다 채울 수 없습니다. IMF가 고통스럽기는 하겠지만 이 기회에 지금까지 살아온 방식을 한번 돌아봤으면 합니다.”

— 요즘 바깥세상은 구조조정이다 대량해고다 해서 사람들의 고통이 이만저만이 아닙니다. 어떻게 해야 이 고통을 최소화할 수 있겠습니까?

“나는 정치나 경제를 잘 모릅니다. 정책적인 문제는 전문가들의 몫이지 산중에 사는 늙은 중이 언급할 것이 못 됩니다. 다만 이와 관련해 한 가지 꼭 말해주고 싶은 것은 구조조정을 하든 파업을 하든 간에 서로가 서로를 원수나 적으로 대하지 말라는 것입니다. 《비유경》이란 불경을 보면 머리는 둘이고 몸은 하나인 양두조(兩頭鳥) 얘기가 있습니다. 어느 날 한쪽 머리가 다른 한쪽이 잠든 사이에 혼자 맛있는 것을 먹었습니다. 잠자던 머리가 깨어나 이 사실을 알고 섭섭한 마음에 복수하려고 독이 묻은 콩을 먹었습니다. 그러자 독이 온몸에 퍼지자 양두조는 죽고 말았습니다. 오늘의 노사관계도 이와 같습니다. 서로 차지하겠다고 양보하지 않고 다투다 보면 양두조처럼 함께 공멸합니다. 파멸을 면하려면 조금씩 양보하고 고통을 나누려는 마음이 중요합니다. 조금만 넓게 보면 이 세상의 일체중생은 다 내 부모요 형제 아닌 사람이 없습니다. 이 부모 형제와 아내와 남편들이 이해관계 때문에 사랑과 신뢰를 무너뜨려서는 안 됩니다. 신뢰와 사랑이 무너지면 세상이 무너지게 됩니다."

— 나라 사정이 무척 힘듭니다. 남북분단도 안타까운데 동서 갈등까지 겹치고 있습니다. 좋은 방안이 없는지요.

"《육조단경》이란 책을 보면 선종의 6대 조사인 혜능 대사가 스승인 홍인 대사로부터 '너는 남쪽의 오랑캐인데 어떻게 부처가 될 수 있겠느냐'는 말을 듣고 '사람이야 남북이 있겠지만 불성(佛性)이야 어찌 남북이 있겠습니까'라고 답하는 장면이 있습니다. 우리는 이 얘기에서 큰 배움을 얻어야 합니다. 지역갈등이란 무엇입니까. 사람을 보지 않고 선입견이라는 안경을 쓰고 판단하려 하기 때문에 생기는 오류적 인식에 지나지 않은 것입니다. 불교는 이런 바보 같은 어리석음을 버려야 부처님 나라를 만들 수 있다고 가르칩니다. 수행이란 이 어리석음과 집착을 버리는 공부입니다. 이 공부는 수행자만이 아니라 우리 모두가 해야 합니다."

— 외람된 질문 한 가지 더 하겠습니다. 스님은 그런 어리석음을 다 버리셨습니까?

"설악산에 눈에 오면 아름드리 거목도 허리가 꺾여지는 설해목(雪害木)이 됩니다. 백담계곡에 장마가 지면 바위도 물살에 씻겨 모난 부분이 달아집니다. 작년 여름에는 장마가 들어서 모난 돌이 둥글어지는 것을 보았는데, 올겨울에는 눈이 오지 않아서 설해목 구경은 못 했습니다. 다만 문득 한밤중에 찾아오는 칼바람 소리를 듣다가 나도 또한 이 칼바람처럼 백담계곡을 남겨두고 떠나게 되겠구나 하는 생각은 했습니다."

여러 가지로 새겨들어야 할 말씀 들려주셔서 대단히 감사합니다.

동안거 해제 인터뷰(2000년)

영혼의 울림

― 설악 조오현 큰스님과의 대화

　권영민(이하 질문자 표기 생략): 여러분 안녕하십니까? 버클리대학 동
아시아어문화과에서 한국문학을 강의하고 있는 권영민입니다. 오
늘 우리는 〈설악무산 조오현 ― 영혼의 울림〉이라는 제목의 아주 특
별한 행사를 갖게 되었습니다. 이 행사는 버클리대학 한국학연구소
가 세계의 무대에서 한국문학의 새로운 발전을 도모하기 위해 기획
한 프로그램 중의 하나입니다. 설악무산(雪嶽霧山) 조오현 스님은 80
년 동안 산중 절간에서 생활해 오신 한국 불교계의 큰 어른으로 조
계종 종립 기본선원의 조실 스님입니다. 설악무산 스님은 1960년대
부터 시조 창작을 해왔고, 몇 권의 시조집을 내기도 하였지요. 최근
뉴욕주립대학의 하인즈 인수 펜클 교수가 *World Literature Today*,
Buddhist Poetry 등의 여러 잡지를 통해 스님의 시조를 번역 소개

하여 '살아 있는 선시(禪詩)'로 주목받으면서 세계적으로 알려지기도 했습니다. 오늘 설악무산 조오현 스님과의 대담을 나누기 전에 제가 무산 스님을 처음 만났던 일을 잠깐 소개하고자 합니다.

벌써 15년 전의 일입니다. 백담사에서 처음 만해축전이 열렸던 해였으니까요. 저는 제1회 만해축전이 열리는 백담사를 찾았습니다. 한용운의 문학을 새롭게 평가하는 심포지엄에서 저도 논문 하나를 발표하게 되어 있었지요. 백담사는 한용운이 3·1운동의 주동자로 체포되어 두 해 넘게 투옥되었다가 서대문형무소에서 출감한 후

미국 캘리포니아 버클리대학 한국학센터에서는 2015년 3월 20일, 한국 문학의 세계화를 위한 특별 프로그램의 하나로 버클리대학 구내 데이비드 브라우어센터 소극장에서 '무산 조오현 그리고 영혼의 울림'이라는 행사를 가졌다. 이 행사의 특별 초대손님은 시조시인으로 유명한 무산 조오현 스님이다.

조오현 스님은 대한불교조계종 기본선원의 조실 스님으로 강원도 설악산 백담사에 머물고 있다. 1930년경에 태어나 절간에서 80여 년을 살아오신 선승으로 한국 불교계의 큰 어른이다. 일찍이 시조에 관심을 두어 1960년대 후반부터 시조를 창작해 오면서 '선(禪)시조'라는 독특한 장르를 개척하였다.

이 행사에서 하버드대학 데이비드 맥캔 교수가 〈시조란 무엇인가〉라는 제목으로 강연했고, 뉴욕주립대학 뉴팔츠의 하인즈 인수 펜클 교수가 〈무산 조오현의 선(禪) 시조〉를 주제로 강연한 데 이어, 조오현 스님과 버클리대학 권영민 교수가 〈영혼의 울림〉이라는 주제로 대담을 나눴다.

그리고 조오현 스님의 시조를 시조시인 홍성란 씨, 박영희 씨, 강병천 씨

다시 찾은 곳인데, 여기서 시집《님의 침묵》(1926)의 시들을 쓴 곳으로 유명합니다. 시집《님의 침묵》의 시들은 지금까지도 그 창작 배경이 베일에 싸여 있지만, 이 깊은 계곡의 작은 산사가 한국문학 최고의 문제작을 만들어낸 문학적 성소(聖所)가 되었습니다. 백담사 경내를 들어서면서 저는 만해 한용운에 대한 생각에 잠겨 있었습니다. 그런데 이 산사에서 뜻밖에도 노스님 한 분을 처음 뵙게 되었지요. 허름한 승려복의 그 노스님은 마치 만해 한용운의 형상처럼 그윽했습니다. 그 노스님은 일행과 함께 있던 저에게 합장하며 무얼

와 하인즈 인수 펜클 교수가 한국어와 영어로 각각 낭송했다. 이 행사의 마무리는 한국에서 초청되어 온 한국 전통 가곡 무형문화재 전수자 이유경 명창의 가곡창과 시조창 공연으로 이루어졌다. 대금 연주가 고진호 씨와 가야금 연주가 홍세린 씨가 함께 공연했다. 이날 행사는 영어로 진행되었으며 애리조나 주립대학 신지원 교수가 동시통역을 맡았다.

이날 버클리대학 브라우어센터 소극장에는 180석의 자리에 청중이 빈틈없이 몰렸다. 청중석에서 대담을 지켜본 미국의 계관시인 로버트 하스(Robert Hass) 교수는 '오늘 스님은 물에 비친 달을 퍼 올릴 수가 없다고 하셨는데, 우리는 스님의 말씀 속에서 삶의 지혜와 큰 가르침을 건져 올릴 수 있었다.'라고 말했다. 또한 많은 교민들이 긴 세월의 이민 생활에서 처음으로 깊은 감동을 받았다고 했다.

버클리대학 학생들은 '모든 사람이 자기 자신이 절대존자'임을 알아야 한다는 말씀에 큰 깨달음을 얻었다며 취업난 등으로 실의에 빠진 젊은이들에게 큰 격려가 되었다고 했다.(〈미주한국일보〉샌프란시스코판 손수락 기자)

하는 분이신가 하고 물었습니다. 저는 대학에서 문학평론을 가르치는 교수라고 답하면서 머리를 숙였지요. 그런데 이 스님은 내 말을 듣고는 크게 웃으면서 이렇게 말했습니다.

"쓸데없는 공부에 매달려 계신 분이구먼. 문학평론이라……"

저는 깜짝 놀랐습니다. 처음 뵙는 스님인데 이런 식의 대화에 어떻게 응해야 할지 생각이 나지 않았답니다.

"평론이라는 것은 그럴듯해 보이기는 하지만 참 허망하기 짝이 없는 언어의 그물질이지요. 바탕 자체가 없는 글이 되기 쉬우니까요."

저는 어이가 없었습니다. 비평 활동을 그래도 수십 년간 해오면서 이런저런 책을 내기도 했는데, 이 노스님은 그것을 허망한 그물질이라고 지적하신 것입니다.

"글이란 자기 혼이 담겨야 제 글이지요. 그런데 요즘 평론이라는 것은 대개 남이 만들어 놓은 방법론을 빌려다가 다른 사람이 쓴 작품 가지고 왈가왈부 시시비비만 하지요. 그러니 허망할 밖에요."

노스님의 이어지는 말씀에 얼굴이 확 달아올랐습니다. 제 표정이 굳어 있다는 것을 눈치채셨는지 그 노스님은 손가락으로 백담 계곡을 가리키면서 내게 다시 한마디를 더 하셨어요.

"옛날이야기가 있어요. 저 계곡의 깊은 못에 커다란 물고기가 간밤 폭포를 타고 오르면서 용이 되어 승천했지요. 그런데 거기 무어가 남아 있을 거라면서 사람들은 그 물속으로 그물을 던집니다. 물고기는 이미 용이 되어 등천했는데 그물에 무어가 걸리겠습니까?"

노스님은 말씀을 마치면서 '그냥 웃자고 하는 말입니다.' 하고는 내 손을 한번 잡아주시고 너털웃음을 웃으면서 절간 안으로 들어가셨습니다.

저는 노스님의 말씀이 아무래도 마음에 걸렸습니다. 어쩌면 저 자신이 해 오고 있는 문학 공부의 허점을 그대로 지적하신 것 같기도 하였기 때문입니다. 저는 그만 기가 죽었습니다. 백담사 계곡의 물소리만 산중에 가득했지요. 저는 고개를 들고 산등성이로 눈길을 돌렸습니다. 설악의 높은 봉우리에 안개구름이 띠를 둘렀습니다. 설악의 진면목이 드러났습니다. 저는 그 노스님이 궁금했습니다. 나중에 일행 가운데 한 분이 가만히 내게 알려주었습니다. 설악산 신흥사의 회주이신 무산 조오현 스님이라는 것입니다. 저는 또 한 번 화들짝 놀랐습니다.

스님과의 이 첫 만남이 큰 인연이 되어 저는 가끔 백담사를 찾습니다. 지금은 인제에서 내설악으로 들어가는 길이 고속도로처럼 정비되어 있지만 백담 계곡은 여전히 깊지요. 거기에 만해 한용운을 닮은 스님이 지켜 계시고 만해의 정신은 여전히 살아서 백담계곡을 흘러넘칩니다.

여러분, 오늘 이곳 버클리대학 브라우어센터 소극장에 제가 백담사에서 처음 만나 뵈었던 바로 그 노스님, 무산 조오현 스님이 앉아 계십니다. 무산 스님을 단상으로 모시겠습니다. 스님을 박수로 환영하여 주십시오.

　무산 스님, 스님을 이렇게 모시게 되어 개인적으로 아주 큰 영광입니다. 스님께서는 산중 절간에서 생활하시는 분이신데, 먼 여행길에 오르시어 우리 버클리대학을 찾아주셨으니 다시 한번 감사를 드리고 싶습니다.

　스님은 한국불교를 대표하는 조계종 기본선원 조실스님이라고 제가 선전을 좀 했습니다. 스님의 법어를 듣기 위해 우리 대학의 교수와 학생들이 많이 오셨고, 이 지역에 사시는 교민들께서도 이 자리에 함께하고 있습니다. 이 행사의 주관자로서 다시 한번 감사드립니다.

　조오현(이하 화자 표기 생략): "권영민 교수님 감사합니다. 아무것도 모르는 산중 늙은 중을 세계적인 명문 버클리대학에 초청해주니 그저 고마울 뿐입니다. 이 자리에 나와주신 버클리대학 교수님들, 여러 학생들 그리고 함께 참여해주신 교민 여러분들께도 고마움을 표하고 싶습니다. 버클리대학 한국학연구소의 관계자 여러분들이 따뜻하게 환대하여 주신 점에 특별히 감사드리고 싶습니다."

— 무산 스님, 저는 스님을 백담사에서 가끔 뵙고 덕담도 듣긴 했습니다만, 이렇게 여러분 앞에서 말씀을 여쭙기는 처음입니다. 여러 가지 여쭙고 싶은 이야기가 많습니다만 이야기를 쉽게 풀어가기 위해 먼저 스님의 절간 생활은 어떠하신지 여쭙고 싶습니다. 절간에서 스님은 하루의 일과를 어떻게 보내시는지요? 아마도 여기 오신 분들이 모두 궁금해할 것 같습니다.

"나는 어디 가서 입을 열지 않으면 본전은 하는데, 입을 열면 그만 손해를 봅니다. 선승의 법어라고 하니깐 잔뜩 기대를 하고 오는데, 한참 들어보면 아무 내용 없는 말만 하니까 실망을 많이 합니다. 하지만 오늘은 손해를 보더라고 자리가 자리인 만큼 말씀드리겠습니다. 산중의 절간 생활이라고 하지만 여느 사람과 다를 바가 없습니다. 나는 해가 뜨면 일어나고, 배고프면 밥 먹고, 화장실 가고 싶으면 화장실 가고, 남의 비위 맞출 일 있으면 비위 맞춰주고, 아첨할 일 있으면 아첨하고, 야단칠 일이 있으면 야단치고, 뭐 이러다 보면 하루해가 다 갑니다. 이것이 내 하루의 일과입니다."

— 아하, 그러시군요. 절간의 생활이 우리네 삶과 다를 바 없다고 말씀하시는군요. 저는 일반 사람들과는 다른 특별한 모습을 상상하고 있었습니다. 스님은 한국을 대표하는 기본선원의 조실스님이시니까, 스님의 가르침 아래 많은 선승들이 스님의 문정(門庭)에 모여 참선을 하고 있지 않습니까? 선에 관심이 많은 일반인도 자주 스님을 찾는 것으로 알고 있습니다. 일반인들과 똑같은 생활을 하신다면, 스님께서 참선은 언제 어떻게 하시는지요?

"방금 교수님이 내 절간 생활과 하루의 일과를 물었고 나는 아주 정직하게 답했습니다. 나에게는 내 일과가 바로 나의 참선입니다. 이 말의 뜻을 잘 알아듣지 못한다면 세계적인 명문대학에 와서 강의하실 자격이 없어요. 교수님과 내가 이렇게 마주 앉아 서로 한 번 쳐다보면 나는 내가 하고 싶은 말 다 한 것이고, 교수님은 듣고 싶은 말 다 들은 것입니다. 이 외에 따로 선이 존재하지 않습니다."

— 아무래도 스님 말씀을 알아듣기 어려운데요. 처음부터……

"나는 어렵게 말하지 않았어요. 교수님이 어렵게 듣고 있습니다. 선은 말과 글이 아닙니다. 선 학자들이 선을 말과 글로 만들어 놓았지요. 그 말과 글을 따라가면 다 죽습니다. 그러므로 선을 이야기한다는 것은 자기 결박입니다. 비유하면 토끼의 뿔이나 거북의 털을 이야기하는 것과 같습니다. 토끼는 뿔이 없고 거북은 털이 없는데 토끼 뿔 거북이 털 이야기를 내가 이 자리에서 죽을 때까지 한들 무슨 의미가 있습니까. 이렇게 한 번 바라보면 마음과 마음이 통하지

428

않습니까. '일체유심조(一切唯心造)'라는 말이 있듯이 다 마음입니다. 이쯤에서 그만합시다."

— 예, 알겠습니다. 방금 스님께서 '일체유심조'라 하시니 스님의 시조 〈마음 하나〉가 생각납니다. 제가 한번 읊어 보겠습니다.

그 옛날 천하 장수가
천하를 다 들었다 다 놓아도//
빛깔도 모양도
향기도 없는//
그 마음 하나는 끝내
들지도 놓지도 못했더라

스님, 마음이라는 것이 무엇인가요? 마음이 무엇이기에 천하 장수도 들지도 놓지도 못합니까? 사람들은 누구나 일이 꼬이면 마음대로 되지 않는다고 투덜거릴 때가 많습니다.

"교수님, 그것을 내가 알면 미국 말도 못 하는 늙은이가 왜 여기 앉아서 꼭두각시 노릇을 하겠습니까? 나도 내 마음대로 되는 일은 아무것도 없습니다. 불경에 보면, 마음의 근원은 원래 고요적적 아주 담적하다고 합니다. 빛깔도 향기도 모양도 없이 이름 지을 수도 그림 그릴 수도 없다고 합니다. 그런데도 하늘이 덮지 못하고 땅이

싣지 못한다 합니다. 실로 만법을 구비하여 갖추지 아니한 것이 하나도 없답니다. 옛사람들은 마음을 거울에 비유하기도 했는데 거울은 맑고 비어서 능히 만상을 비춰 보입니다. 거울에 티끌이 낀다 하여 그 밝음이 근본적으로 없어지지는 않습니다. 때를 벗기면 다시 맑아집니다. 그래서 옛사람이 삼일수심(三日修心)은 천재보(千載寶)요, 백년탐물(百年貪物)은 일조진(一朝塵)이라 했습니다. 답이 될는지 모르겠습니다."

— 오늘 스님께서 우리에게 큰 가르침을 주셨습니다. 이제 스님의 시조에 대한 말씀을 여쭙겠습니다. 한국의 전통 시가인 시조를 선(禪)의 세계와 연결시킨 것이 스님의 선시조라고 앞서 하인즈 펜클 교수가 말씀했습니다. 스님은 선과 시를 어떻게 구분하시는지요?

"아주 좋은 질문입니다. 선과 시는 '시선일미(詩禪一味)'라 하여 시와 선이 한 가지 맛이라고 합니다. 시와 선은 한 마음에서 나왔기 때문에 한 맛이라는 것입니다. 누군가가 선이면서 선이 없는 것이 시(禪而無禪便是詩)요, 시이면서 시가 없는 것이 선(詩而無詩禪儼然)이라고 말했습니다. 그런가 하면, 중국 금나라 때의 시인이자 사가(史家)였던 원호문(元好問)은 시는 선객에게 비단을 깔아준 것(詩爲禪客添花錦)이요, 선은 시인에게 절옥도(禪詩詩家切玉刀)라 했습니다. 다 좋은 말입니다.

나는 개인적으로, 선은 나무의 '곧은 결'이고 시는 나무의 옹이

'점박이 결'이라고 생각하고 있습니다. 선은 내가 나를 그대로 바라보는 것이고 시는 인생에 대한 물음에 답이라고 할까요. 설혹 시가 인간의 마음으로부터 비롯되었다 하더라도 언어를 만나는 그 순간 언어의 때가 묻어 버렸기 때문에 시는 마음을 조작한 것이라고 나는 생각합니다. 첨언하면 마음에 옹이가 박혀 점박이 결로 나타나는 것이 시라고 보고 있습니다. 아무런 작의가 없다고 불가사의한 무작묘용(無作妙用)의 세계를 보여주는 것이 선시라고 주장하는 이도 있지만 그것은 그 사람의 생각일 뿐입니다. 비유하면 하늘에 보름달이 떠 있으면 맑은 호수에도 똑같은 하늘의 달그림자가 떠 있습니다. 우리는 그 달그림자를 바라볼 수는 있어도 그대로 건져낼 수는 없습니다. 건져내는 그 순간 달그림자는 부서지고 맙니다. 결국 시는 언어로 만들어야 하기 때문에 무작묘용도 다만 말일 뿐입니다.

권 교수님은 한국 문단을 대표하는 문학평론가이시며 40년 넘게 비평 활동을 하셨습니다. 내 논리에 공감하십니까?"

— 스님께서 저를 놀라게 하시는군요. 물론 스님의 논리에 공감합니다.

"중국의 시성 두보(杜甫)는 사람을 놀라게 하기 위해 시를 쓴다고 했다는 말이 있습니다만, 나는 누굴 놀라게 하기 위해 시조를 쓰는 사람은 아닙니다. 내 시조를 하인즈 교수는 선시조라고 좋은 말씀을 해주셨는데, 나는 내 작품을 굳이 선시조니 그냥 시조니 그런 구분을 해본 적이 없습니다. 교수님도 내 시조를 선시조라고 봅니까? 평

론가 입장에서 냉정하게 비판하신다면 말입니다."

— 저는 하인즈 교수님 견해를 지지합니다. 옛 중국의 《시경(詩經)》에서 '시언지(詩言志)'라고 했듯이 스님도 시는 마음에서 나온다고 하셨습니다. 시는 시를 쓴 그 시인의 마음을 언어로 표현한 것입니다. 시가 마음으로부터 비롯된다는 이 말씀은 시를 인간 정서의 언어적 표현이라고 정의한 서양의 시인들의 경우와 다를 바가 없습니다. 스님은 평생을 참선 수행을 해오신 선사이시니 스님의 시(詩)는 자연스럽게 선심(禪心)에서 나왔다고 봅니다. 그런데 한 가지 궁금한 것이 있습니다. 요즘 젊은이들이 외면하다시피 하는 시조에 스님께서 남다른 관심을 갖게 되신 이유가 무엇인가요?

"알겠습니다. 나더러 젊은이들이 외면하는 시조를 고집하느냐고 하셨는데, 교수님은 한국 시조를 어떻게 보십니까? 이제 내가 질문

432

을 좀 하고 싶습니다. 교수님의 질문에 답만 하다 보니 오늘 내가 미국에 와서 청문회에 출석한 것 같아요.”

— 스님께서 오늘 이 자리의 주인공이십니다. 귀찮은 질문이라도 답변해 주셔야 합니다. 스님께서 제게 물으시니 한마디만 하겠습니다. 시조는 잘 아시다시피 한국 사람들이 오래전부터 노래해온 시가 형식입니다. 한국인의 마음에서 우러나온 것이고 한국인의 말로서 그 형태가 이루어진 것입니다. 서양 사람들에게는 오랜 세월 노래해온 ‘소넷’이라는 단구의 시 형식이 있고, 중국 사람들은 단형의 ‘절구(絶句)’를 즐겨 노래해 왔습니다. 일본의 경우는 ‘하이쿠’라는 짧은 시가 형태가 있습니다. 이러한 시 형식과 더불어 한국에는 ‘시조’라는 3장 형식의 시가 있었던 것이지요. 한국인들은 시조를 널리 사랑했습니다. 위로는 제왕으로부터 아래로는 촌부(村夫)에 이르기까지 누구나 시조를 한 수 정도는 노래할 수 있었습니다. 그만큼 한국 사람의 마음을 잘 드러내어 주는 것이 시조 아니겠습니까. 스님 말씀을 듣고 싶습니다.

“나는 한국 시조의 전래과정은 잘 모릅니다. 그리고 서양의 ‘소넷’, 중국의 ‘절구’, 일본의 ‘하이쿠’도 있다는 말은 들었지만 잘 모릅니다. 내가 말하고 싶은 것은 어느 나라 어느 민족인들 원(願)과 한(恨)이 없는 민족이 있을까마는 우리 조상만큼 원과 한이 많은 민족은 없다고 생각합니다. 누가 언제 지었는지 모르지만 “하늘에는 잔별이 많고 우리네 가슴에는 수심도 많다”는 노래를 우리나라 사람들은 한 번 들으면 잊지 않고 곧잘 흥얼거린다는 그 사실이 증명해 주고 있다고 봅니다. 시조도 언제 누가 그 형식을 만들었는지 나는 모릅니다만, 시조에는 인간살이의 희비애락이랄까 우비고뇌라 할까 그런 애달픈 가락이 사람을 사무치게 하거든요. 그래서 나는 한국 시의 근원은 시조이고 시조는 한국인들의 영혼의 모음이라고 말해 왔습니다. 열 마디 말보다는 시조 한 수 음미해 보는 것이 시조의 진미를 맛볼 수 있다고 생각합니다. 교수님은 고려 말 조선 초기의 이방원과 정몽주의 시조 이야기를 알고 계시지요?

— 스님께서 시조를 한국 시의 근원이고 한국인의 영혼의 소리라고 하신 말씀에 전적으로 공감합니다. 조선 왕조의 위업을 쌓은 이방원 즉 태종이 고려의 유신들을 회유하기 위해 쓴 시조는 "이런들 어떠하며 저런들 어떠하리"라는 구절로 시작되지요. 이 시조를 들은 고려의 충신 정몽주가 자신의 변함없는 지조를 드러내기 위해 "임 향한 일편단심이야 가실 줄이 있으랴"라고 시조를 노래했습니다. 이렇게 자신의 의지와 신념을 시조를 가지고 서로 묻고 답한 것인데 두 편의 시조가 시조를 쓴 사람의 마음을 그대로 말해주고 있습니다. 스님께서도 좋아하는 옛시조 한두 편 읊어주세요.

"사실 나는 여자를 좋아합니다. 그래서 오늘 조선 중종 임금 시절 (1488~1544)에 살다 간 시인 황진이 이야기를 좀 하고 싶은데 시간이 어떻게 됩니까?"

5장 / 산중문답

— 시간 많이 있습니다. 시조 하면 황진이를 빼고는 말할 수 없겠습니다.

"황진이는 조선 시대의 빼어난 미인이었습니다. 이웃 총각이 그
녀의 아름다움을 보고 혼자 짝사랑하다가 죽었답니다. 그런데 그 상
여가 황진이 집 앞에서 그만 움직이질 않았습니다. 그것을 본 황진
이가 자기의 속적삼과 꽃신을 얹어주니 상여가 비로소 움직였답니
다. 그 후 황진이는 기생이 되었습니다. 누군가 여인의 아름다움은
축복임과 동시에 저주일 수 있다고 했지요. 황진이를 두고 한 말 같
습니다. 황진이는 예술적 재능이 뛰어나 수많은 문인 석학들과 교유
했는데 호협한 기개도 있어서 스스로 서화담, 박연폭포와 더불어 황
진이 자신을 '송도삼절(松都三絶)'이라 했습니다. 그런데 남아 있는
이름만큼 황진이의 생애는 행복하지 못했습니다. 교수님께서도 황
진이 시조 이야기를 잘 아시지요?"

— 예, 조금 알고 있습니다. 황진이는 당대의 석학 화담 서경덕(1489~
1546)을 사모해서 스승과 제자의 연을 맺었다고 들었습니다. 황진이는 화
담이 사는 초당을 찾아 거문고를 타고 노래도 부르고 당시(唐詩)도 배우며
고담준론을 즐기곤 했었다지요? 두 사람이 서로 주고받은 시조가 유명하다
는 것도 알고 있습니다. 스님께서 황진이의 시조를 좋아하신다니 한 수 소
개하여 주시지요.

"나는 황진이가 쓴 시조 가운데 특별히 좋아하는 것이 하나 있습
니다. 황진이가 30년이나 면벽 수도했던 승려 지족 선사를 파계시

키고 나서 지은 시조입니다. 지족 선사를 찾아간 황진이가 그 앞에서 유혹하자 부처가 돌아앉아 버렸다는 겁니다. 둘은 누가 먼저랄 것도 없이 한 덩어리가 되어 뒹굴었지요. 나중에 정신을 차린 지족 선사가 스스로 부끄러움을 알고는 황진이 곁을 떠납니다. 그때 황진이가 떠나가는 지족 선사를 향해 노래 부른 시조 한 수를 읊어 보겠습니다.

청산은 내 뜻이요 녹수는 님의 정이
녹수 흘러간들 청산이야 변할손가
녹수도 청산을 못 잊어 울어예어 가는고

여기서 청산은 황진이이고 녹수는 지족 선사입니다. 황진이의 마음은 청산처럼 변치 않았는데 지족 선사의 마음은 녹수처럼 흘러갔다고 말합니다. 자기를 두고 떠났다고 가슴 아파하는 그녀의 마음이 지금까지 남아 우리 가슴을 설레게 합니다. 지족 선사도 그냥 청산을 버리는 것이 아니라 울면서 버립니다. 내가 만약 그때 지족 선사였다면 내가 청산이 되고 황진이가 녹수가 되었을 것이라고 생각해 봅니다.”

— 아하, 그 시조에 그런 사연이 얽혀 있었군요.
“모두 전해오는 이야기이지요. 황진이가 당시 최고의 명창 이사

종과 함께 살다가 헤어진 후에 그를 그리워하며 지은 시조도 아주
유명합니다. 그 시조를 음미해 보면 부처 되는 것보다 그녀와 사는
것이 더 행복할 것 같다는 생각이 듭니다. 그 시조를 읊어 보겠습
니다.

    동짓달 기나긴 밤 한 허리를 베어 내어
    춘풍 이불 아래 서리서리 넣었다가
    어론님 오신 날 밤이어든 굽이굽이 펴리라

　오늘까지 여인의 속마음을 이렇게 절절하게 보여준 사랑시가 없
다고들 합니다. 정말 아름다운 절창의 시조입니다.

이왕 황진이 시조 이야기가 나왔으니 황진이가 죽은 뒤에 태어난 백호 임제(林悌, 1549~1587)가 황진이를 생각하며 지은 시조를 하나 더 소개해 보겠습니다.

　　청초 우거진 골에 자는다 누웠는다
　　홍안은 어디 두고 백골만 묻혔나니
　　잔 잡아 권할 이 없으니 그를 슬허하노라

　백호 임제가 평안도 관찰사로 임명되어 평양으로 가던 길에 송도를 지나게 되었지요. 임제는 가던 길을 멈추고 명기 황진이 무덤을 찾아가 한잔 술을 따라놓고 통곡하면서 이 시조를 노래했답니다. 그 소문이 조정에까지 들어가게 되었어요. 임제가 평양에 도착해보니 파면장이 날아왔어요. 사대부의 체통을 지키지 못했다는 이유로 조정에서 그를 파직시켰다는 겁니다. 콜럼버스가 아메리카 대륙을 발견하기도 전에 한국에는 이미 이런 문학과 풍류가 있었습니다."

　— 스님의 말씀을 들으니 옛시조의 의미를 좀 더 깊이 헤아릴 수 있을 것 같습니다. 이제 스님께서 발표하신 시조에 대해 말씀을 여쭙고 싶습니다. 오늘 여기 오신 분들께는 스님의 모든 시조를 한데 모은 《적멸을 위하여》를 한 권씩 나누어 드리려고 저희가 한국의 문학사상사에 특별 주문하여 밖에 쌓아 놓았습니다. 하인즈 인수 펜클 교수가 번역한 작품집도 함께 있습니다.

"고마운 일입니다. 그럼, 졸작 〈허수아비〉를 읽어 보겠습니다.

새떼가 날아가도 손 흔들어주고
사람이 지나가도 손 흔들어주고
남의 논 일을 하면서 웃고 섰는 허수아비//
풍년이 드는 해나 흉년이 드는 해나
—논두렁 밟고 서면—
내 것이거나 남의 것이거나
—가을 들 바라보면—
가진 것 하나 없어도 나도 웃는 허수아비//
사람들은 날더러 허수아비라 말하지만
저 멀리 바라보고 두 팔 쫙 벌리면
모든 것 하늘까지도 한 발 안에 다 들어오는 것을"

— 스님의 〈허수아비〉라는 시조를 들어보니 무욕청정하게 사시는 스님의 자화상이 무슨 영상처럼 선명합니다. 정말 저 멀리 바라보고 두 팔 쫙 벌리면 모든 것 하늘까지도 한 발 안에 다 들어올 것 같습니다. 이곳 버클리대학에는 세계적인 학자들과 우수한 학생들이 많이 공부하고 있습니다. 이분들에게 허수아비의 그 텅 빈 하늘까지도 끌어안는 지혜로운 말씀을 한 가지 더 들려주시지요.

"교수님 말씀과 같이 세계적인 학자님들 우수한 학생들이 죽을 일만 남은 산중 늙은이의 말을 들어 무엇 하겠습니까? 이분들은 세상에 모르는 것이 없는 분들입니다. 성경은 말할 것도 없고 중국의 사서삼경이나 팔만대장경도 다 압니다. 요즘은 인터넷인가 뭔가 하는 시대라 잠시 검색하면 알게 되어 있습니다. 교수님도 아시는 바와 같이 진리가 소음(騷音)이 된 지 오래되었습니다. 현대인들은 숲에서 우는 새 울음소리, 개울물 흐르는 소리, 저 바다의 파도와 물빛 해조음 소리에 귀를 기울일지언정 옛 성현들의 말씀에 특히 종교인의 설교를 귀담아듣는 이가 별로 없습니다. 시끄럽다 이겁니다. 그건 맞는 말입니다. 새 울음, 개울물 흐르는 소리, 파도 소리 이 모든 소리가 진리의 원음이니까요. 내가 말을 안 하면 본전이라도 하지만 입을 열면 손해 보는 사람이라고 말한 까닭도 거기 있습니다. 중국의 어떤 고서에 말을 안 하기가 제일 어렵다 했습니다. 요즘 나는 그 말에 많은 것을 깨달았습니다."

— 수년 전에 스님께서는 '절간에 부처 없다'고 신도들 앞에서 법문을 하셨습니다. 그 법문이 크게 화제가 되었던 것을 알고 있습니다. 절간에 부처가 없다면 스님께서 평생을 믿고 의지해 오신 절대존자인 부처님은 어디 계신가요? 그리고 부처님 가르침 가운데 가장 중요한 것은 무엇인가요?

"내가 절간에 부처 없다고 한 것은 한국불교가 아직도 기복(祈福)불교 중심이라는 점을 반성해야 한다는 점을 말하고자 한 것입니다. 기복불교를 버리자고 한 소립니다.

교수님은 지금 절대존자는 어디 계시느냐고 질문하셨는데, 인류에는 절대존자가 없습니다. 소위 부처님이라는 이름의 석가모니도 우리와 똑같은 한 인간으로 태어났다가 한 인간으로 팔십 년 살다가 한 인간으로 죽었습니다. 그를 받드는 사람이 많은 것은 그의 가르침이 아직도 남아 있고 그의 가르침이 어두운 세상을 살아가는 데 등불이 되고 있기 때문입니다. 그는 절대존자는 아닙니다.

교수님의 절대존자는 권영민 교수님 자신이고, 맥켄 교수님의 절대존자는 맥켄 교수님 자신입니다. 문제는 모든 사람이 자기 자신이 절대존자임을 모르는 데 있습니다. 하루속히 자각해야 합니다. 모든 것은 다 내가 있으므로 존재합니다. 내가 없으면 아무것도 없습니다. 내가 절대존자임을 자각하면 모든 사람들 한 분 한 분이 다 절대존자임을 알고 받들게 됩니다. 이것이 석가모니 부처님의 '깨달음'입니다. 그는 이 깨달음을 49년간 설명하고 갔습니다. 이 깨달음이 부처님의 가르침 중 '핵심'입니다."

— 스님의 말씀을 모두가 귀담아듣고 감명을 받았을 것으로 생각합니다. 지난번 여론 조사한 것을 어느 신문에서 보았는데 한국민 70%가 미국을 지지하는 것으로 나왔습니다. 스님께서는 미국에 대한 인상이 어떠신지요?

"미국에 대한 인상이라고 할 만한 것은 없습니다. 나는 내 하고 싶은 말만 합니다. 미국이 오랫동안 우방국으로 한국을 도와 한국인의 생명과 자유와 평화를 지켜주고 먹을 것이 없던 시절 선교사

를 통해 먹을 것을 주고 경제개발에 도움을 준 것에 대해 항시 감사하게 생각하고 잊지 않고 있습니다. 오늘날 한국이 그 지긋지긋한 빈곤에서 벗어나 세계 10대 무역국이 된 것은 미국의 덕이라고 생각하고 있습니다. 그러나 미국도 깊이 고민해 볼 일이 많다고 생각합니다. 좀 냉정하게 비판하면, 어느 나라나 국익을 위해서는 다 마찬가지입니다마는 미국은 미국 중심주의가 좀 심하다고 생각합니다. 미국은 세계에서 핵과 같은 살상 무기를 제일 많이 생산하는 국가라 합니다. 총기사고가 자주 일어나 국민이 불안해하고 있다는 말도 들었습니다. 나는 살상 무기를 만드는 그 막대한 돈으로 기독교의 복음 사업에 사용한다면 좋겠다는 생각을 혼자 해 봅니다.

한국의 역사를 보면, 1231년 몽골족이 한국의 옛 이름인 고려에 쳐들어와 양민을 학살하고 재산을 빼앗는 전쟁을 일으킨 일이 있습니다. 그때 고려는 적을 막을 총칼 등 무기를 만들지 않고 불경을 경판에 새겼습니다. 부처님의 생명 존중 사상으로 전쟁을 막고자 했던 것입니다. 그 경판이 세계문화유산에 등록된 '팔만대장경'입니다.

미국은 기독교의 정신으로 세워진 나라이니까 기독교의 정신을 생활화한다면 살상 무기를 만들 이유가 없습니다. 오늘이라도 미국이 인류평화와 모든 생명을 위협하는 핵을 폐기처분 한다면 한반도를 위협하는 북한도 핵을 만들지 않을 것입니다. 그뿐만 아니라 핵을 보유하고 있는 중국 등 다른 나라들도 폐기처분 할 것입니다. 사실상 핵은 인류 재앙의 근원입니다. 지금 핵을 폐기하지 않으면 백년 못 가서 인류는 멸망하고 말 것입니다. 핵 폐기야말로 인류를 구원하는 것이며 지상천국을 건설하는 대역사라 할 것입니다. 미국은 그런 능력도 있고 그럴 수 있는 정신적 기반도 갖추고 있습니다.

오바마 대통령이 핵을 폐기하면 영원한 진리의 몸을 얻을 것입니다. 인류를 구한 구세주가 될 것입니다. 크게 버리면 크게 얻습니다. 미국이 세계 제일 강국답게 크게 한번 버리기를 기대합니다. 그런 뜻에서 평화의 기도를 하고 싶습니다."

(스님은 한국에서 가지고 오신 죽비를 크게 세 번 치시고 합장하셨다.)

— 스님께서 아마 이 자리를 설악산 선방(禪房)으로 아시고 허공이 찢어지는 죽비(竹篦)를 치신 것이 아닌가 생각됩니다. 우리 학생들과 교민들에게는 죽비 대신 마지막으로 축원을 해주셨으면 합니다.

"알겠습니다. 하지만 축원 같은 것 대신에 하고 싶은 말이 있습니다. 내가 들은 바에 의하면 일본인들은 미국에 와서 자기네 전통 시가인 '하이쿠'라는 것을 널리 전파했다고 합니다. 그래서 지금 미국의 교과서에도 하이쿠가 수록되어 있다고 합니다. 그런데 한국 교민들은 시조를 흘러간 유행가로, 사대부의 음풍영월로 생각하고 부르지 않습니다. 이를 보다 못한 하버드대학 맥켄 교수가 안타깝게 생각하고 영어시조운동을 오래전부터 하고 있습니다. 시조는 흘러간 유행가가 아닙니다. 한국인의 영혼의 소리입니다. 이 소리는 조상 대대로 마음과 마음으로 전해오고 있습니다. 모든 한국인의 마음속에는 이 소리가 잠재되어 있습니다. 그런데 마음속에 이 소리가 있는 줄 모르고 살고 있습니다. 시조는 한국인의 맥박입니다.

여러분도 아시다시피, 이순신 장군도 "한산섬 달 밝은 밤에 수루에 홀로 앉아"라는 시조 한 수로 나라를 구했습니다. 이승만 대통령도 6·25 전란 중에 "피 흘려 싸우던 들에 속잎 돋아나온다."라고 새로운 희망을 시조로 읊었어요. 박정희 대통령도 "맹서코 통일과 번영 이루고야 말리라."라면서 자신의 포부를 시조로 풀어내었습니다. 김대중 선생이 대통령 되기 전에 1982년 12월 23일 청주 감옥에서 나와 미국행 비행기에 오르면서 "돌아와 종을 치리 자유종을 치리라"라고 읊은 시조도 널리 알려져 있습니다. 결국 그 어른은 그 시조대로 자유의 종을 쳤습니다.

제가 이곳 여행을 결정하면서 한국에서 시조를 잘 짓는 홍성란 시인과 박영희·강병천 두 분 시인을 말동무 삼아 모시고 왔습니다. 백담사 무금선원 영진 스님도 함께 와 있습니다. 모두 시조를 사랑하는 분들입니다. 여러분들이 자주 부르는 이은상의 〈가고파〉〈성불사의 밤〉과 같은 가곡은 모두 시조를 노래한 것입니다. 그동안은 바쁜 삶에 여유가 없어서였다고 하겠지만, 저는 이제부터 우리 시조를 사랑하고 노래하라는 말씀을 꼭 드리고 싶습니다. 이민 생활에 고생하는 교민들에게 축원을 드리지 못하니 죄송합니다.

— 이제 말씀을 끝내야 할 것 같습니다. 더 하시고 싶으신 말씀이 있으시면 들려주시지요.

"셰익스피어는 인생을 걸어 다니는 허깨비라 했다 합니다. 나도 허깨비가 되고 싶었으나 허깨비는 못 되고 제자리걸음만 걷는 허수아비입니다. 감사합니다."

긴 시간 동안 여러 가지 가르침을 주신 무산 조오현 스님께 다시 한번 감사드립니다. 여러분 고맙습니다.

월간 《문학사상》 특집 대담(2015년 5월호)

임종게

천방지축(天方地軸)

기고만장(氣高萬丈)

허장성세(虛張聲勢)로

살다 보니

온몸에 털이 나고

이마에 뿔이 돋는구나

억 !

엮은이

김병무 / 시인
강원도 삼척 출생. 2006년 《유심》으로 등단
도서출판 불교시대사 대표, 성준장학재단 이사장 역임
현재 설악·만해사상실천선양회 감사

홍사성 / 시인
강원도 강릉 출생. 2007년 《시와 시학》으로 등단
불교신문 주필, 불교방송 방송본부장 역임
현재 불교평론 주간